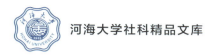

河海大学社科精品文库

村级公益事业建设
集体行动的逻辑

THE GENERATIVE LOGIC OF
COLLECTIVE ACTION FOR
VILLAGE-LEVEL PUBLIC WELFARE UNDERTAKING CONSTRUCTION

曹海林————著

社会科学文献出版社
SOCIAL SCIENCES ACADEMIC PRESS (CHINA)

因此，只有广大村民真正愿意置身于乡村振兴之中，村级公益事业建设才能持续开展。如何建立"后农业税时代"的村级公益事业、推动村民投入及激励机制创新，就成为当前我国新农村建设实践亟须解决的重大现实问题。

1.1.2　研究主题

为开展更为细致深入的课题研究，我们试图在调研过程中思考如下问题：农村税费改革后村民对于村级公益事业建设的投入意愿会发生怎样的转变？将受到哪些社会性因素的影响和制约？村民投入意愿的转变需要什么样的社会机制条件？村民投入激励机制又将如何建立？为此，我们将选取苏皖六镇——江苏省 FA 镇、ZZ 镇、QD 镇，安徽省 XA 镇、ZB 镇、YT 镇作为样本，主要围绕如下几个研究主题进行调研。

第一，苏皖六镇村级公益事业建设现状及面临的困境分析。从苏皖六镇的自然环境、社会经济、公益事业建设现状出发，结合近年来苏皖六镇村级公益事业建设相关数据，剖析建设面临的困境及拟实行的政策措施。

第二，村级公益事业投入现状与村民投入意愿调查。本书拟从投入主体、方式、渠道、规模、水平等方面实地调查农村税费改革后村级公益事业投入现状，以村级公益事业投入是否满足村民现实需求为重点研究内容。除此之外，村级公益事业存在哪些突出的问题？村民有着怎样的认知以及村民的公益意识如何？村民对新的制度安排是否满意？村民的迫切需求有哪些？需求表达渠道是否畅通？转型期村民投入意愿的转变滋生出哪些问题？带来哪些影响？以上问题均是本研究不可回避的内容。

第三，村民投入意愿转变的社会机制探讨。村民投入意愿转变是复杂的社会过程。新形势下，村民投入意愿转变何以可能？我们想要知道的是，靠自我教育、舆论引导，还是凭借制度保障、政策引导及经济激励？村民投入意愿转变的有效路径是什么？课题将对案例村进行多方面问卷调查、深度访谈及参与观察来诠释村民投入意愿转变的主要社会动因及可行路径。当前，村民投入意愿将发生何种转变？村民投入意愿从"被动卷入式"向"主动权利型"转变还存在哪些障碍性的社会因素？该如何消除？在此基础上，课题将深入剖析影响村民投入意愿转变的社会机制条件。

第四，影响和制约村民投入意愿社会性因素分析。村民投入意愿与社会转型、制度变迁、文化传统、心理结构、风俗习惯等社会性因素紧密相关。多数研究者早已关注税费制度改革对村民投入意愿的影响，那么，乡村社会转型期村民外出打工、劳动力外流对村民投入意愿有何影响？村民的个体特征（如性别年龄、受教育程度、公益认知、从业经历等）对投入意愿有何影响和制约？传统小农理性、攀比心理以及生产生活习惯对村民投入意愿又有何约束？社会市场化给村民投入意愿带来哪些挑战？研究将对以上问题具体操作化并通过问卷调查、深度访谈及参与观察进行实证分析，进而透视村级公益事业建设中村民行动逻辑的社会基础。

第五，村级公益事业建设激励机制的建立路径及政策安排。研究将社会性因素，即制约村民投入公益事业建设意愿的影响因子，纳入村级公益事业建设激励机制的建立路径和政策安排的考虑之中。在路径依赖方面，如何实现外在激励以及内在激励并举？外在激励即如何完善村民投入的社会支持系统，包括宣传教育如何到位、制度保障如何优化、政策引导如何规范、资金支持如何高效、激励措施如何多样化等。内在激励即如何提升村民作为投入主体的基本素养与能力，采取何种激励策略能使村民公益认知，社区认同感、归属感，村民参与意识不断增强。

1.2　研究综述

1.2.1　关于村级公益事业总体认识的研究

1.2.1.1　村级公益事业建设内涵及现实意义分析

随着我国农村地区经济与社会发展水平的逐步提高，村级公益事业在基层地区的地位日益凸显，对于乡村振兴具有重要的推动作用。村级公益事业惯用的定义为，村民直接受益的与村民息息相关的公共产品或服务，具有公益性强、受益面广等特性。

随着研究的逐渐深入，部分学者从多种角度对其进行概述，其中袁曙宏从多元角度出发，将公益性组织所进行的利益满足活动作为其内涵。[①]

---

① 袁曙宏：《服务型政府呼唤公法转型——论通过公法变革优化公共服务》，《中国法学》2006 年第 3 期。

农业部经管司（站）村级公益事业建设投入机制研究课题组在系统化梳理的基础上，提出村级公益事业是在行政村范围内，公共部门或私人组织作为供给主体，通过运用财政资金补贴向村民所提供的公共产品或服务。① 村级公益事业的健康发展，不仅能够丰富相关建设理论，而且为我国基层政府提供了丰富的实践经验，陈锡文、韩俊、陆学艺等多位学者强调当今新农村建设很大程度上要依靠村级公益事业，这也是深化农村地区改革的必经之路。②③④

1.2.1.2 村级公益事业建设面临的困境研究

受制于我国农村地区社会经济发展水平不均衡这一现实困境，村级公益事业的发展道路并非一帆风顺，在其运行过程中伴随着种种障碍。

李勇指出，村级公益事业作为乡村地区发展的重要内容，仍面临资金存量不足、交通状况不佳等一系列困难。⑤ 袁立指出，当前"一事一议"制度尚不完善，仍未达到减轻农民经济负担、农民自己做主的预期效果，亟待在理论及运行机制上实现突破。信惠雯在农村领域改革中发现，村级公益事业常处于空白管理状态，并指出政府部门忽视公益事业的辅助效能是导致该问题日益凸显的重要原因。⑥ 中国农村公益事业建设发展缓慢，除了受城乡二元结构的影响，还面临以下困境：第一，资金存量不足；第二，政策执行低效；第三，管理过程混乱。⑦

1.2.1.3 村级公益事业发展策略探析

面对村级公益事业建设的种种困境，部分学者从实证角度出发，在理论研究与政策梳理的前提下，提出了许多创新性的意见。

---

① 农业部经管司（站）村级公益事业建设投入机制研究课题组：《创新村级公益事业建设投入机制研究》（上），《农村经营管理》2009 年第 3 期。
② 陈锡文：《陈锡文解读新农村建设政策》，《中华建设》2006 年第 3 期。
③ 韩俊：《新农村建设四题》，《农村经济》2006 年第 1 期。
④ 陆学艺：《新一轮农村改革为什么这么难》，《人民论坛》2008 年第 1 期。
⑤ 李勇：《农村公益事业——新农村建设的基石》，《运城学院学报》2006 年第 3 期。
⑥ 信惠雯：《农村公益事业的现状及发展》，《价值工程》2011 年第 3 期。
⑦ 周常青、刘建河：《农村公益事业建设的困境与破解》，《黄冈职业技术学院学报》2015 年第 1 期。

　　其中，中共湖北省委政研室课题组从新农村建设的本质要求出发，提出城乡公益事业建设目标应具有一致性，辅之以倾斜性的财政政策，为农村地区多渠道筹措资金。① 提升基层政府的执行能力与运行效率是突破建设困境的首要任务，因此有效整合内部管理机制、细化上级政府规章制度才是当下亟待解决的问题②。张建等认为，当下中央政府出台的"一事一议"政策已经取得了显著成效，基层政府应在响应上级政策的同时，加大建设协调力度（上行、下行、平行协调），其中在发展资金方面，向上疏通多元渠道，向下通过行政手段妥善解决基层难题，在各平行组织间深化协同合作精神，避免推诿责任现象的发生。张颖举研究发现，村级公益事业的健康发展离不开政策支持，进而政府在建设过程中首先应当在梳理清楚各方主体间的逻辑关系的基础上，果断明确自身主体责任，重构资金投入体系。③

1.2.2　关于村级公益事业投入（供给）问题的研究

1.2.2.1　国外研究现状

　　在农村公共产品供给理论探讨方面，英国学者亚当·斯密在《国富论》中开拓性地将政府的职能进行释义，并将政府角色、功能范围等精准定位，以独到及创造性的观点为政府管理的相关理论打下坚实基础。公共产品理论在亚当·斯密的影响下于 19 世纪末以边际效用价值论为人们所关注，从而真正成为一个独立的理论。

　　随着公共产品供给成为国外研究热点之一，学者们针对偏好性问题提出了自己的解决之道，布坎南在阐述公共产品特性时提出"俱乐部模型"这一概念。④ 奥兹发现政府层级与公共产品供给存在一定的联系，在前人成果的基础上认为层级越低的政府所提供的供给量越小，分布范围越分

---

① 中共湖北省委政研室课题组：《税改后如何发展农村公益事业》，《四川行政学院学报》2005 年第 1 期。

② 廖清成、刘克纾：《乡镇政府职能转变与农村公益事业发展》，《老区建设》2006 年第 12 期。

③ 张颖举：《村级公益事业投资中的政府角色与农民行为》，《改革》2010 年第 2 期。

④ Buchanan, J. M., "An Economic Theory of Clubs", *Economica*, vol. 32, 1965, pp. 125 – 136.

散，反之亦然，这也被后人归纳为"分散性原理"。[①]而贝克尔和罗伯斯等研究者则将公共产品理论扩充到公共产品自愿供给理论，为该理论今后几十年的发展打下了坚实的基础。

概括而言，国外关于农村公共产品供给的研究日益趋向于经验分析，逐渐将研究重点聚焦于农村地区的公共产品或公共服务。

首先，斯拉森研究发现美国农村公共服务水平降低的关键原因在于联邦政府财政资金支持力度的减弱。洛佩茨更加强调政府自身供给能力，提出供给者能力薄弱才是导致美国基层地区经济发展缓慢、公共产品供需失衡的重要因素。

其次，在供给困境原因分析方面，图韦通过数据分析，认为农村地区的散点式分布，直接导致基层政府实施供给难度加大，投入人员数量增多，最终的结果就是公共服务产品总成本的提高；Ma junmdar 从受益者角度出发，认为村民受自身素质、思想观念等因素制约，在公共产品供给过程中常处于被动局面，进一步加剧了公共资源向城市倾斜。

再次，巴克利建议采取非均衡供给政策，以当地实际需求按量供给服务，打通自下而上的需求表达渠道，让农村地区群众呼声较高的公共产品或服务供给付诸现实；梅基则更关心资金问题，他认为应在现有财政资金的基础上，重新调整经济增速、产品供给、人口需求的所占比例，划清各级政府资金配备额度，进而明确各方职责范围，以此理顺财事关系。

1.2.2.2　国内研究现状

国内对于公共产品的研究滥觞于 20 世纪 90 年代中期，经过系统化发展后，逐渐形成一个较为完善的研究体系。第一，在供给困境方面，韦小鸿、马倩美，雷晓康等学者认为农村准公共产品是相对于基层私人产品而言的，理应具备公共产品的三大特性。[②][③] 昂扬，张季、任东梅均指出供给

---

① Oates, W. E. , *Fiscal Federalism*, New York: Harcourt Brace Jovanovich, 1972, p. 59.
② 韦小鸿、马倩美：《农业产业化进程中的农村公共产品供给研究》，《特区经济》2007 年第 11 期。
③ 雷晓康：《农村公共物品提供机制的内在矛盾及其解决思路》，《西北农林科技大学学报》（社会科学版）2003 年第 2 期。

存量不足、时效滞后和结构异化等问题是机制完善的障碍性因素。①② 对于乡村地区，在自身存量资金不足的情况下，难以有效吸引增量性补贴，进而造成事业建设的周期性停滞。陶学荣、史玲则对乡村地区农村公共产品的严重缺乏进行了深层次原因分析，他们认为公益事业供给主体权责不对等、多主体间难以协调、农村基础设施薄弱等问题的持续累积，最终造成村民参与热情冷却、消极性强的苦果。③ 占家礼认为，农村公共产品供给机制的合理性有待商榷，缺乏强有力的理论指导和政策帮扶，村民对基础设施建设的供给量尚未满足，村级公益事业投入方式需要拓宽途径，亟待创新。④ 王俊霞、王静发现农民的需求具有一定的狭隘性，传统的决策方式已经不能充分反映农民的实际需求，认为政府总体性设计、基层部门导向性指引、农民主动性表达才是能够真实反映当下实际情况的最佳方案。⑤另外，不少研究者发现，自上而下式的供给体制，不仅没能解决基层问题，反而进一步加重了农民负担，结果适得其反，未能达到预期效果。⑥也有学者指出尽管税费改革后农民的自主性有所增强，负担适当减轻，但受制于基层财力乏力等原因，需求仍无法得到较好的满足。

第二，随着国内学术界将研究重点转移至如何有效消除政府与村民在农村公共产品供给方面的矛盾，为有效消除发展过程中的种种问题，王为民、黄争鸣，楚永生、丁子信提出统筹各层级发展进度，制定基层倾斜性政策及实施方案，才是根本性的体系保障。⑦⑧ 王国华、李克强指出，农村私有产品通常在很大程度上依赖于农村公共产品，保障村级公益项目的有效建设，可以在一定程度上改善村民的生活质量；反之，则可能导致村民

---

① 昂扬：《我国农村公共物品提供现状探讨》，《黑龙江对外经贸》2010 年第 4 期。
② 张季、任东梅：《取消农业税后农村公共产品供给问题探析》，《地方财政研究》2009 年第 5 期。
③ 陶学荣、史玲：《统筹城乡发展中的农村公共产品供给研究》，《财贸研究》2005 第 3 期。
④ 占家礼：《论社会主义新农村建设中的农村公共产品供给》，《中共合肥市委党校学报》2006 年第 3 期。
⑤ 王俊霞、王静：《论"政府调控＋农民需求"的农村公共产品供给决策机制的构建》，《西安财经学院学报》2011 年第 6 期。
⑥ 温铁军：《我们还需要乡村建设》，《开放时代》2005 年第 6 期。
⑦ 王为民、黄争鸣：《关于加大我国农村公共产品政府供给的思考》，《经济师》2003 年第 10 期。
⑧ 楚永生、丁子信：《增加农村公共物品的供给协调城乡经济发展》，《农业经济》2004 年第 8 期。

的幸福指数降低。[①] 因此，应该构建完善的农村公共产品供给制度，同时，加大政府的资金支持力度，从而调动民间资本投入村级公益项目建设中。刘鸿渊对比研究了农村税费改革前后村级公益项目建设的差异，揭示税费改革并未增强村民投入意愿，还证明导致村民投入动力不足的内在因素源于村民对国家财政政策以及相关制度的不满，针对以上问题，他提出只有重构多元投入体系才是真正的解决之道。[②] 刘银喜、王相龙以市场经济发展为切入点，认为随着市场体制日益完善，村级固化特质逐渐瓦解，可以尝试通过市场化的方式解决；[③④] 罗国基、黄国华指出推动村级公益事业建设可以增加村民经济收益，缓解农村社会冲突，使农村向现代化迈进新的一步。[⑤] 众所周知，村级公益事业的发展困境是基层社会的顽疾，为有效解决该问题，需要从需求角度出发，通过偏好收集平台或途径，多方收集真实需求，基于此才能精准解决该过程中出现的过剩与不足并存的怪象。邓凯、吴平从责任主体角度出发，认为要突破当下困境并不是仅依靠一方就可以轻松解决的，理应妥善借助官方（政府）、社会（各类组织）、个人（村民）等力量，共担供给责任。[⑥]

1.2.3　关于村民投入激励的研究

1.2.3.1　国外研究现状

国外对于村级公益事业激励的研究主要分为两个方面，其一是对于激励机制理论的宏观研究，其二是关于各国激励措施的个案研究。

首先，在宏观研究方面，布坎南认为激励就是所谓的工作动机。[⑦]1959 年，赫兹伯格提出双因素理论，认为不同的外部环境因素能够产生不

① 王国华、李克强：《农村公共产品供给与农民收入问题研究》，《财政研究》2003 年第 1 期。
② 刘鸿渊：《农民收入现状：制度与思路》，《经济体制改革》2003 年第 5 期。
③ 刘银喜：《农村公共产品供给的市场化研究》，《中国行政管理》2005 年第 3 期。
④ 王相龙：《后税费时代的农村公共产品供给机制创新——基于政府、市场与村民自治组织的分工与合作》，《改革与开放》2010 年第 14 期。
⑤ 罗国基、黄国华：《从农村公共产品供给看新农村建设》，《求实》2007 年第 10 期。
⑥ 邓凯、吴平：《城乡统筹背景下村级公共品供给机制新探——基于成都试验区的调查分析》，《特区经济》2010 年第 8 期。
⑦ 戴维·布坎南、安德杰·赫钦斯盖：《组织行为学》，李丽等译，经济管理出版社，2011，第 39 页。

同的工作态度。① 麦格雷戈则更加注重实际管理工作中的灵活变通，指出"无论哪种激励理论或者模型通常只可以作为理论层面上的一种参考"。公共产品的供给激励理论在双因素理论等的扩充下发展壮大。西方学者在应对市场和政府失灵的多重实践困境下进行了多角度多层面剖析，力求激励措施的多样和有效，以此满足人民对日益增长的公共产品的需求。

其次，为了能够突破农村地区公共产品的供给困境，国外学者将眼界放宽至全世界，积极借鉴他国有关激励机制的建设经验。

第一，"以政府政策投入为主，科教等多元主体为辅"的美国模式。②

在政策、资金方面对农业鼎力扶持。政府直接干预农村地区的公共产品供给过程；鼓励民间农业保险机构的发展；构建科教研协调合作体系，从根本上提升村民自身素质，形成政府、科教研主体、村民相互促进、共同发展的良好氛围。

第二，城乡协同发展的日本模式。③

日本在激励基层各主体投入方面，十分重视借助社会力量。首先，充分发挥农民协会的作用。其次，逐步健全农村地区社会保障制度。日本农村社会保障并没有完全的城市与农村界限，农村居民基本能够获得与城市居民对等的服务。

第三，奖罚分明的韩国模式。

韩国在村级公共产品村民激励措施方面，依赖于完善的激励约束机制，其中主要包含两个方面。一是在财政补贴方面确立了"先动先扶、不动不扶"的激励原则。对于符合政府要求的村民，通过物质奖励以示激励，反之停止帮扶，极大地激发农民参与的热情。二是建立自下而上的需求表达渠道，在韩国新村运动中，常采取政府拟定建设方案，村民依需求自主选择的双向互动方式。

---

① 弗雷德里克·赫兹伯格、伯纳德·莫斯纳、巴巴拉·斯奈德曼：《赫兹伯格的双因素理论》，张湛译，中国人民大学出版社，2009，第 15 页。

② K. Abdul Ghani, V. Jayabalan, M. Sugumar, "Impact of Advanced Manufacturing Technology on Organizational Structure," *Journal of High Technology Management Research*, vol. 13 （2）, 2002, pp. 157 – 175.

③ Agrawal, Kl, Miya, I 1, "A Longitudinal Study of Organizational Climate in An Industrial Organization," *Indian Psychological Review*, vol. 54, 2000, pp. 1125 – 1281.

1.2.3.2 国内研究现状

综观国内相关研究成果，不难发现阐述激励政策、制度均可将其分解为激励目的、环境因子、内容三要素，即 Why（为什么要对村民投入进行激励）、What（哪些因素跟激励村民投入相关）、How（怎样激励村民投入）。

在激励缘由方面，与我国目前的社会主要矛盾相类似，现有的激励机制已经无法满足乡村日益增长的公益事业发展建设和经济文化需求。为了让乡村真正振兴起来，要秉承"严格拟定、高效落实"的准则，建立配套的村民激励机制。[①] 杨卫军等学者也指出目前我国村级公益项目在奖补政策尚不完善的现实背景下，普遍存在政府投入力度不足、村集体可用资金紧缺等问题，需要对其不合理、不科学的内容进行矫正。

在环境倒逼下，学者们将研究重点聚焦于村民激励机制建立健全的影响因子方面。罗兴佐在荆门五村调研过程中发现，无论是乡村范围、人口稀疏度等显性因素，还是宗族影响力、村民个人素质等隐性特征，都会对村民参与产生影响。[②] 孔祥智、涂圣伟用估价法实地深入农田水利设施，用定量研究的方法分析出村民的行为导向大多与受教育程度、经济状况等密切相关。[③] 卫龙宝等则通过大量的社会调研和问卷调查，以实证案例剖析集体行动与村民投入公益事业程度的关联。[④] 王昕等通过超过一百户村民的个案调查发现，社会地位、人际、地缘亲缘关系等都是村民投入公益事业建设的重要影响因素。此外，部分学者则更加关注提高村民投入的激励手段。贺雪峰认为乡村精英的示范作用应该受到足够重视，乡村精英一方面可作为村民和政府间连接的枢纽，另一方面能够作为基层标杆根植于乡村，从数量上提高村民对公共事务的参与率，

---

① 李享章：《经济激励理论的发展及对农业发展思路的启示》，《社会科学动态》1996 年第12 期。
② 罗兴佐：《治水：国家介入与农民合作——荆门五村研究》，博士学位论文，华中师范大学，2005，第 16~66 页。
③ 孔祥智、涂圣伟：《新农村建设中农户对公共物品的需求偏好及影响因素研究——以农田水利设施为例》，《农业经济问题》2006 年第 10 期。
④ 卫龙宝、凌玲、阮建青：《村庄特征对村民参与农村公共产品供给的影响研究——基于集体行动理论》，《农村经济问题》2011 年第 5 期。

增强村民对村庄相关建设的认同感和归属感。① 宫哲元剖析了如何克服村民在集体行动中"搭便车"的想法，并阐述了非营利合作组织中的合作意愿和利他心理产生的影响，进一步强调非营利组织在促进村民参与方面的重要作用。② 郑家喜等更关注村级公益项目实施过程中的风险管理，对信息封闭化、办事隐蔽化、监管过程化等问题表达出自身的忧虑，随后杨光华认为应当提升农村地区基层管理水平，强化村民表达意识，构建完善的村民激励机制。③

通过以上梳理，我们不难发现，国家专项奖补政策是村级公益事业发展的坚强依靠，但我们不希望这项政策成为公益发展的唯一出路。专项奖补政策诞生之初，虽给广大农民带来了税费减负红利，但仍然存在诸多不合理弊端。现有弊端主要集中在农民减重减负和公益事业的完善建设无法同时兼顾。切实加强配套村干部工作实施机制，让村干部打公益事业建设的头阵，成为村民与国家政策连接的桥梁，保持村民意愿与大政方针总体目标基本一致，才能促进国家各项奖补政策的建立健全，摆正农村公共产品供给的未来发展方向。

1.2.4　关于政府角色定位与职能转变的研究

1.2.4.1　国外研究现状

第一，关于发达国家农村公共产品供给制度的研究。

即使在市场经济发达国家，政府在农村公共产品供应方面仍然发挥着引领作用，美国即是其中的代表。在学者黄立华的论述中，美国无论是在农业扶持政策方面，抑或是在农业科技发展与推广方面，均建立了相对完备的制度支持。同时，作为信息大国，其信息技术也很好地应用到农业生产中。以上做法对于我国完善农村公共产品供应体系具有不可忽视的示范价值。④ 而廖红丰、尹效良的论述侧重于观察美国政府在农村公共产品供应

① 贺雪峰：《国家与农村社会互动的路径选择——兼论国家与农村社会双强关系的构建》，《浙江社会科学》1999 年第 4 期。
② 宫哲元：《集体行动逻辑视角下合作社原则的变迁》，《中国农村观察》2008 年第 5 期。
③ 郑家喜、王姣、聂磊：《政府农田水利建设项目风险管理研究》，《农业经济问题》2012 年第 8 期。
④ 黄立华：《美国农村公共产品的供给及启示》，《北方经贸》2007 年第 1 期。

中发挥的作用。首先，政府注重完善与农业发展有关的各项政策；其次，大力加强农村基础设施建设；再次，重视发挥保险在农业生产中规避风险的作用；从次，重视科技与教育的推进作用；最后，完善社会保障制度，推广义务教育。① 而在学者杨瑞梅的论述中，观察的侧重点在于地方治理理论，并且以德国作为研究对象，以法律制度、权力控制以及监督体系为切入点，论证了该国农村公共产品供应的特性。② 学者李农则采用了比较研究的方法，通过对比中德农村公共产品供给的不同，得出了我国在相应过程中存在的弊端，并以此为出发点，提出了针对性的建议与意见。③

学者匡远配、汪三贵通过研究日本发展模式发现，日本更加注重服务供应的整个流程进展，对比我国后，他们主张我国政府在相应的过程中应当主动承担对应的责任，不仅应保证公共产品供应的数量，而且应当保证质量。④ 鄢奋则以日本农村整体特征为研究对象，认为政府、农民协会影响程度较大。⑤ 杨勇、黎振强、罗能生为进一步明晰政府职能，从政府的角色定位、公共产品投资的实质、灵活的投入策略等角度提出了大量策略，为解决我国公共产品基层供给总量不足与结构性过剩并存等问题提出了建设性的意见。⑥

第二，关于发展中国家农村公共产品供给制度的研究。

东南亚农业大国泰国在改善农民生活质量上也投入了极大的人力、物力、财力。秘文雅、骆祥茹，李燕凌、曾福生、匡远配等学者通过研究发现该国供给农村公共产品有着以下特征：首先，农村基础设施在供给端有着重要作用；其次，科技和教育均有着不可忽视的影响；最后，市场的完

---

① 廖红丰、尹效良：《国外农村公共产品供给的经验借鉴与启示》，《广东农业科学》2006年第4期。
② 杨瑞梅：《德国地方政府供给乡村公共物品的经验和启示》，《海南大学学报》（人文社会科学版）2006年第3期。
③ 李农：《中德两国农村公共产品供给制度比较研究》，《行政事业资产与财务》2010年第2期。
④ 匡远配、汪三贵：《日本农村公共产品供给特点及其对我国的启示》，《日本研究》2005年第4期。
⑤ 鄢奋：《日本农村公共产品供给制度分析》，《亚太经济》2009年第1期。
⑥ 杨勇、黎振强、罗能生：《发达国家农村公共产品供给中政府的作用及启示》，《经济纵横》2008年第2期。

善起着关键作用。①②

同样作为人口大国，印度与我国之间的对比则显得极为有价值。盛荣以其在印度的经历为基础，得出了供给效率的提高有赖于治理机制的优化的结论。③ 温俊萍从理论角度进行分析，以公共治理的理论为切入点，通过对印度农村政府体系的描述，指出在农村公共产品供给中，不同层级的政府如果能够厘清各自的地位与责任，并大力鼓励村民参与本区域内公共事务的决策，建立起完善的监督体系，有利于提高公共产品供应的效率。印度各级政府之间能够做到权责明晰，建立参与式的农村公共产品决策机制、合理有效的监督机制等，这些特点值得我国学习和借鉴。④ 赖海榕，冯进昆、李东菊强调了印度各级政府间权力分割明确、责任承担清楚以及上级领导下级决策等优势，在印度，上级的指令不具备强制执行的特征，相反是具有一定的弹性的，而这一点对于缓解我国当前农村公共产品的矛盾有着十分重大的借鉴价值。⑤⑥

1.2.4.2 关于地方政府角色定位的研究

首先，在我国社会转型的大背景下，各地政府积极推进自身转型，角色定位逐渐成为关注焦点。韩兆柱、司林波指出以此为出发点，无论是为了实现政府的职能转变，还是为了基层的发展，均有赖于政府对于自我角色的清晰认识与准确定位。⑦ 徐容雅、廖亚辉认为政府职能的转变并非易事，具有一定的困难性，在此现状下强调划清政府与市场职能边界，把控

---

① 秘文雅、骆祥茹：《国外农村公共产品供给经验分析及对我国的启示》，《天津经济》2009年第5期。
② 李燕凌、曾福生、匡远配：《农村公共品供给管理国际经验借鉴》，《世界农业》2007年第9期。
③ 盛荣：《印度村庄公共产品供给机制及其治理背景》，《南亚研究季刊》2007年第2期。
④ 温俊萍：《印度乡村公共品供给机制研究：公共治理的视角》，《南亚研究季刊》2008年第1期。
⑤ 赖海榕：《乡村治理的国际比较——德国、匈牙利和印度经验对中国的启示》，《经济社会体制比较》2006年第1期。
⑥ 冯进昆、李东菊：《国外农村公共产品供给的经验分析及借鉴》，《商业文化》2011年第12期。
⑦ 韩兆柱、司林波：《论转型期地方政府职能转变与重新定位》，《学习论坛》2007年第3期。

自身管理范围，更有利于各级政府的顺利转型。①

其次，在市场经济背景下对于地方政府职能转变，洪银兴通过案例研究的方法，以苏南为研究对象，认为政府在深化经济改革、推动经济又好又快发展的过程中，更需要厘清政府的作用范围，强调政府的着力点，在市场与政府间寻求最佳平衡点；② 许青春认为动力机制与服务型原则或监管性职能等是政府转型的充分必要条件，二者均不可或缺。③

邹小华以建设社会主义和谐社会为出发点，强调地方政府的行为在经济发展中有着至关重要的作用，为了促进地方政府的职能转变，中央对地方的垂直领导应当适度加强，同时应着重培养民众参与的意识，大力培育基层民主的种子。④ 贾宝林提出当前地方政府的角色变化是体制改革和市场竞争的结果，地方政府俨然从"生产者"转变为"管理者"。⑤

1.2.4.3　关于政府职能转变的研究

第一，关于政府作为农村公共产品供给方的研究。郭泽保认为政府的重要职能之一是为民众提供公共产品，无论是中央政府还是地方各级政府均应当勇于承担起该项职责。⑥ 宋安平认为政府是最主要的公共产品供给主体，应以改善农民生活、畅通村民意见为导向，把握工作重点，以期实现预期规划目标。⑦ 韩倩、居占杰强调政府在供给端的主导地位是因为其本身的公共职能。⑧ 袁伟分析了地方政府在公共产品供应的过程中，具有私主体所不具有的优势，从而提出完善以基层政府为重心的有效供给机

---

① 徐容雅、廖亚辉：《关于地方政府职能转变的几点探讨》，《哈尔滨学院学报》2004 年第 10 期。

② 洪银兴：《论地方政府的职能转型——以苏南模式的发展为例》，《经济学动态》2005 年第 11 期。

③ 许青春：《论和谐社会构建中的地方政府职能转型》，《山东行政学院山东省经济管理干部学院学报》2006 年第 4 期。

④ 邹小华：《和谐社会建设与地方政府转型》，《南昌大学学报》（人文社会科学版）2007 年第 3 期。

⑤ 贾宝林：《市场转型中地方政府角色的新变化及其原因分析》，《前沿》2008 年第 4 期。

⑥ 郭泽保：《政府在农村公共产品供给中的职能分析》，《中共福建省委党校学报》2005 年第 4 期。

⑦ 宋安平：《农村公共产品供给的四个着眼点》，《中南林业科技大学学报》（社会科学版）2008 年第 5 期。

⑧ 韩倩、居占杰：《完善农村公共产品供给机制的思考》，《南方农村》2010 年第 5 期。

制，保障在这一过程中地方政府与其他主体的动态平衡。①

第二，关于政府责任缺失的研究。李勇认为目前政府供给过程中普遍存在主体缺位、总体规划混乱、监督力量薄弱等问题。② 成新轩、武琼揭示了政府角色缺位的具体表现：制度设计不合理、财事两权不匹配、缺乏相应的监督机制等。③ 在学者梁红梅、丁建微的论述中，我国农村地区存在政府供给效率低下的现象，原因在于政府责任边界模糊，具体表现在地方与中央、市场与政府的职能发生混淆，除此之外，转移支付制度的不健全难以彰显公共产品供给的公平的问题也值得注意。④

第三，关于完善政府供给体制的研究。刘朝春、兰晓红等从农村税费改革遗留问题出发，认为政府应当从优化财政预算制度、建立健全供给体制、划清权责界限、实行城市支农等方面着手解决问题。王松华从决策机制层面出发，指出当前地方政府在相关决策制定过程中存在着选择性供给、价值单一化、效率持续性降低等问题，建议从需求表达渠道、外部性制约监督等方面入手解决问题。同时，供给机制中的决策问题也是部分学者研究的主要方面之一，陈朋、陈荣荣重点观察了浙江省的泽国镇，认为合理的决策机制有赖于民众的积极参与以及相互的沟通理解，而其中最为重要的是沟通与理解。⑤ 吴春梅、翟军亮指出当前我国农村公共产品供给的决策机制仍然处于过渡阶段，其决策主体、程序以及监督方式仍具有稗稊混杂的特点，需要以贯彻民主价值为原则，以扩大村民参与为核心，以实现社会公平为目标，完善决策的沟通机制和监督机制。⑥

---

① 袁伟：《构建以地方政府为主体的农村公共产品有效供给机制》，《法治与社会》2007 年第 9 期。
② 李勇：《论农村公共产品供给中的政府责任》，《中共郑州市委党校学报》2011 年第 5 期。
③ 成新轩、武琼：《政府在农村公共产品供给体制中的责任探究》，《乡镇经济》2009 年第 2 期。
④ 梁红梅、丁建微：《对农村公共产品供给效率的再思考——从政府职责划分与支出分配视角的分析》，《中央财经大学学报》2009 年第 4 期。
⑤ 陈朋、陈荣荣：《协商民主与农村公共产品供给的决策机制——浙江省泽国镇协商民主实践的案例启示》，《南京农业大学学报》（社会科学版）2009 年第 1 期。
⑥ 吴春梅、翟军亮：《转型中的农村公共产品供给决策机制》，《求实》2010 年第 12 期。

1.2.5 关于村民投入意愿的研究

1.2.5.1 国外研究现状

与我国不同的是，在许多西方发达国家，一些学者对农民的研究持有的态度是认为农民在国家现代化进程中所起到的是阻碍作用。在理论研究现状方面，巴林顿·摩尔作为著名的史学家，认为小农的消灭在国家的和平发展进程中有不可磨灭的功绩。他认为现代化之所以能在英国、日本和德国顺利进行，正是得益于小农——这一反动保守势力在某些领域的逐步瓦解。但是在中国这一社会主义国家中，农民作为建设国家的主力，是我国发展进步所必须依托的主要力量和强大依靠，这显然与西方一些学者的观点不同。

国外学者对我国村级公益事业建设的研究不多，研究我国农民对农村建设方面投入意愿的文献更是少之又少。更多的国外研究停留于对成功案例的剖析和对农村建设的宏观阐述。对农民问题的研究往往也不是从农民个体的角度出发，更多的是出于政府的考量，对本国出现的农民问题提出意见和看法。专门针对中国社会尤其是改革开放至今中国农民的研究，主要是宏观层面的泛泛而谈，针对性不强。

美国学者埃弗里特·M. 罗吉斯明确指出，农村社会的变迁必然会导致农民思想观念和行为的转变。尤其在欠发达国家，农民占国家总人口的比例相当之高，要研究这些国家，必然绕不开对农民的研究。而任何一个国家的发展和现代化的进程都是农民对自身的变革和改造的过程。占总人口一半以上的农民的问题在发展中国家的现代化进程中，是必须规划好和解决好的问题。

在实践研究方面，国外在乡村治理实践方面注重农民积极性的发挥和自立性、自主性的培养。韩国新村运动就是一场政府主导、农民包办的农村运动。[①] 政府在新村运动中更多地起到指导的作用，农民则是改造的主体，因此新村运动享有广泛的基层民主。例如，新村运动中建设的项目和

---

① 孔凡河、蒋云根：《韩国"新村运动"对中国建设新农村的启示》，《东北亚论坛》2006年第 6 期。

决议都需要经过广大农民的同意方可执行。政府提供资金和政策支持，农民的积极性和主动性得到极大的发挥。[1]

作为一场以农民为主体的农村运动，日本造村运动在全世界的农村改革与实践中十分著名。在当时日本财政相对吃紧的背景下，依靠政府实现新农村建设非常困难，培养农民的自主性，让农民作为直接受益者和主体参与日本农村建设显得尤为必要。[2] 在新农村建设没有政府资金支持，日本政府仅提供技术和政策支持的前提下，日本造村运动依靠农民主动性的发挥，从规划到行动全由农民自主包办、集思广益、自我奋斗，其间培养了大批人才。[3]

除了韩国、日本，印度和法国在农村建设方面的做法也值得借鉴。印度政府坚持"民本位"思想，乐于吸取民众意见，按照农民的意愿调整农村准公共产品和公共产品的供给。此外，印度政府格外重视农村教育，雇用了大量的技术人才和知识分子进行相关知识的普及和相关技能的指导。在科学研究方面，印度政府鼓励民间进行发明创造，并对表现突出的企业和个人进行颁奖。[4] 法国政府则侧重于农民意愿的表达和农民的实际参与，政府赋予农民自由迁移的权利，缩小了城乡差距。[5]

1.2.5.2 国内研究现状

长久以来，我国学术界一直致力于对农民投入意愿等相关问题的探讨和研究。理论层面探讨较多的是有关农民发展意愿、政治参与行为、经济心理及社会心理等方面的研究。实践层面着眼于农民实际参与意愿及影响因素研究。

在参与行为研究方面，方江山以主体行为合理性为标准将其划分为三类：制度边缘、外部参与、内部参与。但这又引发了另一个问题，即处于制度边缘的村民参与行为是否被法律所认可。方江山指出，村民大会、选

---

① 石磊：《寻求"另类"发展的范式——韩国新村运动与中国乡村建设》，《社会学研究》2004 年第 4 期。

② 刘志仁：《日本推进农村城市化的经验》，《中国农村经济》2000 年第 3 期。

③ 石冈陶子：《日本农村的变迁》，《社会科学家》2005 年第 S1 期。

④ 丁开杰、刘合光：《印度农村公共品供给体制研究》，《当代亚太》2006 年第 6 期。

⑤ 李丽纯：《法国农村社会转型对中国新农村建设的启示》，《世界农业》2006 年第 4 期。

举代表等属于制度性的参与行为，可被认可。[①] 但村民与政府双方存在严重的信息失衡，导致双方并不是在同一平台上进行"博弈"，政府往往处于强势地位。而村民冷漠型的政治参与则是对政治现实性的一种反映，是由基层地区外部环境及农民自身素质等因素造成的。[②]

在与村民投入意愿相关的农民经济心理研究中，冯东民是较有代表性的学者，他细致地剖析了村民意愿发展的几个阶段——温饱、财富、个人价值的递进。[③] 杜伟伟认为我国村民的投入意愿是"非现代性经济心理素质"的一种现实体现。[④] 费孝通描述了中国传统的农民生活，并把农民的法律、家族、秩序、观念等基层农村的特征称为中国的乡土特色。王沪宁特别强调了典型自然村落的组织特征和文化特征的演变，尤其是村落中村民在村落族群活动、家族构成的变化中的生产生活方式和心理的转变。王彩丽对农民意识产生的根源、农民意识的表现和局限性进行了具体的阐述，指出在当代中国研究农民意识是十分必要的。[⑤] 张鸣针对底层民众观念的转变进行了阐述，发现思想的接纳、行为的抗拒等主观意识是引发这种转变的主要成因。

在实践研究层面，近年来国家方针政策对农民更多地关注和倾斜，对于影响村民投入意愿强度的成因分析也随之得到丰富。梁爽等通过支付意愿方法对北京密云地区进行调查，发现该地区村民年龄、收入总量、结构及环保意识是影响因子较高的要素。[⑥] 张兵、周彬认为对于偏远地区，家庭及乡村特征在各类因素中占主导地位。[⑦] 陈美球等对 900 多个农户进行访谈，数据结果显示家庭收入范围、本户可用劳动力数量、性别结构等与

① 方江山：《非制度政治参与——以转型期中国农民为对象分析》，人民出版社，2000，第 34～37 页。
② 储峰：《当代中国农民政治参与心理分析》，《党史研究与教学》2005 年第 1 期。
③ 冯东民：《关于对农民发展意愿的理论研究》，乡村发现网，http://www.zgxcfx.com/Article/11486.html。
④ 杜伟伟：《新农村建设视阈下农村贫困人口的非现代性经济心理素质分析》，《现代经济信息》2011 年第 20 期。
⑤ 王彩丽：《浅谈当代中国的农民意识及其改造》，《湖北省社会主义学院学报》2008 年第 5 期。
⑥ 梁爽、姜楠、谷树忠：《城市水源地农户环境保护支付意愿及其影响因素分析——以首都水源地密云为例》，《中国农村经济》2005 年第 2 期。
⑦ 张兵、周彬：《欠发达地区农户农业科技投入的支付意愿及影响因素分析——基于江苏省灌南县农户的实证研究》，《农业经济问题》2006 年第 1 期。

村民投入意愿有较大关系。① 冯黎等以红安县为研究对象，选取"医疗"这一基础设施研究村民的需求意愿以及其医疗水平的影响因子。② 马贤磊则针对地形较为复杂的江西地区进行研究，由于当地土地拥有合法性得不到准确界定，因此该区农地产权因素尤为凸显。③

1.2.6 关于"一事一议"财政奖补政策的研究

1.2.6.1 奖补政策的成效体现

黄维建等在综合各地政策试点情况的前提下，总结了"一事一议"政策的成效，主要体现在增强农村整体消费能力、培育村民政治参与意识、激发基层内生活力等方面。④ 张颖举以黑龙江省财政奖补政策为研究对象，认为该政策具有增强村集体经济发展能力、拓宽融资渠道的作用。⑤ 王卫星、黄维建认为财政资金在村级公益事业建设中发挥了催化剂作用，加快了我国农村基础设施建设速度，有利于打破长期存在的城乡二元结构。⑥

1.2.6.2 困境及对策建议

在政策内容方面，谢洲认为政策本身缺乏决策自主权，因此导致制度范围不广。杜辉指出国家奖补政策存在金额基数较低难以满足现实情况需求、比例失衡、资金配套机制不合理等内在缺陷。⑦ 在政策落实方面，安

---

① 陈美球等：《农户耕地保护性投入意愿的实证分析》，《中国农村观察》2008 年第 3 期。
② 冯黎、陈玉萍、丁士军：《大病风险冲击下农户户内劳动供给的性别差异分析——来自四川贫困县的证据》，《妇女研究论丛》2009 年第 4 期。
③ 马贤磊：《现阶段农地产权制度对农户土壤保护性投资影响的实证分析——以丘陵地区水稻生产为例》，《中国农村经济》2009 年第 10 期。
④ 黄维健、吴孔凡、梁昊：《安徽省一事一议财政奖补工作情况及建议》，《中国财政》2012 年第 8 期。
⑤ 张颖举：《一事一议财政奖补政策效应分析与建议——以黑龙江省为例》，《行政与法》2010 年第 3 期。
⑥ 王卫星、黄维健：《一事一议财政奖补与农村公益事业建设机制研究》，《农村财政与财务》2012 年第 7 期。
⑦ 杜辉：《村级公益事业建设一事一议、财政奖补的执行偏差与矫正》，《贵州社会科学》2012 年第 3 期。

瑾瑾提出财政奖补属于公共产品供给，存在交易成本问题和搭便车问题。[①]
张颖举认为在政策实施过程中存在奖补程序过于复杂、"先建后补"原则
不适应现实需求等问题。彭长生从制度变迁视角出发，梳理了财政奖补政
策的沿革及其问题，指出农户受益不均、政策宣传不到位、村民参与度低
是当前政府亟待解决的问题。[②] 梁昊则更加关注村级公益事业的后续管护
现状，认为当前项目建成后缺乏专业性、持续性的后期管护人员，是影响
政策实效难以发挥的关键因素。[③]

在剖析困境之后，众多学者也提出了不同的相关对策建议。黄维健等
认为应拓宽融资渠道，加大财政投入，扩大资金增量[④]；张颖举则认为首
先健全相关配套机制才是保障政策健康发展的重点。张莉莉提出全面借助
自媒体工具，加强财政奖补政策宣传力度，以此扩大政策影响力。[⑤] 汪学
军、高歌提出要紧扣财政奖补"四个关口"，即严把议事、项目审批、资
金使用以及督查等环节。[⑥] 谢洲指出该政策的有效实施应从村干部的选举、
村民意愿表达机制、基层民主建设、监督管理机制和财政管理体制五个方
面入手，以在综合治理的基础上达到良好政策效果。[⑦]

1.2.6.3 绩效因素分析

评价政策绩效好坏与否，农民满意度是关键。我国学者文叶飞、罗福
成在沿河土家族区域进行了实证考察，通过与当地的公务人员及农民进行
沟通后发现，政策支持、财政支援、基础设施完善等因素使山村有了明显

---

① 安瑾瑾：《村级公益事业一事一议财政奖补制度建设研究》，硕士学位论文，山东农业大学，2012，第 89 页。
② 彭长生：《"一事一议"将何去何从——后农业税时代村级公共品供给的制度变迁与机制创新》，《农村经济》2011 年第 10 期。
③ 梁昊：《一事一议财政奖补项目后续管护机制研究》，《财政研究》2013 年第 6 期。
④ 黄维健、吴孔凡、梁昊：《安徽省一事一议财政奖补工作情况及建议》，《中国财政》2012 年第 8 期。
⑤ 张莉莉：《农村一事一议财政奖补资金使用情况的调查分析》，《中国农业会计》2011 年第 10 期。
⑥ 汪学军、高歌：《把好财政奖补"四个关口"》，《农村经营管理》2010 年第 8 期。
⑦ 谢洲：《农村公共品供给一事一议财政奖补制度研究——以重庆市为例》，博士学位论文，西南大学，2012，第 67 页。

的发展。① 段羡菊、周勉则是以湖南省为调研对象，通过对该地进行该政策的实效调查，认为该地村级公益事业有了长足的发展，政策效果明显，因村民有了参与决策的能力，因此政策实施的阻力也更小。尽管如此，村民对于加大财政支持力度、扩大政策支援地区仍有着强烈的渴望。②

政策绩效的有效提高，在一定程度上受主客观因素的影响。陈杰等以福建省调研数据为基础，通过对当地农村公共产品供求情况、财政奖补政策实效及政策执行的影响因素进行分析，认为村民的实际需求越强，政策满意度就越高。③ 连磊运用线性回归方法，以淮安市资金运用情况为样本，得出资金的最优预算区间，以期减少资金浪费。④

总体而言，目前学术界关于"村级公益事业建设"的研究成果还是较少，现有研究大多停留在一般的理论分析或者政策梳理上，仍不够系统、深入，对于村级公益事业的外部制度环境、实践创新的内在动因、政策实施的配套环节及适用条件、"一事一议"财政奖补试点的绩效评估及可能发展趋势等方面仍缺乏较深入的实证性研究。此外，现有成果中也鲜有针对性的个案研究成果，从而很难具体剖析并提出创新性思路，而这恰恰也是当前建设过程中亟待破解的难题。

1.3 核心概念与理论基础

1.3.1 核心概念

1.3.1.1 村级公益事业

村级公益事业作为公益事业的一部分，首先我们需要以公益事业为切

---

① 文叶飞、罗福成：《山村美了 百姓笑了——沿河土家族自治县实施村级"一事一议"财政奖补工作扫描》，《当代贵州》2011 年第 21 期。

② 段羡菊、周勉：《这项惠农政策为何基层满意度高——湖南一事一议财政奖补政策调查》，《中国财政》2012 年第 17 期。

③ 陈杰、刘伟平、余丽燕：《"一事一议"财政奖补制度绩效及评价研究——以福建省为例》，《福建论坛》（人文社会科学版）2013 年第 9 期。

④ 连磊：《淮南市村级公益事业一事一议财政奖补政策研究》，硕士学位论文，安徽大学，2013，第 56 页。

入点，基于此，我们可以最早追溯至 20 世纪 90 年代末，但该阶段仅仅只对公益事业的范围进行界定：一是帮扶弱势社会群体或个人的活动；二是科教文卫体事业；三是社会基础设施建设；四是以促进社会福利为目的的建设性事业。随着公益事业外延的不断扩充，我国学术界往往将公益事业等同于公益信托，进而意味着又将公益信托的内容范围纳入其中。

伴随着公益事业研究层次的深入，部分学者将研究重点转移至公益事业的内涵界定。在此背景下，伍大荣认为公益事业即非营利事业，是一种不以获利为目的，旨在为群众的生产生活提供多样化基础条件的事业。而赵立波则把公益事业与社会事业进行对比，提出公益事业应当是以公共部门、非营利机构及公民个人为行为主体的，致力于服务社会特定群体利益的社会性工作，从而进一步深化对公益事业的探究。

村级公益事业是公益事业概念的村级细化，自然具备公益事业的基本特征，但在新的时代背景下，村级公益事业被赋予了新的涵义。对于其内涵特征的研究，学界基本从三个层面出发。首先在农村公共产品层面，部分学者将它理解为农村准公共产品的一种存在形式，从而便可将其阐述为：用以满足村民公共需求的、具有非排他性、非竞争性的公共产品。其次，也有学者从公益事业的角度出发，着重强调它同村民生产生活的关联性，认为村级公益事业是当前乡村社会发展的关键环节，具体是指在村级范围内，由基层政府或私人组织通过运用财政资金所提供的公共服务。[1]最后，村级公益事业具有基层特性及现实诉求，[2] 在这一层面上村级公益事业又表现为在村级范围内具有福利性、共享性等特点的、村民直接收益的项目建设。

1.3.1.2 投入意愿

意愿即每个人内心对于事物的心愿，在哲学范围内，将其解释为心灵中决定人类自由选择、独立行动的能力。从"经济人"角度出发，人一般具有消费、储蓄、投资三种行为倾向。当人们预判投资收益将大于自身可

---

[1] 葛深渭：《村级公益事业建设现状、问题与建设路径探索》，《中国集体经济》2012 年第 18 期。

[2] 折晓叶、陈婴婴：《社区的实践——"超级村庄"的发展历程》，浙江人民出版社，2000，第 138 页。

承担风险时，就会产生投资行为倾向。反之则会将有限的资金用于储蓄或通过消费行为满足自己的各层次需求。

同样，村民在农村社会经济网络中扮演"社会人"和"经济人"角色，自然会将以上三种行为倾向带入研究主题——分析村民对于自我投入村庄公益事业建设的意愿，即村民在衡量投入产出比的同时，以自身投入换取相应返回利益的愿望有多强烈。这种投入可以是体力、智力以及现实钱币。本研究中的"投入意愿"则特指村民将可支配的各种资源转化为建设资本的一种倾向或对于公益事业资源投入的动机或强烈愿望。

1.3.1.3 集体行动

集体行动又称为集群行动，滥觞于 20 世纪初期，原指由社会群体发起的社会冲突，后经系统化发展，逐渐成为各学科研究的共同主题。当我国学界将"集体行动"划入本土研究范畴后，大致形成了两大类别的研究：第一，对于集体行动的理论探索；第二，对于集体行动的经验分析。

在理论探索方面，赵鼎新认为集体行动是指由一定数量的社会成员旨在改善现实处境而自主发起的一种情绪表达行为。[①] 若将集体行动置于经济学领域，又可将其界定为在产业转移决策时主体通过协商讨论所进行的模仿与自身相关联企业的转移行动。

此外，郭静萍将集体行动分为理性与非理性两类，通过梳理其情感逻辑发现，集体性的情感是受利益因素所引导的。高春芽则从理论的生产条件等角度出发，提出集体行动理论之所以能够得到系统化发展，关键在于公共产品、公共选择理论为其创造了一个较为完备的理论条件与实践工具。[②]

在经验分析层面，于建嵘以 H 县维权行为为例，通过跟踪调查，认为群体所感受到的内外部压力是催生基层集体性行动的根源所在。[③] 詹国辉、

---

① 赵鼎新：《社会与政治运动讲义》，社会科学文献出版社，2006，第 67 页。
② 高春芽：《集体行动的多元逻辑：情绪、理性、身份与承认》，《上海行政学院学报》2011 年第 4 期。
③ 于建嵘：《集体行动的原动力机制研究——基于 H 县农民维权抗争的考察》，《学海》2006 年第 2 期。

张新文基于农村场域的复杂性与不确定性，将"集体行动"这一概念用以解释基层社会治理困境。①

1.3.2　理论基础

1.3.2.1　社会行动理论

在社会学发展历程中，德国学者韦伯率先指出社会行动理论的重要性，认为其是任何社会学理论的研究基础，具有核心地位。在社会行动理论中比较有代表性的人物是韦伯和帕森斯，从而该理论主要呈现两种发展趋势：其一，以韦伯为代表的"强行动弱结构"倾向；其二，以帕森斯为代表的"强结构弱行动"倾向。

首先，韦伯强调社会是由社会行动所构成的，是具有一定价值的，进而理论的关注重点应当聚焦于行为举措方面。这就要求我们在对其进行分析与论证的过程中保持中立的价值观念。在此指导下，韦伯将其分成四大类别：一则，具有目的理性的行动，即是一种在周密论证的基础上，通过最有效的手段，达成个人目标的功利主义行为；二则，具有价值理性的行动，主要凸显行为的意义所在；三则，情感式的行动；四则，威权主义式的行动。个人对于这四种行动类型的差异性反应，最终使社会行动具有复杂性、综合性等特征。

其次，帕森斯总结了现有研究成果，创造出具有时代意义的社会行动理论。他认为社会行动是一个由各类子系统共同组成的复杂体系，并且每一个子系统都是相互独立的，但这并不意味着它们之间不存在促进、依附关系。实际上，各子系统间均存在着一种"输入—输出"关系，在这种交换性关系中，社会秩序得以逐步系统化，在这种互联互动关系的影响下，社会身份、角色逐步固化，这也就形成了现代意义上的社会制度。

最后，从社会行动理论出发，不难发现村级公益事业建设不仅仅是乡村社会的经济活动，同时也是集体性社会行动，从而我们完全可以将村级公益事业建设视为典型的乡村集体性社会行动，村民投入意愿与日益复杂

---

① 詹国辉、张新文：《名声效应、重复博弈与农村集体行动》，《中国农业大学学报》2018年第6期。

的社会性因素紧密关联。无论是韦伯的"社会行动理论"还是帕森斯的"社会结构"，都探讨了社会性因素对行为主体主观意愿（目的）的影响，诠释了"集体行动困境"背后的社会性因素。

1.3.2.2 理性选择理论

理性选择理论（Rational Choice Theory）最早可以追溯到20世纪80年代，最初作为经济学的预设前提被广泛运用于经济领域，是社会学领域中的核心理论。

美国学者科尔曼经过系统化研究后，将理性选择理论解释为理性人的自利行为，即通过运用最优化策略，以最小代价谋求最大效益。首先，科尔曼认为每个个体均带有一定程度的价值偏好，同时他们互相掌握着他人的关键性资源，为此在环境倒逼下，他们不得不与其他个体进行互动。在此过程中往往秉承效益最大化原则，即通过让渡最低限度的自愿谋取最高程度的利益所得。但这种观点忽视了互动关系对于个人行为的制约与推动，具有一定的狭隘性。

其次，科尔曼认为理性行动的逻辑起点是鲜明的目的性。正因为在具体目标的指引下，个体的行为措施往往是经过周密计算的，分析一切能够对其产生影响的外界因素。最后，科尔曼强调了社会在理想情况下应当呈现的最优状态，将其解释为行动者在非竞争性环境中，各方通过交易所达成的一种各自资源满足程度最大化的状态。

通过剖析理性选择理论的主要内容可知，其主要强调通过对个体主观意愿的分析来说明个体行动是如何构成宏观社会现象的。因此，从理性选择的角度探讨村民投入意愿及其行动逻辑，揭示其背后的社会性制约因素，对剖析当前投入难等问题并建立相应的激励体系就显得十分必要。

1.4 研究方法与调研区域

1.4.1 研究方法

第一，文献法。文献的查找与整理是进行研究的前提，在大量收集文献的基础上，首先能够减少大量不必要的重复工作，避免研究工作"绕弯路"、费时费力；同时，文献的研究能够总结其他学者的研究成果，通过对比不同学者的观点能够发现争议所在。学者的实证调查与现实情况不一样的，一方面能够了解到社会发展状况如何，另一方面也能够寻找不同背后的原因。在文献观点整合的基础上，配合课题组的调查以及相应的研究工作，能够建立起相对应的概念模型，从而为之后的研究奠定基础。本研究在利用 ESDO、EBSCO、维普等数据库的基础上，对国内外相关文献及研究成果进行整理与整合，以此作为研究本身的出发点与切入点。

第二，问卷调查法。在本研究的开展过程中，村民自身的意愿与观念对于研究的推进有极为重要的作用。为了能够获得最真实的村民想法，课题组采用问卷的方式进行调查。使用问卷调查法，首先能够保证获得最真实的村民观点，问卷本身的问题设置是与村民个人息息相关的，因此有利于获取村民真实的想法；同时问卷调查的方法能够获取大量的样本，保证样本对象的广泛性与研究阶层的多样性。问卷回收后所获取的数据将作为研究的重要参考资料，对于实证研究而言，助益甚广。

第三，实证与规范研究相结合的方法。本研究从概念界定出发，以集体理论、理性选择、社会行动等理论为立足点，探讨苏皖六镇村级公益事业的建设现状，并为建立普适性与普惠性并存的村级公益事业作出努力。

1.4.2 调研区域

本次研究选择苏皖六镇为实地调研区域。苏皖六镇的地理位置分别处于江苏省中部和安徽省的南部，调研点的整体经济水平与本省的平均经济水平相当，具有一定的示范性和代表性。苏、皖二省自 2009 年 8 月以来，接连在各乡镇进行村级公益事业"一事一议"财政奖补试点，江苏省的 FA 镇、ZZ 镇、QD 镇，安徽省的 XA 镇、YT 镇、ZB 镇，均为区域间较为典型的城镇。苏皖六镇在都拥有着较优区位及较好经济条件的同时，经济、地理、人文情况又有所差异。这有助于我们通过对不同政策实施地点的考察来发现村级公益事业在各地的建设情况及成效差异，为研究本议题提供现实案例和实施样本。

1.4.2.1 江苏省 FA 镇

FA 镇是一个有着 169.99 平方公里土地，8.3 万农业人口，37 个村

（居）的江苏省新型示范城镇。FA 镇特产茧丝绸，从唐代发展至今，已形成如今远近闻名的产业基地，并凭借茧丝绸和织造等传统产业形成产业集群，近年来揽收全国小城镇建设综合改革试点镇等荣誉称号。值得一提的是，近年来，"中国茧都"的产业蓬勃发展，被中国科学院向全国城镇推广为"富安模式"。除了茧织业，FA 镇在顺应国家政策基础上，积极涉猎诸多工业门类。截至 2015 年，江苏省 FA 镇建成市级工业区、全民创业园、建材产业园等多个园区。村级公益事业发展方面，FA 镇 2013 年合计筹资筹劳折合人民币 347.76 万元，"一事一议"筹资 152.4 万元，每人平均 20 元，涉及劳动人口 7.62 万个。后所筹资金都投入农田管护、路桥修造、环境绿化等村级公益事业中。

1.4.2.2　江苏省 ZZ 镇

ZZ 镇位于吴江西南部，是一片水域广阔、风景秀美的湖荡平原，在江浙交界处的 ZZ 镇被 PW 镇、QD 镇等四镇环抱，西至浙江省湖州市。ZZ 镇下设 23 个行政村，形成自然村庄 360 个，共 14015 户，土地面积达 96 平方公里，耕地 44.4 平方公里，接近土地面积的一半。该地水域系太湖水网的一部分，水网密集，水域分布面积达 23.5%，因此是名副其实的"水乡泽国"。ZZ 人民除了善于利用水域优势发展产业之外，蚕丝产业也远近闻名。① 2015 年 1 月，该镇财政收入高达 8232.35 万元，较上年增长 24.17%。

1.4.2.3　江苏省 QD 镇

QD 镇隶属江苏，位于苏州市西南之隅。该镇之名源于古代行政区域，并沿用至今。QD 镇位于我国东部地区，北边依靠着太湖，拥有丰富的物产资源。该镇地势低平，降水充沛，并且有着丰富的日照资源，为农业发展提供了优良条件。新中国成立后，QD 沿袭了民国新政区划，设 QD 乡，隶属于震泽区。此后十余年，QD 乡经历了频繁的行政区划调整，并于 1958 年建立了 QD 人民公社。1983 年由于实行整体改革，QD 恢复为乡，

---

① 资料来源："震泽镇"，百度百科，http://baike.baidu.com/link？url＝CL3d1TXn5O9h5t2NNM8L01yvT11no8G1VWefZDMQ2Y6EbnXk5yAFO6UM-b3r_kpv6ylTy_JPlxmvs9ApprZYlq。

并于 1992 年撤乡建镇。截至 2012 年 7 月 QD 镇下辖 3 个社区，22 个行政村。随着改革开放的春风惠及全国各地，QD 镇经历了巨大的变化，2011～2015 年，该镇地区生产总值实现了由 66.9 亿元向 91 亿元的跨越，以第二产业为主要发展产业，以农业服务业综合多面为依托，保持了平稳发展的向好态势。并且，2013 年该镇文化产业投资高达 5 亿元，较 2012 年增加了一倍。同样，科技以及教育资源的投入也被纳入文化产业，形成了新的经济增长点。

1.4.2.4 安徽省 XA 镇

XA 镇隶属于安徽省无为市，位于该市西南角，有着悠久的历史和人文，"无为县首镇"之称当之无愧。该镇农业发达，农副产品市场反响良好，尤其是席草，质地舒服，并伴有淡淡香味。该地席草年产近 3 万吨，在全国范围内负有盛名，是我国著名的席草生产基地之一。全镇面积 110 平方公里，共有人口 6.5 万人。本研究调查区域为 XA 镇下属 12 个代表性行政村。

XA 镇地区丘陵地貌众多，因此为农业发展以及公共基础设施建设带来一定障碍，导致村庄配套设施陈旧且极不完善。在我国广大农村，农民的收入大部分来自农业活动，在 XA 镇亦是如此。但是当地的村民还有句老话，"过去十年九不收"。这足以看出 XA 镇农业生产发展的历史情况。考虑到近些年流行起来的外出务工，其村民收入状况也一定程度上影响着村庄整体经济。年轻力壮的青年人大多流向北上广深这种超大型城市，在原始村庄之中只剩下妇女、儿童、老人等。外出务工虽在一定程度上影响到当地的农业经济收入，但是 XA 镇外出务工的青壮年都有着浓浓的"乡愁"，对家乡有着强烈的归属感，经常参与捐助活动，想为当地发展奉献自己的一分力量，从而发生反哺原始村庄经济发展的现象，范围自然涉及村级公益事业。XA 镇拥有深厚的民间力量，在大兴公益事业的进程中，这些力量作用显著。

在团队方面，当地自发成立祭祖理事会等民间社会组织；在个人层面，参与主体呈现多元化趋势，其中主要包括乡村能人、党员干部、农民企业家等。根基深厚、形式多样的民间力量也成为不容忽视的中坚力量。

1.4.2.5 安徽省 ZB 镇

ZB 镇位于安徽省青阳县境中部九华山东麓，面积 67.8 平方公里，共 1 万多人口，辖 4 个行政村。该镇境内地形复杂，地势南高北低，山区占总面积的 80%，丘陵、平原占 20%，两山一垄，呈带状。该镇旅游资源和林产品资源丰富，农业以水稻为主；在林业方面，镇村林场总计共有 7 个，有着十分富饶的竹木资源。自 2009 年在全镇范围内开展奖补工作以来，ZB 镇对于公共产品投入成效显著。2010～2013 年，ZB 镇组织实施了水利、饮用水、环境整治等农村公益事业建设项目，修建了多条村级铁路及河道护坡，极大方便了群众的生活和生产。但是也存在一些问题，如惠民政策推行阻力大、政策实施偏差等，这也为后续研究的进一步开展提供了思考。

1.4.2.6 安徽省 YT 镇

YT 镇坐落于安徽省青阳县东南方向约 4000 米处，其东部为西华，南面毗邻着陵阳，西方靠着 ZB，以北依托蓉城。该镇矿产、农特资源丰富，农业以水稻为主，林木资源丰富，境内开设多个采矿企业。该镇耕地面积共计 1453.7 公顷；园地 938 公顷；林地 5365.9 公顷；水面 161 公顷。近年来，YT 镇根据当地实际情况和村民需要积极投入到村级基础设施建设中来。YT 镇在 2012 年修建蓄水池 2 个，解决了当地以往最头疼的问题——水源不足，同时水质得到大幅提升，3800 米道路拓宽及硬化工程为村民的交通带来了巨大便利。

第2章 "卷入式参与"：新中国成立后村级公益事业建设集体行动的行政运作

新中国成立后，随着国家政治、经济、社会和文化体制的发展，村级公益事业的建设不断发生变化。结合我国乡村社会转型发展，以及乡村权力结构的演变，村级公益事业的建设大致可以分为人民公社时期、农村税费改革前以及农村税费改革后三个阶段。其中，人民公社时期的村级公益事业建设（1949~1984年）属于初步探索阶段，在此期间，各级政府利用其主导性地位，集中各类资本投入建设活动，通过农民群众辛勤的双手去开创农村公益事业的新篇章，进而奠定了农村公益事业的后期发展基础。税费改革前村级公益事业建设（1984~2000年）属于改革时期的转折前行阶段，全国各地区逐步推行家庭联产承包责任制改革，开始尝试放权改革，为人民"松绑"，领导农村公益事业发展格局转折前行。税费改革后村级公益事业建设（2000年至今）属于统筹城乡发展的全面推动阶段，党和政府全面贯彻科学和共享的理念，坚持基本公共服务的均等化发展，实现城市和农村地区的共同发展。

2.1 人民公社时期村级公益事业建设

2.1.1 村级公益事业建设背景

在新中国刚成立时重点发展重工业，为的就是迅速推动工业化发展。由于农产品被国家以统一的价格收购，农业已从先前相对有利的产业转变为弱势产业。国家重视城市，忽略对农村的投入，农村社会大众对农业的积极性遭受打击，公共产品供给存在同样的问题，农村地区的待遇远远落后于城市地区。国家对城市公共产品实行定额配给，粮票、布票、理发票等成为鲜明的时代符号，城镇居民的生活需求基本能得到满足；而受制于乡村地区资源存量有限，国家采取实行人民公社体制的方法来解决财力不足、税收不足等引起的公共资源不足的问题。① 人民公社公共制度体系使公共产品的供给具有了双重化的特征。在城镇地区，国家财政承担了很大一部分公共产品的供给，但是相反，在广大农村地区，得靠农村自身贫乏的资源，农民的积极性来自土改分到土地的热情、农村地区惯有的动员机制以及基层政府的行政性命令。在人民公社时期，人民公社是农村的基层组织，管理着自己公社内的所有经济和社会事务。

2.1.2　村级公益事业建设内容

2.1.2.1　农村基础设施建设

人民公社时期的农村公益事业建设主要侧重于大规模地兴修农田水利以及建设农村道路，为的是尽快恢复生产以及国民经济。在土改目标基本达成后，各地农田水利状况得到明显改善，为后期建设打下了基础。1953年我国水利部召开专项会议，明确提出要防治强迫命令，一切事务都应秉承"民本位"原则，必须要经过公众讨论这一环节，重要事务也应上报上级单位，批准决定；可见虽然上级政府部门较为重视农民群众的广泛参与，但地方基层政府的政策实施却存在官僚主义作风问题。

1958 年，人民公社在我国农村建立，政府规定人民公社的职责是管辖其所在地区的工农业、教育及相关政治事务，并提出人民公社应打破行政界限，让农村社会大众团结协作。早在 1954 年，党中央提出了农业八字宪法，包括八个方面：一是"水"，即通过水利设施达到增产效果；二是"肥"，进行科学肥料配比，力图提升出产率；三是"土"，通过改良土壤等办法提高农业的生产效率；四是"种"，通过开发、繁殖和推广良种，提高农业生产率；第五是"密"，通过密集种植作物提高作物产量；六是"保"，通过保护农作物提升农产品数量；第七是"工"，让机械化工具改革达到农业生产技术上的进步；八是"管"，通过田间管理实现粮食产量

---

① 徐琰超、杨龙见、尹恒：《农村税费改革与村庄公共物品供给》，《中国农村经济》2015年第 1 期。

提升。①

农业学大寨运动在新中国特定历史时期和历史条件下试图解决人口总数与经济实力不均衡的现实窘境。主要体现在：一是干部参加劳动，发挥模范作用；二是注重培养干部队伍和带头人；三是分配制度上按劳分配；四是提高现金、劳动和粮食积累。②

农村道路不仅是农业生产的必需品，也是农民生活的必需品；不仅供机动车通行，还供农民日常生活行走。自人民公社建立起，为了满足农民需求，村级道路建设开始缓慢推进。在人民公社时期，国家把发展的重点放在工业，对农村基础设施的投入主要集中于农田水利设施，而忽视了对公路的投入建设。在那个时期，农村公路发展主要凭借农村公众自发建设，建设水平也有一定局限。1959～1978 年，我国农村公路占全国公路的比例从 59.3% 升至 65.8%。随着我国改革开放的深入发展，农村的产业结构开始调整变化，对于公路建设的量和质的要求也远超于之前。与此同时，国家综合实力的增强也使我国的农村公路建设的力度加大。

2.1.2.2 发展农村教育事业

人民公社时期，农村教育事业取得了较大进步，通过长期性的扫盲活动，基层民众的文化水平得到明显提升，为我国后期经济的快速发展提供了大量的人才储备资源。新中国成立初期，国家提出要重视普及教育的计划性和渐进性，要求加强中等教育和工人业余教育，发动基层群众自主解决资金、师资问题，至此以公众自筹为核心的公益发展模式日渐形成。1958 年 9 月，中央又提出教育必须要与人民群众的生产劳动相结合，必须要动员中央、地方政府与农民群众等各方主体共同发力。

20 世纪 50～60 年代，我国农村教育的基础条件极其缺乏，各地农村积极响应国家号召在青年和壮年中开展扫除文盲运动。各地农村积极采取多种形式，除国家办学以外，大力提倡集体办学，逐步普及小学教育，以便进一步提高农村基层干部和农民的文化水平。

---

① 朱显灵、丁兆君、胡化凯：《"大跃进"时期的深耕土地运动》，《当代中国史研究》2011 年第 2 期。
② 李静萍：《潮起潮落——农业学大寨运动回眸》，山西出版传媒集团、山西人民出版社，2012，第 447 页。

因此，人民公社时期农村教育事业取得了一定发展，改变了新中国成立之初教育落后的情况，对农村广大社会公众的生产生活乃至整个社会主义事业均产生了较为广泛的影响。比如农村学校数量激增，并且扫盲和业余学校如雨后春笋般在各地出现，无论是学生总量还是招生规模都得到了极大的提升。但是在这一时期，农村教育事业的发展政治化取向严重，受社会政治和文化的制约严重。

2.1.2.3 发展农村卫生事业

人民公社时期，尽管我国资源短缺，各方面条件欠缺，但在各级党组织的积极带领下，基层群众齐心协力，力图弥补"先天不足"，为我国农村卫生事业做出了巨大的贡献。在农村经济平稳发展的基础上，各地在上级支持、群众参与的激励下，依托县级医院，建立了医疗卫生组织，至此乡村地区医疗队伍逐渐完善，在爱国卫生、医疗、预防保健和计划生育等各个领域均取得了重大成就。1952 年，全国各大农村社会公众掀起"除四害"的爱国卫生运动热潮。20 世纪 60 年代，水井、厕所、牲畜围栏、炉灶、生活环境的改良及饮用水和粪便的管理开始作为"两管五改"的主要内容。[1] 在经济实力不足的前提下，互助合作、各方筹资成为基层群众对抗疾病风险的可行之策。在人民公社时期，农村地区缺乏医疗卫生条件的问题在一定程度上得到了解决。但好景不长，由于资金缺口巨大，最终全民免费的理想模式宣告失败。1951 年，卫生部发文规定曾经不合常理的医疗卫生问题必须得到解决，医疗卫生工作要为集体农村社会公众服务，除了县这一个级别的卫生中心以外，乡镇这一级别的卫生中心以及村这一级别的卫生室也很重要，同时要求各地积极培养医生等医疗工作者。到 1951 年第三季度，全国县级卫生机构覆盖率达 91.2%，区级、村级卫生所则以联合诊所或医疗合作社的形式稳步增加。[2] 所谓"联合诊所"，它是一个基层卫生组织，新中国成立之初，农村卫生组织含联合诊所、农业社区卫生站和社区卫生中心。1955 年的农业合作化浪潮萌发了农村医疗卫生服务保

---

① 李德全：《三年来中国人民的卫生事业》，《中华医学杂志》1952 年第 10 期。
② 《中共中央批转卫生部党委〈关于把卫生工作的重点放到农村的报告〉》，载《建国以来重要文献选编》（第二十册），中央文献出版社，1998，第 465 页。

健站，由于我国当时农村生产关系的变化，这些保健站由农业社兴办。①

"大跃进"和人民公社化运动可以看成是在某种程度上助推了村一级医疗卫生工作的进程。"吃饭不要钱、上学不要钱、入托不要钱"等"共产风"的刮起，随之而来的是"看病不要钱"以及"全民免费医疗"，这些政策都没有考虑到当时我国农村经济的现实窘况，所以最直接的后果就是 1960 年后，不少公社不再有能力去承担广大农村社会工作的合作医疗费用。1962 年，相关政策被制定且提出再公民化后，农村地区的医疗机构在预防疾病、强身健体等生产生活方面提供了重要支持。但与此同时，它也提出了农村初级卫生组织所有权和分配问题。农村基层卫生服务机构的小型化和分散化能够方便农村社会大众就医治病，依靠农村社会公众自身的人力、财力、物力来开展农村卫生工作对于国家财政压力的减轻无疑是最直接有效的方式。可见在人民公社时期，农村卫生事业在曲折中发展，逐步摸索出一条依靠群众自身力量创办卫生事业的道路。

2.1.2.4 发展农村社会保障事业

新中国成立之初，农村社会保障事业的稳步发展离不开集体经济的资金支持，农村公共产品的供给主体也日益丰富化，国家、村集体以及村民都参与其中。新中国成立之初所开展的农村社会保障事业主要包括生产互助、社会救济等方面，力图给基层群众提供全面且细致的保障措施，但随着土改完成，物质资本的匮乏导致众多农户难以自主经营，进而各村将分散在各户的人力、物力等生产资料集中调配，以变工互助的方式共同面对难关。② 此外，农村五保户支持系统也是一个比较重要的社会保障体系，对丧失劳动能力且无保障对象的五保户，农业生产合作社使用公共补贴和劳动日、安排专人照顾年老体弱残的五保人员等方式为五保户提供社会保障。

1958 年 12 月，中共八届六中全会通过的《关于人民公社若干问题的决议》指出，一些集体性质的社会保障福利事业，如共有食堂、学校、福

---

① 肖爱树：《农村医疗卫生事业的发展》，江苏大学出版社，2010，第 60 页。
② 王松华：《地方政府农村公共产品供给存在的问题及对策研究》，硕士学位论文，湘潭大学，2007，第 27~30 页。

利院、敬老院等，能给农村社会公众带来相当大的社会福利。① 同时，农村的一些老旧闲置的房屋被改造来建设社区。可以看出，在人民公社时期，中国农村社会保障内容相对全面和丰富，各种关怀政策更倾向于农村弱势群体。

2.1.3 村级公益事业建设特点

人民公社时期可以看成是我国村级公益事业的初步探索阶段。在 1949～1958 年期间，我国的农村集体经济尚未建立，分散的小农经济是我国农村经济最主要的支撑形式。1958 年以后，由于"政治社会融合"的农村组织制度和"一大两公"的分配制度，村级公益事业建设的管理方式开始趋于集中，发展村级公益事业的资金源于国家财政和公社集体经济。在两者中，公社集体经济在村级公益事业中扮演着不可或缺的角色。县、乡政府和生产队是农村公共产品的主要供应方。② 各级政府不仅是村级公共产品供给的主角，也是公共事务的决策方。政府对于当时农村经济社会发展需要的资源具有相当大的决策主导权。在人民公社时期，村集体可以提留农村居民公益金以发展村级公益事业。"自力更生为主，国家支援为辅"是当时所处的时代条件下公共产品的供应情况。在人民公社时期，"自上而下"的行政管理体制存在于农村社会的方方面面，也照样存在于农村的公益事业建设中。在发展村级公益事业上，公社凭借自身的力量自给自足。人民公社时期村一级别公共事业建设的特点可以归纳如下。

2.1.3.1 地方政府是农村公共产品的主体

人民公社时期，国防安全等国家层面的纯公共产品由中央政府统一供给，跨区域的道路、大型水利设施等公共产品由省、市、县协同负责，农村的公共产品归公社负责。因此，在此期间，农村基层政府组织是农村公共产品的主要供应方。公社一级设立存在的政府组织包括农技站、农机站、水管站、物资站、兽医站等服务于农业发展的部门；人民公社时期的

---

① 梁君：《中国农村公共产品供给研究》，硕士学位论文，厦门大学，2007，第 25～30 页。
② 叶子荣、刘鸿渊：《农村公共产品供给制度：历史、现状与重构》，《学术研究》2005 年第 1 期。

商品流通部门是供销社，全权负责为乡村地区提供生活必需品；粮管站的主要职责则是为广大农村社会公众的生产生活提供必备的物资。此外，文化站、广播站和卫生院均在这一时期设立，以满足广大农村社会公众的文化教育、医疗卫生需求。这些部门的存在可以在一定程度上体现农村公共产品供应体系已大概建立。公社和生产队负责自身范围内的公共产品供应。当时，中国所处的经济水平仍然落后，农村公共产品的供应水平仍然较低。公社和上级部门对农村公共产品的供应拥有绝对的话语权，公共产品的生产和供应计划须得到公社的准许才可以生产及供应。可以说公共产品的分配、投资甚至使用全由政府说了算。可以看出，政府的主导力量非常强大。

2.1.3.2 基层政府是农村公共产品供应的主要决策者

人民公社时期，既定体制决定了人民公社、生产大队既有经济实权，也有政治权力，也就是说，农村的人力、物力、财力资源都被上级政府部门控制着，农村的生产生活按照上级政府部门所规划的既定轨道前行，农村资源被上级政府部门所垄断，农村社会的生产和生活计划性非常突出。比如从生产到流通，农村公共产品都需在相关部门的管控下，广大村社社会公众在公共产品供应、使用等各个流程缺乏一定的发言权，由上到下的公共产品供应形式使村民缺乏民主意识。尽管当时有关部门也强调要让农村社会公众参与农村社会生活中的公共事务，对于比较重要的事情，公社须成立社员代表大会，由社员代表共同决策。但人民公社时期，政府部门单一决策主体自上而下决策，包揽所有的农村公共事务决策，使农村社会公众根本没有渠道去参与政治事务，也从另一方面体现了广大农村社会公众仅能依靠自身来获取生产生活所需要的基本公共服务。[①] 广大农村社会公众在那一时期唯一能做的，就是通过自身的辛勤劳动来换取工分，因为只有工分才能够置换生产生活的必需品。在这样的时代背景下，广大农村社会的基本公共服务需求无法依靠广大农村社会公众来表达，只能借助生产大队或者人民公社代为表达。虽然从客观上来看，人民公社时期这样的

---

① 武力、郑有贵主编《中国共产党"三农"思想政策史（1921–2013 年）》，中国时代经济出版社，2013，第 209 页。

行政体制机制有利于政府对整体公共服务资源的调配，快速恢复国家的经济生产，但是，这种公共产品及其服务的供应方式却无形中忽略了民众的实际需要，直接导致供给效率大幅降低。

2.1.3.3　地方政府是制度外供给的行政命令者

人民公社时期，体制内供给占主导地位，但受制于资金存量及可利用资源储备量，该方式难以满足群众需求，从而迫使各级组织另辟蹊径，转而利用劳动力取代资本，但这些人力或多或少都含有义务的要素，因为并不是所有的劳动都能够换取工分报酬，在该制度下，公社俨然成为外部供给的行政指挥官。"投资筹资＋农民筹劳"是人民公社时期村级公益事业发展最强效的制度方法。广大农村社会公众在其中发挥的作用甚微，仅仅是付出自身的辛勤劳动，以换取生产生活的必需品。从长远来看，农村社会公众缺乏热情对村级公益事业的稳步发展是毫无裨益的，影响其持续性。

2.1.3.4　农民的劳力是重要的成本补偿形式

人民公社时期，我国经济社会发展进程缓慢，导致政府部门凭借税收所能汲取的公共资源数量受限，直接造成公共产品供应量上的不够，社会公众生产生活方面的需要不能满足。因此，在这种境况下，只能凭靠机构外供应充当主要形式。另外，以劳动代替资本也是在现实条件下常用的方法。所谓的以劳动代替资本，是指通过政府部门的行政命令，来号召农村居民义务贡献自己的劳动力。人民公社时期，公社内公共产品供应由自己解决。但是在资金数量上，却是极其有限以及不足的，因为税收总额本身就是有限的，所以，农村公共产品的需求满足程度也仅停留在最基本的生产生活需求上。对于其他公共产品和服务，需要另行筹集所需的资金。人民公社时期的分配制度是以这样的方式来运行的：首先，对于当年的农产品总收益，公社扣除公共产品支出；其次，对于剩余下来的收入，按照工分分给农民。对于在公社或者大队工作的工作人员，这些人员的工资也是按照工分计算的。

2.2 税改前村级公益事业建设

2.2.1 村级公益事业建设背景

随着国内城镇化进程的不断加快，传统的家庭联产承包责任制模式已经被打破，转变为集体经济承包制，农民的主体地位得到进一步确立，使他们的地位出现极大的变化，有效提升了农村的劳动生产率。但从公共产品供给视角来看，却未显现出丝毫优势，反而打破了供给平衡。起初，在家庭联产承包责任制中，只需上交定量份额，剩余部分归个人所有，在这种趋势下，供给制度也随之发生改变。所谓的"公家"主要是指国家或集体。[①] 其中，"国家的"主要是指国家依法收取的各种税费，这些费用往往与农村的生产生活紧密相连，如屠宰税、"提留费"等。[②] 随着时间的推移，税率也在增加，农民的负担也在不断地增大，家庭联产承包责任制在税率方面的弊端也显现出来了。我国人口基数大、总量多，农民数量远高于城镇人口，经过城镇化进程，大量的"村民"转变为"市民"，形成大量的农村"空巢"，而且从公共产品保障来看，出现很多新情况、新变化，对于国家、社会及各级组织都造成一定的影响，要想全面系统认识中国农村供给发展进程以及对各个阶段发展有明确的评价，必须要加强对农村经济情况的研究。

2.2.2 村级公益事业建设内容

税费改革前期，村级公益事业在曲折中发展，尤其是在 20 世纪 90 年代，我党将公益事业与农民减负紧密相连，缓解"一要吃饭、二要建设"的矛盾成为当时的主要任务。实施的主要措施包括：加强社会化服务体系构建，在组织机构及专业人才上下功夫，不断加快公益事业建设速度；规范建设流程，从而减轻农民的负担。从基层教育事业战略措施来看，高考

---

① 李铜山、陈允仓：《后农业税时代农民负担问题的调查与分析》，《中州学刊》2009年第 1 期。

② 《中国共产党第十一届中央委员会第三次全体会议公报》，载《三中全会以来重要文献选编》，人民出版社，1982，第 6～7 页。

制度的恢复，改变了许多农村有志青年的命运，实现了他们的梦想。^① 80年代我国全面实施九年义务教育制度，全面打牢教育基础，确保农村适龄儿童都能够有书读；90年代提出科教兴国战略，更加重视教育，将农村基础教育责任划归县级单位，拉开了农村教育改革的大幕，使教育不再成为农村居民的负担。从农村卫生事业战略措施来看，随着集体办医的消沉，个体办医悄然兴起，逐渐探索出一条具有我国基层特色的医疗保障发展道路。从农田水利事业来看，全面优化农村水利设施供给制度，最大限度降低行政干扰力度；依靠农业本身的资金积累和劳动积累；允许农民以个人力量去购置大型农机具，国家根据实际情况可以进行适当的补助。从农村社保体系来看，各级在集体保障功能弱化的现实背景下，积极关注家庭土地保障的发展，探索多种多元化的供养制度，为农村居民及时提供全面的医疗及安全保障，防止他们因病返贫。

2.2.2.1 农村基础设施建设

税费改革前期，农村基础设施建设主要倾向于农田水利基本建设以及修路造桥等满足人民最基本的生产生活的基础设施建设。但随着农村自我供给体系的消失，农村基层组织的政治动员力及经济实力被极大地削弱，传统的集资方法由于本身透明度不足，农民对于集资的钱如何花销或者"花在何处"根本无从知晓。出于各类生产资料分布不均的现实考虑，税费改革初期农田水利建设资金大多来源于自身的资本积累，其后在十一届四中全会上党中央提出在各级水利工程建设中专业人员与地方性施工团队都应充分利用群众力量。^② 1982年的中央一号文件提出了小型农田的基础建设和农村服务设施的资金问题，提出农村小型农田基础建设和服务设施建设资金来源大多为劳动积累。为了能够有效地积累农业发展资金，于是各经济组织根据实际情况，推行公共提留、劳动积累等措施，以便于能够最大限度保障集体发展资源。

对于农村基础设施而言，在国家部分投入的基础上，可以积极鼓励外

---

① 林毅夫：《制度、技术与中国农业发展》，格致出版社、上海三联书店、上海人民出版社，2008，第94～95页。
② 林毅夫：《制度、技术与中国农业发展》，格致出版社、上海三联书店、上海人民出版社，2008，第94～95页。

来资金参与其中，如建设公路、仓库、小水电等。1985 年，中央颁布一号文件，提出活跃农村十项政策，将传统的农业生产作为发展主体，并将全面推动农村二、三产业发展作为重要的任务完成，为农村经济发展提供了新的引擎，使农村经济能够有序发展。但在 1998 年以后，乡村的发展又遇到了困难。国家高度重视农村城镇化和工业化发展，但对于农业本身没有进行太大的投入，税费方面没有降低，同样也增加了基层农民的负担。虽然农业发展水平得到较大幅度的提升，但与国家发展相比，仍然存在很大的不足。农业产值占 GDP 比重逐年下降，农业作为国家生存发展的支柱，其影响力反而逐年下降，2000 年后试点并推行的税费改革也是针对农业减负的一种探索。1984 年，中央一号文件中指出："消除农民群众不合理的税赋，农村公共经费使用要做到规范化、制度化、公开化，最大限度降低农村、农民的负担。"1985 年，国务院发布通知，严令制止向农民乱收费，并对农村存在的各种不正常现象进行全面治理，从而有效减轻农民的各种不必要的负担；为确保农村财政体系的透明性和合法性，又根据实际情况，建立相应的决算体系和监督体系，对农村正确的经费开支进行核算和监督；规定乡镇修建马路、优先军烈属、兴办学校、保障五保户等费用可以使用法定经费解决，而其他事项则必须要报批或由上级财政拨款解决。进入 20 世纪 90 年代后，农民负担较重的情况依然屡见不鲜，一些地方政府向农民胡乱摊派，致使农民的负担越来越重。[①] 1990 年，国务院再次针对农民减负问题出台相关政策，要求完善资金管理办法、夯实集体经济实力等。农民不合理负担的范围包括：一是乡镇统筹经费比例相对较大，且对于农民缺乏透明；二是集体经济组织税费收取比例差异较大，缺乏标准；三是对于农村义务工没有任何的说法，抽取过于随机。基于此，1996 年又颁布相应的农民减负决议，对如何降低农民负担进行司法解释，从而能够有效地降低农民的负担。该决定一针见血地指出有些地方政府盲目地追求发展速度，机构冗繁，以各种手段向农民集资导致农民负担出现反弹。综上所述，"九五"期间的减负政策可以概括为"五项严禁""三个不变""三个减轻"。

---

① 宋平：《加强农村工作，深化农村改革》，《十三大以来重要文献选编》（中），人民出版社，1991，第 559 页。

2.2.2.2 发展农村教育事业

随着财政分权改革的推进，农村义务教育的事权下沉，乡镇政府、各行政村逐渐成为农村中学的办学主体。这种"两条腿走路"的办学方法在一定程度上扩大了教育覆盖面，农村地区的文化水平总体上得到大幅提升，为全面减轻基层政府的财政压力，最大限度调动发展内因，中央反复强调发展农村教育主要由县级政府职能部门负责，并针对农村教育投入问题进行改革。① 1990 年，党中央、国务院就义务教育问题下发通知，以国家力量作为实施主体，全面调动集体的力量，推动九年义务教育的普及。虽在基层干部的积极努力下产生一定反响，但实际效果并不理想，小学升学率仍保持下降趋势，这一问题也再次引起上级政府的重视。1985 年，在教育体制改革当中，对中小学教育责任进行明确规定，对照"分级管理"要求，明确各级管理者的责任与地位，确保他们能够严格按照职责抓好落实。20 世纪 90 年代，我国教育体制改革进入攻坚阶段，义务教育制度得到全面贯彻落实。1994 年，李鹏总理明确提出"两基"实现目标，并将 20 世纪末作为全面实施九年制义务教育的节点，力图提升农民的整体文化素质。以"两基目标"为牵引，在国家职能部门的监督与引导下，社会群体参与办学的积极性相对较高，经费问题得到一定程度的解决；政府在顶层设计基础上，积极引入市场主体，完善办学体制，不断提升县级政府职能部门的重要性及作用，并根据国家 GDP 各项比例逐年增加对教育的投入比例，使得基础教育经费得到大幅度的增长，可见在税费改革前，农村义务教育的发展取得了一定成效，各级政府对教育的重视程度也逐渐提高，农村教育的事权和责任也逐渐下沉到了地方政府。

2.2.2.3 发展农村医疗卫生事业

医疗卫生市场化改革时期，原先的集体办医与合作医疗制度纷纷衰落，但悄然兴起的个体性医疗机构弥补了这一领域的空白，此外医疗卫生服务的公共特性也决定了政府部门的供给责任。当家庭联产承包责任制出

---

① 姜春云：《实现农业和农村经济发展目标必须解决的若干重大问题》，《十四大以来重要文献选编》（中），人民出版社，1997，第 602 页。

现后，传统的分配体系发生变化，使原有的"队为基础、三级所有"经济体系迅速被瓦解，进而带动农村医疗体系的革命性变革。鼓励引入多元主体进入医疗场域，这也从侧面推动了农村个体诊所的发展进程。1985 年，全国卫生厅局长会议提出全面推动医疗体系改革、最大限度保障农村基本需求，各级行政部门要做到简政放权、全面发展、多方筹措，积极推动农村卫生事业的发展，在关注经济增速的基础上，妥善把控卫生工作的进展。1985 年的"七五"计划又提出要探索适合我国农村特点的医疗保险制度。① 20 世纪 80 年代，由于各种制度机制尚处于规范之中，合作医疗体系存在很多缺陷，从而造成农村合作医疗出现大范围消亡现象。为有效解决农村就医问题，我国对农村合作医疗进行大量尝试。第一次（1990～1992年），卫生部发布《关于我国农村实现"2000 年人人享有卫生保健"的规划目标（试行）》，对国内农村卫生工作进行整体规范，从组织、人员、专业等方面都加以明确，从而使农村卫生工作进入良性发展轨道；构建完善的医疗服务体系，赋予农民与城市居民同等的就医权利，并将其作为 2000年农村医疗发展的总目标。结合实际情况，医疗管理部门将其细化为 12 项标准，以确保其能够得到全方位的贯彻落实，这一举措成为我国基层医疗体系重建及平稳发展的重要依据。②推动其恢复重建的另一因素在于农民群体迫切寻求突破求医难困境的强烈愿望，基于此，1990 年 6 月，卫生部对经过多年试点得到的经验进行总结。如针对农村环境卫生建设，提出将自来水、公共厕所引入农村，进一步提升农村的卫生水平；构建相应的医疗保障体系，有效提升现有的工作标准；加强制度机制建设，确保农民都能够得到有效的医疗保护。

1993 年 7 月，国务院根据国家发展现状及农村医疗卫生发展情况，提出"为农民松绑"的战略方针。1994 年，《人民日报》刊文呼吁要积极推动农村合作医疗建设，加大深化改革的力度。1996 年 12 月，全国卫生工作会议对于加强农村医疗工作的重要性进行反复强调，将规划目标重新理

---

① 曹普：《新中国农村合作医疗史》，福建人民出版社，2014，第 140 页。
② 钱信忠：《依靠政策和科学，促进农村卫生事业的建设》，《中国农村医学》1982 年第 2 期。

顺。① 具体措施包括：发展和建立健全农村合作医疗制度；加强巩固农村卫生队伍的医疗水平及素质，根据实际情况可以对部分卫生人员的待遇问题进行协商；成立大城市卫生医疗机构，根据地区差异，就近实施对口支援，最大限度缩小城乡差距。但从实际情况来看，1997 年，全国农村合作医疗覆盖率不足 17%，居民实际参保率不足 10%，仅有 9.6% 左右，实际推动效果不够显著。② 1997 年以后，农村合作医疗进入低谷，主要原因在于农村居民收入增长极为缓慢，单纯依靠自觉去参与合作医疗显然不够现实，因此造成两次农村合作医疗重建的失败，其根本原因在于选择性激励与外部资源的缺乏。

2.2.2.4 发展农村社会保障事业

在人民公社制度解体后，双层经营体制中"统"的成分逐渐降低，集体保障功能也不断弱化，与此同时，社会也在不断变革，其中重要变革之一就是农民获得了自己承包土地并自己经营的权利，变革之二就是带动了农村乡镇企业开始蓬勃发展，这些制度性的变革会对农民家庭及土地保障意识产生一定的促进作用，使农民认识到多元化保障存在的意义。在实施税费改革前，我国对农村低保制度进行全面改革，如农村养老保险、低保制度等，取得良好的推广效果。为确认改革效果，在部分农村实施"两田制"，即在保证土地所有权归属前提下，将现有的土地区分为责任田与口粮田。③ 其中，口粮田是以人均承包方式贯彻实施的，农民只需要负担农业税即可，最大限度体现国家福利原则，坚持做到返利于民；而责任田则按照特定模式加以运营，以提升农村组织的基本获利能力。这种改革方式为地方组织释放了极大的土地支配权，但凡事都会有利弊，制度的贯彻与实施也对农民主体责任造成极大的影响。1997 年，经过社会实践，国务院颁布法规，不再允许推行"两田制"，地方政府也开始收敛和严格控制

---

① 曹普：《20 世纪 90 年代两次"重建"农村合作医疗的尝试与效果》，《党史研究与教学》2009 年第 4 期。

② 王绍光：《学习机制与适应能力：中国农村合作医疗体制变迁的启示》，《中国社会科学》2008 年第 6 期。

③ 宋士云：《中国农村社会保障制度结构与变迁（1949—2002）》，人民出版社，2006，第 198～203 页。

"两田制"的推广。从农村土地实践来看，部分村落还留出部分"机动地"，即在承包经营范围内，有些农村集体经济组织事先预留了一些土地，以便应付以后可能进行的调整，但从运营来看，也存在一定的不足，在现在承包体基础上，可能对农村集体经济造成巨大的影响，从而影响农村的五保工作进行。根据后续规定，原则上应以法定的收费或税收方式加以解决，不允许再向农民收取任何额外的费用。

从农村社会救济来看，1994 年，政府职能部门对农村最低生活保障体系进行试点，为农民生活提供"最后的安全保障网"，虽然在一定程度上促进了农村救济制度的发展，完善了各项制度体系，但也存在制度性的缺陷，如政策支持范围不足、群体覆盖率低、资金筹措难度大等问题。① 从政策支持来看，国家没有颁布专门针对农村公共产品供给的制度机制，而是以通知文件形式进行规范，从而缺乏法律效应，导致很多地方都出现五花八门的落实措施和手段。从资金筹措来看，虽然国家对乱收费明确禁止，也提出相应的解决措施，但从执行来看，农民仍然无法摆脱供给主体的命运，其付出的成本比例约为 64.5%；另外，从社会救济体系的覆盖面来看，无法达到和满足现有的发展需求，很多农村贫困现象无法得到根本性的治理，需要多方主体参与，以更具实效性的措施加以补充。

与农村社会养老保险比起来，农村社区型养老保险还存在负担重、风险大、层次低、标准乱、模式差、保障难等困难与缺陷。针对农村养老问题中存在的缺陷及不足，国务院对农村养老保险对象分类加以明确，认为城镇及非城镇户口分类差异不够合理，农村养老保险应当按照"个人为主、集体为辅、国家扶持"原则加以实施。截至 1998 年底，我国有 65% 的乡镇实施农村养老保险，工作成效显著。可见在农村税费改革前，国家开始不断丰富农村社会保障内容，农民权益逐渐得到保障。② 对于农民权益而言，由于传统的思维惯性，不仅国家、社会对此持忽略态度，农民自身也往往处于忽略状态，对于自身权益没有较好认识，更谈不上如何认识

---

① 田纪云：《关于稳定农村基本政策的几个问题》，载《十三大以来重要文献选编》（中），人民出版社，1991，第 330～331 页。
② 宋士云：《中国农村社会保障制度结构与变迁（1949—2002）》，人民出版社，2006，第 226～227 页。

和保障自己的权益。

2.2.3　村级公益事业建设特点

农村税费改革前，国内村级公益事业供给主体极为多元，除应当承担责任的政府外，还将私人组织也列入供给主体范围，其中，非预算内资金包括国家财政预算外收入和农民自筹资金等。从这些筹资的手段来看，具有极强的随机性，导致在管理体系上存在很大的漏洞，经常会因为缺乏正常的监管而滋生腐败。但从正面视角来看，这在很大程度上补充了公共财政的不足，改变了以往单纯依靠国家财政支持的局面，实现了部分自给自足，农民的主体地位得到极大的提升，在很多生产生活上，都有自己足够的话语权，农村建设开始走向集体管理模式，村民成为村落建设的主人。从监管体系来看，在村级公益范围仍然是以人民公社时期的自我管理、自行负责为主，特别是在资金的使用上不仅没有管理，而且缺乏透明的过程，导致使用效率相对较低。随着国家改革力度的不断加大，农村现代化程度得到极大的提升，国家在农村发展上补助力度相当大，使农村能够有较好的发展契机。

税费改革前，村级的公益体系呈现多样化发展趋势，为农村带来很多发展契机，同时也营造了新气象，对于农村建设产生更为深远的影响。主要表现在以下几点。

2.2.3.1　投入主体转变，财政资金投入较少

1982 年，国家提出废除人民公社体制，按照不同的地域进行分类，将各地以乡镇为单位进行划分，由乡镇领导负责对本地工作实施全面指导，带领农村居民发家致富。从行政管理体系来看，乡镇一级的组织是我国管理的基本构成单位，是各项工作的投入主体。同时村级公共产品供给的职责因为人民公社的基础以及原生产大队范畴而被延续。[①] 乡镇政府因家庭联产承包责任制的实施不再拥有巨大的资源调动能力，行政强制性的分摊建设公共基础设施的方式难以维持。农村因为发展较为缓慢，其公益事业

---

① 周黎安、陈祎：《县级财政负担与地方公共服务：农村税费改革的影响》，《经济学》（季刊）2015 年第 2 期。

建设仍在原有基础上进行，其供给主体仍由集体或农民承担，受制于有限的财政收入，相关部门的存在也形同虚设，为此亟待通过平摊的方式来缓解资金短缺困境。此外，虽然农民负担得到最大限度的释放，但仍然需要承担相应的人力任务，一般是以积累工、义务工为主。由于农村公共设施相对较少，道路、桥梁等方面的建设由农民自己来完成，而这时所有的工作都是无偿的，一般采取"自愿＋强制"原则进行。在集体工作当中，传统的处理方式就是"计分"，而随着农民自主权不断提升，这种方式已经被取消，但新的补偿方式并没有出现，可以说农民的付出大多都是无偿的。

2.2.3.2　自上而下的决策程序无法满足农民真正需求

农村公共产品供给问题使得其发展并没有因为改革的全面展开而得到预想的效果。在公共产品供给决策方面，一方面，外部政府或组织根据自身经济理性来确定；另一方面，居民需求具有极强的独特性，公共产品供给很难达到较高的满意度。另外，由于不会表达或者没有相应的表达渠道，农民往往是有话无处诉，因而无法形成满足农村真正需求的决策机制。农民自身需求无法得到表达、支持和反馈，即使决策程序再有效，也无法将供给和需求统一起来，从而形成极大的发展弊端。顶层设计是国家发展的基础与条件，只有顶层设计真实可靠、有操作性，才能够推动国家的全面发展，但由于农村改革试点有着较大的差异性，很多试点经验无法有效推广，严重影响农村经济发展。

2.2.3.3　资金筹措方式转变，农户负担加重

人民公社时期，乡镇政府的权力往往被"架空"，没有相应的管理渠道及权限，农村经济剩余以及通过农业税征收资金的渠道不复存在，乡镇政府具备的职能是宪法规定的权力。在运营生存方面，乡镇政府一方面可以通过上级政府获得部分制度内资金，另一方面则需要自筹解决，方法一般包括以乡统筹、以活劳动等方式获得支持。① 在家庭联产承包责任制阶

---

① 金丽馥：《论农民负担沉重的体制与制度根源》，《江苏理工大学学报》（社会科学版）2000 年第 3 期。

段，物品筹集对象出现根本性的变化，社会力量被引入该领域，建设力度、速度都得到了保障，如乡办企业、村办企业等。而这种区分方式有着明确的制度依据，主要源于既定的分配制度，由间接扣除转化为直接征收，货币取代劳动成本。但从实际提取比例来看，农民仍然占据公共产品供给的"大头"，村级的公益事业越发展，往往越会给农民带来极大的负担。社会公益资金也在积极向农村转移，但由于农村建设本身呈现一定的无序性，因而大量的救济金一旦到达农村，就很容易被瓜分，无法发挥出集中优势。

2.2.3.4　市场经济发展引导农民公共产品需求多样化

市场经济发展带来的生产与管理机制的变化，使农村成为除政府与集体经济组织外具有独立利益的市场主体。此外，因为经济社会文化的发展、农民思想的开放，农民对于公共产品的需求也呈现较大的"异质性"。与此同时，社会中介组织在市场经济潮流中不断诞生、发展、壮大，其独立于政府之外，能够自主提供各种公共产品，农民由农村走向城市，市场经济也走向农村，影响着农民。农村拥有了更多、更丰富的资源，成为高级市场主体后，农民的自我独立意识也越来越强大，他们通过自主联合的方式提供公共产品。[①]随着社会文化结构的不断发展，农民对于公共产品的需求也开始向多元化方向转变，但由于农村长久以来存在的滞后性，往往无法满足现有的需求结构，因而两者之间会存在一定的差异，从而导致供需关系失衡，对农村经济造成极大的影响。

2.2.3.5　地方政府的主体地位动摇

人民公社解体是历史的选择，在解体后经营自主权重归农民手中，农民掌握了极大的主动权，重归主体地位，其参与热情也极大提升，但从公共产品供给角度出发，不难发现并未存在明显的制度优势，反而起到一定的弱化作用。在家庭联产承包责任制的分配原则的指导下，农村公共产品的供给往往会出现很多意想不到的情况，而这种变化因为缺乏引导，呈现

---

① 曹海林：《农田水利建设中地方政府的职能定位及强化》，《云南社会科学》2013年第1期。

一定的无序性，导致很多问题由隐性变成显性。另外，随着家庭联产承包责任制的全面推广，市场化浪潮不断冲击基层政府的行政权力，使其日渐丧失部分资源的调配能力，从而形成农村公共产品无法有效分配的局面。随着经济的不断发展，农村对于公共产品的需求开始与日俱增，但市场供给却呈现一定的不足状态，从而形成新的供给分配矛盾。

2.3 税改以来村级公益事业建设

2.3.1 村级公益事业建设背景

2000 年，农村税费制度始于安徽，随后在全国各地铺展开来，直到 2006 年，农业税终于被全面取消，广大农村社会公众的负担得到了切实减轻，不仅如此，广大农村公众与村集体和政府部门之间的关系也在转变之中。与 1998 年相比，2006 年我国农民负担总额与人均负担总额分别减少了 1077.2 亿元和 121.85 元，分别低至 282.8 亿元和 30.95 元，降幅分别为 79% 和 80%。与此并存的是，新的村级公益事业规定出台，可被归纳成为"三个取消、两个调整、一个改革"。① "三个取消"是指：（1）向广大农村社会公众因教育等行政事务征收的各项收费取消；（2）产购销环节的屠宰税等相关费用取消；（3）农村义务工取消，"一事一议"制度开始在农村社会修路造桥、兴建农田水利等公益项目中拥有一定的话语权。"两个调整"是指：（1）调整农业税政策；（2）调整农业特产税政策。"一个改革"是指改革征收的方法，并以新的农业税的形式将原有的改为新的。村里建立其他集体公益事业所需的资金，应当逐案讨论，并由村民大会民主讨论决定。它取代了使用税务负责人作为税费负担对象的各种收费制度，并阻止了基层政府不分青红皂白的集资、随意分配，减轻了农民负担。② 为了减轻农民的劳动负担，防止强制使用资金，废除农村劳务改革，废除劳动力积累和志愿工作。村里各项公益性建设项目（包括农村公路、桥

---

① 《中共中央、国务院关于进行农村税费改革试点工作的通知》，载《十五大以来重要文献选编》，人民出版社，2000，第 289 页。

② 温家宝：《全面推进以税费改革为重点的农村综合改革》，载《十六大以来重要文献选编》，中央文献出版社，2006，第 528 页。

梁、村集体绿化、农田水利设施等）的筹资，必须通过村民民主投票进行。

尽管从一定程度上看，农村税费改革对于建立健全农村公共产品供给发挥了不少作用，可是相关后续支撑体系的不配套，也引起了农村公共产品的供应与广大社会公众的现实需求不相对称的矛盾。从一定程度上甚至可以看成是人民公社期间各级政府部门对公共产品的强制性供应仍然存在。经过这样的一轮税费改革，在我国农村基层，一些体制外的融资渠道被堵塞，农村公共产品仍处于供给压力之中，供求矛盾日益突出。税费改革好像并没有能够从根本上解决农村地区公益事业建设存在的历史性问题，公共产品和公共服务供应的城乡二元结构问题仍未得到解决。

2.3.2 村级公益事业建设内容

2000 年后，我国财政收入逐年提升，全面推广的税费改革也为基层事业的顺利开展扫清了障碍，为此党和政府从以下几个方面开始行动：（1）耗时六年（2000～2006 年）完成农村税费改革，进而取消了农业"四税"；（2）自 2004 年以来，政府直接补贴从事农业生产的群众；（3）2006 年起，针对发展乡村义务教育的费用下拨并运行；（4）2003 年以后，试点开展农村合作医疗，辐射范围增大；（5）2007 年以后，农村低保制度开始确立；（6）2009 年以来，新兴农村养老保险在一些地区启动实施。改革农村税费十多年来，工业化农业、城市发展和城乡发展的概念在十多年来越来越受欢迎。这是农业快速发展、农民生活改善和农村发展的十年。

2.3.2.1 农村基础设施建设

2000 年税费改革后，劳动义务工取消，之前农村地区公共产品和公共服务的筹资渠道改革，不再是村提留。"一事一议"、财政奖补等新的政策方案也逐渐被探索出来，提出创建新机制发展村一级别的公益事业。同时，"两减三补"随着流转土地、维系农业适度规模经营应运而生。规定新补贴将倾向于新的农业管理实体，农业生产经营机制将得到创新。此外，中央从 2000 年开始为了减轻农民负担、带动农村基层组织运行，开始着力推进农村税费改革试点工作，其主要内容可概括成"三取消、两调整、一改革"。村一级别的建设资金主要来源于上级财政补贴与内部筹资。

在农村税费改革后，农村基础设施建设内容也慢慢由农田水利建设转向修路造桥、环境卫生设施等。

2001 年，中央和国务院提出要扩大对农村，尤其是县一级以下的基础设施建设投入。2002 年，中央提出要让城市和农村地区共同发展，发展现代化农业。2003 年 1 月，中央强调必须坚持"多投入、减负担、消束缚"，以达到城镇和乡村共同发展的目的，采取社会与经济相融合的应然举措。①同年发布的政策文件还指出，要加快农村中小型基础设施的建设，扩大六个小项目的投资规模。在道路建设方面，支持西部经济困难地区修建地方道路，力求在三年内实现从县到乡的柏油路。在农村中小型基础设施建设过程中，一方面让农民工加入工程设施建设，让农民工获得实惠；另一方面，实行"谁投资、谁受益"，促进筹资渠道多元化。2003 年，21 世纪有关农业、农村、农民问题的第一个中央一号文件发布，文件强调在农村建设与农业发展方面，国家要加大固定资产投入的比例。

2005 年中共中央、国务院再次发文重申了发展农村农业的重要性和必要性，并提出规模较小的农田水利设施发展对于农村建设是极其有利的，并给出了相对应的举措，其一是从流转土地的资金中提留一定数额来发展农田水利；其二是继续建设支撑灌区的末端渠系；其三是调动各方的积极性，争取尽快实现村一级别在基础设施方面的产权革新。②

2005 年，温家宝总理在《全面推进以税费改革为重点的农村综合改革》讲话中也指出，我国已进入"以工促农、以城带乡"时期，城市地区应当承担起农村公共产品的供给责任，各级政府也需通过资金补贴、资源补助等方式给予农村地区一定帮助，加快自身职能转变。它将形成农村基础设施和社会公益事业稳定增长的机制，这些机制由政府投入和社会力量的参与驱动。同年，中央再次提出要促进城乡协调发展，把工作重点放到农村工作中去，并具体提出以工哺农支持小型农田水利建设的基本方案：一是取出部分农田水利设施建设的土地出让金；二是扩大财政资金专项，扩建中央和省级的一些规模较小的农田水利设施工程。

①　胡锦涛：《在中央农村工作会议上的讲话》，载《十六大以来重要文献选编》，中央文献出版社，2006，第 112 页。

②　《中共中央、国务院关于做好农业和农村工作的意见》，载《十六大以来重要文献选编》，中央文献出版社，2006，第 135 ~ 136 页。

2008 年中央一号文件就提出要加大对农业、农村和农民的投入：其一是引导各种要素正确配置，带动农村地区国民收入合理分配；二是加快小型农田水利建设；三是全面发展节水灌溉。自 2000 年税改以来，村一级别基础建设上的投入下降。在许多领域，融资和筹资项目以多种形式削弱，导致乡村地区基础设施薄弱，为此，中央拟通过"一事一议"财政奖补政策鼓励农民自主开展水利设施建设。

2006 年国家表示农村规模较小的一些基础设施实行奖励的意义在于引导农民自愿投资。为此，各级政府要通过财、物直补或"以奖代补"间接给予帮助。三年后，中央一号文件再次明确要求各级政府逐步扩大财政奖补政策试点范围。2010 年，中央一号文件再次提到了财政奖补制度。实施财政奖补，鼓励农民投入劳动力，大力改造大中型灌区，继续支持建设节水设施，快速建设末端渠系。2010 年 1 月，中央针对水利发展问题鼓励各级充分利用农村力量，加大财政奖补力度，国务院农村综合改革工作组等部门于 2008 年 2 月联合发布通知，明确了财政奖补的实施方案，以政府财政为引导，以基层民主为动力。另外，关于村一级别的公益事业也同样需要明确各方主体的职责。2009 年中央一号文件指出，公共服务体系离不开公共设施体系的健全，需培育相关的社会组织以及实现服务方式的创新。

2.3.2.2 发展农村教育事业

税费改革后，农村基层政府提出要建立以县为基础的教育，确保留守儿童和农民工子女能够获得教育机会，建立农村教师培养计划。[①] 农村教育也受到了 2000 年开启的税改的影响，之前旧有的筹措资金的方式已不复存在，由此导致基层组织的资金存量减少，传统型的农村教育模式被打破，资金短缺和失衡现象严重，农村教育被推向了瓶颈阶段。2001 年中央提出实施以县为基础的义务教育资金费用保障机制，将教育经费纳入县级财政。2003 年的中央农村工作会议提议依照公共财政原则将农村社会事业纳入政府的财政范围之内。出于过渡所需，基层学校的公共经费可以通过收取学杂费等方式解决，但一些学校却利用职务之便，乱收、多收部分费

---

① 《中共中央、国务院关于加大统筹城乡发展力度进一步夯实农业农村发展基础的若干意见》，载《十七大以来重要文献选编》（上），中央文献出版社，2011，第 338 页。

用，大大加大了学生家庭的负担。

2003 年 9 月，国务院再度加大治理教育乱收费的力度，对违反规定乱收费等行为严肃查处，同时，有家庭困难的学生享受两项豁免。在税费改革前基层政府财政支出主要集中于义务教育投入及日常教师开支两方面，而在农村税费改革之后，则需要转变自身行为方式，将精简师资队伍、集中办学作为其重点配套措施之一。但是过度撤并学校也给边远地区带来了一定的负面效应，如安全隐患增加、辍学率升高等。[①] 2012 年，国家开始关注义务教育的均衡发展，提出学校布局规划要科学，学校疏散程序要规范。

2.3.2.3　发展农村卫生事业

随着城乡统筹发展的观念深入人心，中央政府在医疗保健领域开始重视市场作用，加大政府投入，促进农村新型合作医疗的发展。2002 年，中央提出在农村建立全新的医疗卫生服务体系，以更好地发展村级卫生事业，并提出了于 2010 年让新兴的合作医疗成果惠及全体农民的目标。[②] 此外，由于农村人口基数大、分布零散、城乡距离远，因此需要建立三级医疗服务体系以满足村民就医需求。2002 年，中央决定建立涵盖乡村三个层级的医疗服务网，并对各个级别的职责进行划分，县一级别的负责整个县域范围内的急救、医疗、预防保健，乡镇一级别的供给基础性的综合性卫生服务，村一级别的开展预防性医疗以及上层机构划定的常见病诊治工作。

在城乡层面，2009 年我国有关部门指出要确保并保持公共医疗的公益特性，强化政府责任与增加财政投入，让所有人民群众都能享受最基础的医疗服务，争取在 2020 年就可实现覆盖到乡村的医疗卫生服务体系，并指出建立以政府为主导的医疗卫生投资机制是极其有必要的，强调要划清各方责任界限，凸显政府融资的主体地位，为城乡居民提供均等化的医疗服务。

---

① 21 世纪教育研究院：《农村教育向何处去——对农村教育撤点并校政策的评价与反思》，北京理工大学出版社，2013，第 32 页。

② 《中共中央、国务院关于进一步加强农村卫生工作的决定》，载《十五大以来重要文献选编》（下），人民出版社，2000，第 764 页。

2.3.2.4 发展农村社会保障事业

税改十年后，我国农村的社保体系在摸索中建立，在农村低保、养老保险上的制度建树上有所成就。

其一，农村低保的建立完善。农村养老金以家庭养老金为基础，与社区养老金相结合，还可以为农民的个人储蓄实施商业养老保险。2006 年中央一号文件重申低保和养老保险的重要性。2007 年有关部门提议创建农村低保。同年 7 月，我国首份针对农村地区的社保文件指出，要把在低保要求范围之内的困难群众拉进扶持列表，以使农村困难户的基本生存不再成问题；合理确定保护标准和保护范围，保持全年当地农村基本生活必需品供给；同时，基层的地方性政府要将所需资金纳入财政资金。

其二，建立农村新型养老保险。2009 年农村社会养老保险试点工作在我国各地陆续推行，目的在于缩小城乡差距，让基本公共服务惠及农村居民。新的保险综合了居民的个人储蓄和缴纳部分，以个人交款、集体补助和政府补贴这些形式呈现。国家财政为基本养老金买单，地方政府则对其进行一定数额的补贴，农村居民个人也支付一定数额，通过国家、政府、农民三个主体来筹措资金，还建议到 2020 年实现农村居民基本养老保险的全覆盖。2012 年国家又提出接下来的五年内要注重社会保障事业的公平发展，协调好各方主体的利益，缩小不同经济水平群体间的差距，发挥好社会保障的再分配及调节作用，使广大人民群众平等共享经济发展成果，把扶持的重点倾向于农民、残疾人等困难群众身上，加快社会保障制度的整合。2014 年，新农村保险和新住宅保险合并，进一步拓展多元激励渠道，建立规范公正的养老保险制度。

2.3.3 村级公益事业建设特点

2000 年迄今的税费制度改革实质是按市场经济体制下的公共财政的细则对农村税费的方方面面的完善，从而使国家、集体及公众的利益分割关系得以厘清，让农民群众肩负的担子得以减轻，达到收入的增长，实现城市乡村统筹协调。2006 年以来，为解决农村的基层行政管理不适应生产力的发展、公共产品的供应无法满足公众需要的困境，政府开展农村综合性改革，对之前的税改进一步延续和深化，旨在促成政府财政政策的转变。

近些年政府支持"三农"的力度也逐渐增强。税改囊括减免并逐步免除农业税，让农村与城市的税收制度相同，并依靠"一事一议"来创建村一级别的公益事业多个主体共同决策机制。① 税改过后，"一事一议"成为主导性资金来源之一，除此之外还有上级政府部门的财政拨款、村集体经济收入。改革强烈体现了村民民主与村民权利，但是若完全依靠"一事一议"来兴办村级公益事业，由于机制缺陷问题将存在一定难度且效率较低。一定程度上，税费改革增强了农民自发供给与参与公共决策的可能性与作用性，但是公共产品供给仍以政府为主，乡镇政府财力的不足导致其在农村公共产品供给上难有作为，因此市场和社会力量在该时期加入公益事业刻不容缓。总的来看，在税改后，村一级别的公共事业发展的特点可以归纳如下。

2.3.3.1　基层组织的投入主体地位进一步削弱

税费改革前，基层政府的主要资金来源于"三提五统"的收入，然而随着该项政策的取消，政府部门的筹资渠道日渐单一化，财政收入大幅减少，导致无力供给公共产品，其中农业地区尤为明显。同时村一级别可用的公积金被直接取消转为税费收入，使得原本勉强维系的村级组织雪上加霜。而从乡镇角度出发，为了增强乡镇政府的财力，在当地新增设税种，以增强支持力度；但从总体上看，地方政府的财政紧缩，使得农村公共产品沦为政府投入的最后一项考虑，导致村一级别的公益事业建设不会被重视，地位下降。

此外，作为村一级别的公益事业建设者，村两委本应肩负起应负的责任，但市场化进程导致村级组织的投入有心无力。税费改革后，乡村社会化组织程度减弱，基层组织"收粮收款"的功能消失，村级组织对村民的"领导"逐渐变弱，从而村两委对村民管辖的权力减弱，掌控的财政资源也逐渐缩减。因基层组织权威的弱化与信任的缺乏，其管理动员村民的能力也会下降，主体角色淡化，公益事业建设陷入艰难境地。

---

① 杨弘、郭雨佳：《农村基层协商民主制度化发展的困境与对策——以农村一事一议制度完善为视角》，《政治学研究》2015 年第 6 期。

2.3.3.2 "一事一议"未能彻底解决供给问题

税改后，农村居民出资出劳的负担减轻，但乡镇及村集体仍要大力通过集资、融资方式才能开展公益事业，不过在资金方面还是面临来源途径少、经费缺口巨大的问题。除部分集体经济状况好的农村外，多数农村背负着债务。此外，农村公益事业建设以民主为原则，由村民自主决定基础设施建设的出资出劳，但此项制度执行难度大，并存在标准不高、数额不多等弊病，因而所能筹措到的资金与实际解决村级公共事务发展需求存在差距。① "一事一议"本应是税改后保障村级公共产品有效供应的一项制度，由村民集体讨论村内事务，但在实际运行中村民利益诉求分散，难以达成统一，意愿整合难度较大，造成"落地"困难。因此，"一事一议"制度在实际执行中也会存在"有事难议""议而不决""难以执行"等现实问题。虽然"一事一议"无法从根本上解决村级公共产品供应过程中的困境，但是不可否认它改变了传统的供应方式，为其注入了新鲜血液，使投入资金有了制度保障并且明确赋予了村民一定权力。

2.3.3.3 村民自治和基层民主得以发展

早在党的十五大报告中就明确指出要发展社会主义民主政治，党的十八大又进一步重申要完善基层民主制度，要发挥人民的主观能动性。家庭联产承包责任制之后，农民获得自主经营权，导致集体经济实力大不如前，难以为乡村地区的生产生活提供充足的资金保障，村民幸福感大幅降低，引发村级凝聚力不足，向心力分散，村民的参与热情日渐冷却。

"一事一议"既可以激励村民参与建设农村公益事业，也可以鼓励公众参与公共决策，特别是通过民主化的程序确定公共事项的内容，要求政府部门对有关财政奖补的政策、执行、流程、方式等所有事项进行公布，并督促村两委公开村内部的事务等。这些不仅激发了居民对公益事业建设的热情，也对健全村内事务公开和民主监督有效，从根本上达到了农村居民的自治，也有效扭转了基层干部的观念和工作方式，使基层工作更加透

---

① 项继权、李晓鹏：《"一事一议财政奖补"：我国农村公共物品供给的新机制》，《江苏行政学院学报》2014 年第 2 期。

明，让村民自治成为现实。可以说，农村税改改变了传统意义上的村一级
别的公共产品供应方式，使农村居民参与公共事务的主导性得以提升，但
因政府财政不足，公益事业建设主体虚化乏力，并缺乏资金与人力基础。

2.3.3.4　公共财政投资措施不力

税改过后，依照国家资金使用需依托不同工程项目形式的原则，村一
级别的公益事业建设的公共投资发生了很大的转变，项目进村难度加大。
由于配套项目分散在不同的职能部门中，辅之以各村落经济发展水平不均
衡，造成政府选择性行为凸显，为了获得专项资金，一些能力低、实力弱
的乡村将项目配套费向农民摊派，暗中加重了农民负担。2008 年首次在全
国实施的"一事一议"制度在实践中也暴露出范围狭窄、标准过低、急待
解决的项目因指标下达滞缓、配套资金延迟等原因无法实施的问题。①

---

① 许庞：《一事一议财政奖补政策投入困境：生成机理与调整策略——以皖南 Z 镇为例》，
《陕西农业科学》2014 年第 12 期。

第3章　税改后村级公益事业建设集体行动的困境

3.1　农村税费改革及其乡村意义

3.1.1　农村税费改革的历史溯源

随着农村政权建设的逐渐发展以及经济制度的不断演变，农村税费改革应运而生。这一改革经历了从观察试点、扩大推进到全面实行的过程。农村税费改革的意图在于针对新时期农业、农村、农民发展中出现的新问题，通过对农村乱收费现象的整治，实现减轻农民负担、巩固农村基层政权、调动农民对村级公共设施建设积极性以保持农村社会长期稳定发展的目标。农村经济制度由 1949~1952 年土地改革时期的农村土地和农民生产资料私有制发展至 1953~1957 年土地改革后的农业生产合作社集体所有制，在这一过程中，农村生产方式由农户分散经营逐渐向农业生产经营合作社集中统一经营进行转变，农村公益事业建设通过集体来统筹解决，不同级别的农业生产合作社的基本建设、文化和社会公益事业的建设资金分别来源于其每年相应比例的实际收入；人民公社制度从 20 世纪 60 年代初在农村开始施行，这个时期的农村生产资料所有制形式为"三级所有、队为基础"，即生产资料归人民公社、生产大队和生产队所有，三级所有制形式实则衍生出三者之间的准行政关系，农民的集体性公共福利问题依旧是依靠根据所在大队（队）的级别确定一定比例以提取公积金和公益金的办法解决；农村生产资料三级所有的经营管理体制一直延续至 20 世纪 80 年代初人民公社的撤销、乡镇政府的建立和家庭联产承包责任制的全面推行。

随着人民公社制度的解体，原有的农村经济社会结构也发生了根本性转变。① 分配制度的变化带来了利益关系的调整，农村公益事业支出和农村基本建设投资由过去的集体担负，转变为由农民向乡镇政府交纳一部分劳动产品和从集体经济提取公益金和公积金结合。随着国务院《农民承担费用和劳务管理条例》的颁布，乡镇统筹资金制度正式确立。乡镇统筹资金制度收费项目繁多、"三乱"（乱摊派、乱收费、乱集资）现象严重、负担不公等问题加重了农民负担。1994 年的分税制改革使形势愈发严峻。分税制改革强化了中央集权，然而省级及以下地方政府的财政负担和公共服务能力问题不断出现，"财权上移，事权下移"这一财政结构不对等趋势使得基层政府财政出现了更大缺口，再加上经济结构转型导致部分乡镇企业逐步消亡，乡镇政府财力紧缺问题愈发凸显。乡镇政府最终只能选择向农民征收各类规费以填补财政缺口，这使农民负担愈发沉重。为调整农村社会管理制度，遏制农民税赋繁重的扭曲现象，党中央、国务院出台了一系列改革措施，农村税费改革便是其中一项重要内容。

3.1.2　农村税费改革的历程

2000 年，农村税费改革以安徽省税改试点工作的启动为起点，一直到 2006 年农村税费才全面取消。回顾过往的农村税费改革，大致可分为以下三个阶段。

第一阶段：观察试点阶段。为遏制农村各种不规范税费对农民造成沉重负担的不良现象，引导农村产业结构良好发展，安徽省作为全国农村税改试点，正式启动了农村税费改革工作，税改内容主要包括税费的征收、统筹、提留、使用和管理。简言之，"三个取消、一个逐步取消、两项调整和一项改革"。2000～2001 年，为了确保农村税费改革工作沿着正轨行驶，国务院办公厅先后下发了若干文件和通知以加强对农村税改工作的指导和推动。其间国务院要求各省区市积极吸取安徽等试点省份的先进经验和做法，努力提高本地区税改效率以保障税改工作顺利实施。

第二阶段：扩大推进阶段。2002～2003 年，国务院办公厅围绕扩大税改到全面实施税改陆续下发了若干通知和意见，明确指示农村税费改革城

---

① 张以坤等：《乡镇统筹资金制度改革研究》，《财政研究》1997 年第 10 期。

市扩大至 16 个省份，并要求各省区市针对农村税费改革的具体问题探索综合性配套改革措施，罗列涉农收费项目清单，加快乡镇机构改革并进一步调整完善乡镇财政体制。中央要求各地区必须因时因地将税改政策和制度落实到位，坚决杜绝"一刀切"现象。此外，中央还明确提出全面实行"四项制度"，以规范建立农村分配制度，促进农村社会的和谐稳定，保障了农村税费改革的顺利进行。

第三阶段：全面实行取消农业税阶段。为了促进农村社会公益事业建设的顺利开展，中央加大了对农村社会建设的转移支付力度，这一举措确保了乡镇机构、村级组织的正常运转，保障了农村税费改革成果，且国民经济结构和分配关系的不断优化为降低税收结构中农业税占比、进一步减轻农民负担、全面取消农业税创造了成熟的条件。2005 年，山西、辽宁、江苏、安徽、江西和湖北等 26 个省区市率先实现了农业税的全免征收，涉及农业人口 6.9 亿人。直到 2005 年底，《农业税条例》被宣布自 2006 年起废止，这标志着我国农业税的全面取消。为填补取消农业税后农村公共设施建设组织主体、投入资金的空缺，2008 年中央多部委协商决定逐步全面展开"一事一议"财政奖补试点，[①] 以调动农民的积极性和主动性，发挥其在调整农村公共资源分配关系、参与村级公益事业建设和规范农村筹资筹劳活动方面的重要作用。

3.1.3 农村税费改革的意义

农村税费改革减轻了农民生产生活中不必要的消费负担，调整和规范了农村分配关系与利益关系。农村税费改革前向农民收费的项目名目繁杂、计税方式模糊不公等严重阻碍了农村经济和社会生产力的发展。"头税轻、二税重，摊派就是无底洞；七只手、八只手，只只都向民伸手"形象地描述了当时农村税费之繁重。农村税费改革后，规定对于必须农民缴纳的公益事业费用标准 5 年不变，不准增加基数，不准乱收费、乱集资、乱加码。农民对任何违法违规的费用征收行为可予以拒绝，对有偿服务也

---

① 李茂盛、杨大虎：《农村税费改革回顾与思考——以山西省为例》，《当代中国史研究》2017 年第 6 期。

遵守自愿原则。① 法律依据和政策保障下的税费征收更加规范，农民税赋的减少增加了农户个体或家庭的可支配收入，更有利于农民生活水平的提高。

农村税费改革壮大了乡村集体经济，增强了农村发展后劲。农村税费改革以前，税费征收的各个项目一般由各主管部门统筹，乡镇政府难以集中有限的财力致力于农村公益事业建设，外加乡镇管理人员过多，农民上交款项很大一部分用于工资支付，真正用于乡村发展、农民致富的资金微乎其微。实行税费改革后，农民所缴费用纳入财政预算范围，进入财政管理渠道，增强了乡镇经济支配实力，可以集中资源办实事、办急事、办好事，使公益金真正用于农村公共基础设施建设。同时，相当一部分村级结余作为乡村发展基金，为农村后续发展建设注入动力。

农业税费的全面取消意味着农村税费改革转型时期的到来。一方面，专门面向农民征收的税费制度已然走向消亡；另一方面，城乡统一税制的基础和条件尚不成熟。② 农村税费作为农村社会建设的经济基础，税费改革并不独立于农村运转体系，随着农村税费改革而来的乡村经济发展、民主自治进程和社会结构调整等乡村治理问题才刚刚出现，农村税费改革逐步迈入更深层面的体制性和结构性改革。农村税费改革后村级公益事业建设在取得了一定成就的同时也面临新的挑战和困境。

3.2　税改后村级公益事业建设投入现状调查

农业税全面取消后，村级公益事业建设投入难问题随之而来，农村公共设施建设所需的资金和劳动力等资源要素的整合使用遇到瓶颈。由于"一事一议"财政奖补政策对农村公共基础设施建设的资金扶持和制度保障，农村道路、河道护坡、桥梁修建、闸站维护和饮水工程等农村公益事业建设项目逐步得以落实，满足了农民生产生活的基本需求。然而"一事一议"制度在执行环境、参与主体、激励方式等方面存在的问题导致基层

---

① 杨以谦：《积极进行农村税费改革 规范我国农村分配关系》，《经济社会体制比较》1999年第 5 期。
② 吴孔凡：《农村税费改革转型期面临的矛盾与出路》，《华中师范大学学报》（人文社会科学版）2007 年第 1 期。

农村的公益事业建设投入总体上呈下滑趋势。本书基于对苏皖六镇的实证调查，剖析并总结了农村税改后村级公益事业建设的投入现状及问题。

3.2.1 探索推进"一事一议"工作，积极组织动员各方力量

"一事一议"政策是国家多部委为有效改善我国落后的农村基础设施建设状况，于2008～2011年选点试验，后逐步推广至全国的一项致力于提升农村公益事业建设水平的配套改革政策，涉及公共产品供给的民主决策制度、资金筹措制度以及资金管理与使用制度，突出特点在于民主决策，即围绕农村公益事业的建设内容、资本投入和组织管理，充分体现村民对村庄公共事务的知情参与权和决定监督权。得益于"一事一议"政策出台的历史背景和现实初衷，调研发现，苏皖六镇都按照中央及各省区市的政策要求，有条不紊地推进"一事一议"财政奖补工作。为积极调动村民参与公益事业建设的主动性，江苏省ZZ镇龙降村于2008年率先创建了党群议事会，由其成员作为舆情信息员收集村庄舆情和村民议事等相关信息，及时处理本村重大事项和村民普遍关心的重大问题，注重同村民的广泛沟通与交流，尽力保证村委会在开展各项工作（尤其事关村级公益事业建设）时，能够充分考虑广大村民的公共需求，激发农民参与公益事业建设的积极性。

然而，城镇化进程中农村人口流失严重，大量的中青年劳动力外出谋生，再加上近年来农村合村并居工程的开展，自然村合并为大规模的行政村，人口增加但居住分散，农村的党群议事会、村民大会等群众自治协商会议难以顺利开展。从对外出务工人员就本村公共基础设施建设问题的访谈可见，大多数村民的回复是"不太关心"。有些村民就公益事业建设表决时，只对与自身利益关联大的提议投赞成票；反之，要么反对，要么弃权。部分农民直接将农田水利、修路架桥和河道疏通等基础设施建设责任推给基层政府，认为与自己无关。类似的事情并非个案。少数地方履行民主程序只是走过场，并没有将议事原则中的民主决策落到实处，或者超范围议事，没有围绕村内农田水利基础建设、道路修建等有关农村土地开发使用项目和农村急需的集体性设施议事，而是将其他非相关事项纳入议事范围，违背了"一事一议"政策的设计初衷和执行原则。

此外，调研发现，尽管乡镇政府和村委会应上级政府要求开展了"一

事一议"政策宣传工作,但受宣传方式、村民文化素质和村民组织等因素的影响,政策宣传的效果有限。安徽省三镇基本采用村民代表大会和口口相传的方式宣传政策内容及参与的重要性,效果有限;江苏省三镇则利用广播及宣传单等途径进行宣传,宣传效果相较于安徽省有所提升。同时,苏皖六镇农村人口素质存在较大差距,安徽省三镇随机调查的农民高中及以上文化程度仅占9.5%,江苏省则占25.8%。农民受教育程度偏低和政策宣传手段单一,导致"一事一议"政策的宣传效果难以确保。再者,随着市场化改革和新型城镇化的不断推进,农村社会结构发生了巨大变化,农村原子化、分散化等形势愈发严峻,村级组织与村民的关系也因过去"收粮收款"形成的交往渠道消失而变得生疏,在此形势下村委会等村级组织对乡村社会的组织发动能力明显弱化。

3.2.2　公益事业建设内容比较集中,设施质量和层次有待提高

目前农村公益事业建设内容涉及的领域较为集中,主要包括道路修建、桥梁架设、饮水工程建设和农田水利建设等。调研结果显示,道路桥梁工程是农民最关心的建设项目。修路致富的理念在苏皖六镇的调研中得以体现:乡镇镇区道路建设较为完善,村级道路均能通往各个自然村,村庄道路宽度基本为3~5米,大部分自然村的路面铺装为水泥,少数为沥青,道路两侧景观相对单一但特色鲜明,田园、湖泊、树林成为乡村道路两侧景观的主要观赏内容。由于各村经济基础的差异,道路在宽度、路面铺装等方面存在一定的差别,与镇区靠近、经济条件较好的村庄道路路面质量较好,其余地区的自然村庄道路路面质量稍差。

具体来看,苏皖六镇的公共设施主要分为两大类。一是农村基础生活设施,大致可以分成四小类,由促进产业发展、夯实村集体经济基础的乡镇公共设施项目逐步向满足农民发展与享受资料的层次转变,主要如下。(1)道路桥梁修建:路基的沙石垫层、路面的拓宽平整和桥梁的加宽改造等。(2)饮水安全:自来水管道铺设、蓄水池修建和动力污水处理装置安装等。(3)村容村貌:河道疏通、道路沿线垃圾桶配置、化粪池改造和绿化景观建设等。(4)基本公共服务设施:农技站和健身广场建设等。二是基本农田生产设施,大致可以分成两小类。(1)农田沟渠工程:田埂垒

高、涵洞疏通和排水沟渠修建等。（2）农业水利设施：排水闸站修建、水库修建等。

苏皖六镇在经济、地理、人口和文化等方面的差异，导致不同乡镇农村公共设施建设内容的质量和层次高低不均。2013 年江苏省 ZZ 镇地区生产总值达 45.1 亿元，作为历史文化名镇、蚕丝之乡，该地拥有丰富的旅游资源以及便利的交通，各村都成立了土地股份合作社，村集体经济实力强劲，各行政村在道路交通、饮水用水、环境治理等基础设施建设方面都相对超前，且均按照民政局有关新农村建设的考核标准建成了标准化的社区服务中心，建设了诸如小型公园、文体广场和社区养老中心等公共服务配套设施（见表 3 – 1）。相比而言，2013 年安徽省 XA 镇地区生产总值仅为 6.41 亿元（居调研的安徽省三镇首位），以农业收入为主要来源，基础生活设施和基本农田生产设施建设落后，尽管村内的主干道已经基本建成水泥路，但距离实现"户户通"仍有很长一段距离，部分地处丘陵地区的村庄交通问题仍待解决，甚至少数村庄还存在村民饮用水不安全问题。由此可见，经济实力不同的乡镇在公共设施建设内容上的质量和层次并不均衡且存在较大差距。

表 3 – 1　ZZ 镇行政村公共设施建设一览

行政村名	当前公共服务设施建设情况
大船港村	村委会、卫生服务室、文化活动室、健身场地、幼托
花木桥村	村委会、卫生服务室、文化活动室、健身场地、商业、幼托、老年活动室
贯桥村	村委会、卫生服务室、文化活动室、健身场地
金星村	村委会、卫生服务室、文化活动室、健身场地
兴华村	村委会、卫生服务室、商业
联星村	村委会、卫生服务室、健身场地
林港村	村委会、卫生服务室、文化活动室、健身场地、商业、老年活动室、幼托
前港村	村委会、卫生服务室、文化活动室、健身场地、商业、老年活动室
齐心村	村委会、卫生服务室、文化活动室、小学
龙降桥村	村委会、卫生服务室、文化活动室、健身场地、商业、老年活动室、幼儿园
三扇村	村委会、卫生服务室、小学
勤幸村	村委会、卫生服务室、文化活动室、健身场地
夏家斗村	村委会、卫生服务室、健身场地

续表

行政村名	当前公共服务设施建设情况
桃花庄村	村委会、卫生服务室、健身场地
长家湾村	村委会、卫生服务室、文化活动室、健身场地
众安桥村	村委会、卫生服务室、文化活动室、健身场地、幼托
朱家浜村	村委会、卫生服务室、文化活动室、健身场地、商业、幼托、老年活动室
曹村村	村委会、卫生服务室、文化活动室、健身场地、商业、幼托、老年活动室
新幸村	村委会、卫生服务室
永乐村	村委会、卫生服务室
双阳村	村委会、卫生服务室、文化活动室
新乐村	村委会、卫生服务室、文化活动室
蠡泽村	村委会、卫生服务室、文化活动室、健身场地、商业、幼托、老年活动室

3.2.3　筹资筹劳以政府和村民为主但后劲愈发不足

"一事一议"筹资筹劳政策在各省市乡镇普遍开展，但由于经济发展实力和人口状况的差异，农村公共设施资金筹集工作可谓在艰难中挺进。对比苏皖六镇，安徽省三镇的山区、丘陵等落后农村地区，由于村民收入水平低，农村人口流失情况更加严重，筹劳筹资工作进展相当困难。江苏省三镇经济发展实力较强，农村青壮年外出务工比例较大，留守的老幼妇孺等难以满足筹劳需要，因此这类地区选择出资取代筹劳，增加了村庄公共设施建设的成本，但也是村民对以出资代替劳作的认可。

根据苏皖六镇的调研结果，农村公益事业建设筹资筹劳的财政投入主体是政府，劳力投入主体是村民。以2010～2013年苏皖六镇村级公益事业建设资金来源为例（见图3-1），由图3-1可知，在六大筹资渠道中，2010～2013年财政奖补和村民筹劳始终是村级公益事业建设的资金和劳力投入主体，村集体建设资金投入也逐渐增长，尤其是社会捐赠等投入实现了从无到有的转变，拓宽了筹资筹劳渠道。

不同省份的经济实力和农民人均收入水平各有差异，因此不同省份可以因地制宜确定筹资标准上限，江苏省将上限标准设为每人每年20元，安徽省为每人每年15元，从农村公共设施建设需要的资金来看，筹资标准并不高，因此各村筹资总额也不充足，最终导致财政奖补资金也不多。经济

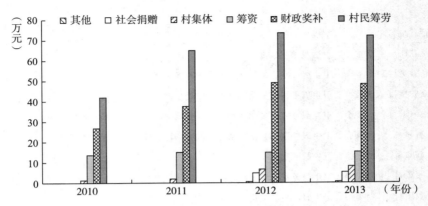

图 3 – 1　2010～2013 年苏皖六镇村级公益事业建设资金来源

水平落后的乡镇农村筹集资金少且财政奖补资金不多，最终导致大型工程项目投入不足、难以保质保量完工的尴尬局面。甚至对于部分村内急需的基础设施项目，一些认为这些设施建设与其关系不大进而没有投赞成票的村民，往往会抱着"我不同意所以我可以不出钱"的想法拒绝筹资，直接后果是引发"多米诺骨牌效应"，其他原先主动响应政策号召的村民纷纷拒缴款项，极大地挑战了"一事一议"制度在村级公益事业建设中的权威性。而且，村内公益事业项目议事时间是固定的，一般安排在年初，一旦出现设施建设遇到问题或有变动急需用钱的情况，就只能由村委会等基层村级组织根据实际情况变通处理，但是变通口径多大、分寸多少却是未知，可见筹资筹劳在实际操作中依旧面临诸多挑战。

3.2.4　资金投入力度不断加大但仍有不足

苏皖六镇按照"统筹城乡发展、区域协调发展"的要求，对村级公益事业建设中的资金投入不断加大。江苏省以 QD 镇为例，据统计，2014 年 QD 镇农村公益事业建设投入达 1000 万元，财政总投资预计达 198 万，外加农业部和财政部等部委下拨的将近 480 万元的各项涉农补贴资金，覆盖范围包括行政村和自然村的农桥兴建、环境整治和农田水利基础设施。QD 镇下辖的沈家湾村，建筑物出新面积 11000 平方米，整理疏浚河道 1200 米，新增绿化面积 6000 平方米，修整驳岸 100 米，另外还包括下水管网的修建、村级道路的拓宽硬化及沿线主要路口垃圾收集装置的配置等，村容村貌有了很大的改善；玄宫村创建"苏州市美丽乡村"，共投资 500 万元美化村容村貌；隐读村创建"苏州市美丽乡村"，总投资 1000 多万元完善道路、河道、休闲活动场所等。不断加大的财政投入积极推动了 QD 镇总计 6 个二星级、16 个一星级"康居乡村"及 33 个"环境整洁村"创建的整治工作，极大改善了村民的生产生活环境。安徽省相比江苏省，尽管经济基础略逊一筹，但从 YT 镇农村公益事业建设资金投入看，2011～2013年建设资金投入总量逐年增长且资金投入主体逐渐呈现多元化特征（见图 3－2）。2011～2013 年安徽省 YT 镇村级公益事业财政投入分别大概是 74万元、97 万元和 105 万元，分别占当年资金投入总额的 31%、33% 和 36%。村民自筹金额比较稳定，但村集体投入和其他投入来源占的比例较小。

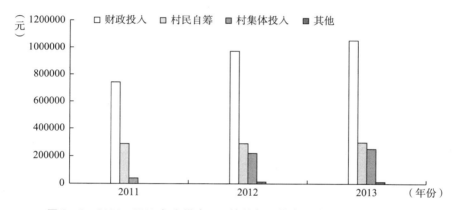

图 3－2　2011～2013 年安徽省 YT 镇村级公益事业建设投入资金来源

从苏皖六镇的公共设施建设现状来看，苏皖六镇的财政奖补项目主要围绕村级道路硬化和农田水利基础设施等工程展开，这类工程通常规模不大、施工不复杂且投资周期短。据江苏省三镇的相关人员介绍，一些规模较大、耗时长且投资数额较大的建设项目因"一事一议"筹资总额的限制而被搁置。安徽省的村级道路硬化工程目前建设规模有限，每年每村以一公里的速度开展，基础设施建设距离满足村民生产生活需求还需要一个过程。

3.2.5　村民参与意愿程度不一

"一事一议"财政奖补政策围绕农村道路桥梁、河道疏通和农田水利等基本生产生活设施展开，极大提高了农民生活水平，政策实施范围较大，政策成效可观。在苏皖六镇的调研中发现，一些村民投入村级公益事业建设的热情甚至高于村干部，尤其是对财政奖补政策的参与。村民对"一事一议"政策的积极参与不仅有利于密切干群关系，而且有利于推动基层民主政治发展。据苏皖六镇的村干部介绍，村里因为"一事一议"活动每年召开村民大会一到四次，其中意见表决、议事等活动提升了基层自治组织的凝聚力，也给村民提供了表达意见、参与基层管理的机会。总体来说，江苏省村民的政策参与主动性和积极性高于安徽省，江苏省三镇村民政策参与"非常愿意"的比例为74.2%，高于安徽省三镇的48.5%。调查发现，江苏部分村民发现邻村财政奖补项目实施带来的便利，主动找村干部反映本村公共设施建设需求，希望本村的公共设施建设也能采取邻村这种集村民之力、办想做之事的民主协商、众筹众投的方式。

以江苏省 QD 镇为例，QD 镇在落实村庄公益事业项目前，首先深入了解村民所急需的服务项目，这些项目再经村民委员会讨论，集体表决同意后向吴江主管部门申报。等主管部门审批通过后，村集体经济组织负责实施项目，公开进行招投标。项目建成后，由外部审计机构审计并得出审计报告，再以此审计报告为依据，到财政分局进行报账。村里的退休党员干部负责对项目进度和质量进行监督，项目建成后，通过书面形式将资产移交到村集体，村集体再指定负责人对该项目进行管护。江苏省 ZZ 镇龙降桥村还创办了假日学习班，由村里负责提供教学材料及务工费，由志愿者、老干部、警察等组成教学队伍，专门为 1～6 年级的学生提供教学服务。此外，村级公益团队如绿色环保小队、友爱天使小组等对农村环境的改善、村民公共需求的意见征集和设施建设的管理监督等发挥了重要作用。

3.2.6　设施管护落后状况有所缓解

结合苏皖六镇的调查统计数据，近75%的村民认为当地基础设施缺乏有效管护，"重修建、轻管护"问题普遍突出。尤其是早期配建的基础设施，已经产生了不同程度的老化与损毁，对村民生产生活的便利性造成很大影响，后期管护缺位愈发加速设施损毁，使得设施效用未能完全发挥，也造成了农村公共资源浪费。调查发现，江苏省三镇的基层政府响应"一事一议"政策，加大农村公共基础设施规划建设的同时，也逐步将设施后期管护问题纳入基层政府的考虑范畴之中，这在一定程度上缓解了设施管护的资金压力，也改善了农村设施管护落后的状况。由于发达地区乡镇筹资能力、筹资渠道优于经济较落后地区，乡镇面对巨大的管护资金压力可以采取多管齐下、多方筹资的方式，尽力缓解管护资金的压力。以江苏省 ZZ 镇为例，村内道路卫生管护每年花费 30 余万元。ZZ 镇的管护资金主要有三个来源：一是预留一部分的政府财政资金用作设施后期管护专用资金；二是利用村集体经济出资的方式，由村委组织各大队按名额或根据各大队资产所有情况拿出一定份额的公益事业建设资金；三是利用社会捐赠的方式，由村级企业向村集体捐赠数额不等的公益事业建设资金，村集体再提取一定份额的资金作为设施后期管护费用，但现实发生的维护费用主要来源仍是一定比例的村集体实际收入。村集体收入需要负担农村管理事务和公共事务的日常支出，能用于后期管护的资金实则十分有限。

此外，据苏皖六镇的相关人员介绍，有些农村针对部分公共设施组建了管护队伍，主要是道路卫生服务队和老年人活动中心卫生服务队。道路卫生服务队一般由 8～10 人构成，每日排班，轮流负责村内日常的道路清洁和河流卫生的维护以及村内垃圾桶和公共厕所的管护，村集体对管护人员给予相应的劳动补贴。老年人活动中心卫生服务队主要负责轮流管理村内老年活动中心的卫生及相关设施，尽可能减轻农村在这一方面的管护支出。尽管村内为维护公共设施建设而组建的志愿性服务团队或组织只能从事技术含量不高的修护工作，但类似组织化、规范化的管护队伍却为发挥农村公共设施的长期效益做出了不容小觑的贡献。

3.3　村级公益事业建设集体行动困境的表征及缘由

3.3.1　村级公益事业建设集体行动困境的表征

"一事一议"制度依据参与的自愿性、决策的民主性、负担的公平性和管理的公共性原则，致力于解决群众需要急迫处理的公共设施建设问题，该制度作为应对农村税改的一项制度创新，其核心在于村民参与和投入，最终实现"不办事不花钱，办事再出钱"的理想政策成效，尽可能减少村民可支配收入在农村建设中的不必要支出。目前苏皖六镇村级公益事业的建设内容、组织动员、筹资筹劳、投入规模、村民参与和运行管护等方面都有了相应程度的改善，尤其是农村道路桥梁、小型农田水利设施等方面的受重视程度和建设力度都有了很大提升。村内公共基础设施建设所需资金、劳力等不足的问题有所解决，但在设施建设的集体参与、共同投入和后期管护上还存在较大困境。具体分析如下。

3.3.1.1 "一事一议"制度难以有效推动集体参与

各省市区、镇、村在中央财政奖补政策的要求下，一方面强化组织领导，推动乡镇机构变革，转变乡镇政府服务能力，另一方面按照规定的原则和程序申报落实公益事业建设项目，在满足村民公共基础设施建设项目需求的同时有效彰显了政策惠民效应。由于地理环境、经济发展水平和人口素质等方面的差异，关于"一事一议"的政策成效褒贬不一。部分地区因为财政奖补政策的颁布和实施，有效利用政策优势，筹集人力、物力和财力等公益事业建设资源，一举解决了多年未曾得以落实的公益项目建设问题，而另一些地方农村公益事业建设的议事条件差，议事过程繁琐，议事成果落地困难，"一事一议"财政奖补政策很难发挥村民参与、公平负担和共同管护的制度激励和集体行动优势。

传统城镇化进程下农村人口流失，大量的中青年劳动力外出谋生，再加上近年来农村合村并居工程的开展，自然村合并为大型的行政村，人口增加但居住分散，村民生活环境的变化导致公益事业建设需求结构的多样性、复杂性和差异性，影响村民议事效果的诉求内容、制度环境等可变因素增加。加之受市场经济的冲击，村民个人的自利性、理性化特征愈趋明显，参与村庄公益事业建设项目讨论时，更倾向于关心即时的短暂的个人利益或与个人相关的事务，而不太关心村庄整体的事情。部分群众具有"多我一个不多，少我一个不少"的公益事业建设错误认知和参与惰性，有些村民更倾向于充当"占有者"或"享有者"。例如调研组在调查时问及"外出打工者是否还关心村内修路建桥的公益活动"时，大多数村民的回应是"不太关心"。外出打工者在农村外追寻自身权益，与农村的利益纽带不断弱化。"各人自扫门前雪，不管他人瓦上霜"的置身事外心态，造成了"一事一议"较高的信息收集成本和协商决策成本。

3.3.1.2　村民公共产品需求表达淡漠

村民公共产品需求表达是提高基层政府关于村民对公共产品数量、种类、选址和供给方式等需求了解程度的关键环节，而且能帮助村民通过提升话语权的方式将自身的利益诉求传达给决策系统。当前，我国村民需求随着经济社会的发展呈现全面提升状态，表现出数量上的差异性、层次上的复杂性、空间上的辐射性等特征。收集、筛选和整合村民多层次的公共产品需求，对于进一步完善村级公益事业具有重要战略意义。从苏皖六镇的调研情况看，各地区存在公共产品供给"通病"，即供需错位，直接导致公共设施紧缺与闲置的现象并存，村民需求满足度并不高。这种现象的根源在于村民公共需求表达不充分，农村公益项目建设脱离村民真实诉求。主要表现在以下方面。首先，村民需求表达意愿薄弱。以 ZZ 镇为例，虽然随着经济产业的快速升级、村民自治的不断发展以及农村"一事一议"政策的大力推广，村民的主体意识、维权意识有所提升，但就总体情况来看，村民在需求表达意识上还是比较薄弱。在被问及是否参与村级公益事业建设时，绝大多数村民表示参与较少，并认为应由政府和村委会负责。以"村民对修路建桥等公益活动政策的了解程度"、"村民对参与修路建桥等活动奖励办法的了解情况"以及"ZZ 镇外出务工村民对本村公共设施建设的关注度"为例，300 名村民中对修路建桥等公益活动政策非常了解的只有 23 名，比较了解的也只有 69 名，分别只占 7.7%、22.3% 的比重（见表 3-2）；村民对参与修路建桥等活动奖励办法的了解程度相对就更低了，只有 19 人选择了"非常了解"，而选择"不太了解""非常不了解"的村名共有 166 名，占了总数的 55.7%（见表 3-3）；城镇化的不断发展促使越来越多的村民选择外出打工以获得更多的收入，这部分"外出打工族"对村级公共设施建设的关注度则相对较低（见图 3-3）。

其次，村庄精英等有生参政力量的流失和留守人口薄弱的参政意愿双重弱化了村级公益事业中村民参与的活力。随青壮年人口一同"流失"的还有大批文化水平较高、自身能力较强的村庄精英，偶有个别未外出的村庄精英也大都将精力放在经商上，像 SJF 这样的"双带"（即带头致富，带民致富）能人则比较少见。在农村中青年劳动力或者村庄精英大量流失的背景下，"留守"的村民除村干部外素质普遍不高，学历在高中及以上的

表 3-2　村民对修路建桥等公益活动政策的了解程度

		频数	百分比	有效百分比	累计百分比
有效	非常了解	23	7.2	7.7	7.7
	比较了解	67	20.9	22.3	30.0
	一般	75	23.4	25.0	55.0
	不太了解	126	39.4	42.0	97.0
	非常不了解	9	2.8	3.0	100.0
	合计	300	93.8	100.0	
缺失	系统	20	6.3		
合计		320	100.0		

表 3-3　村民对参与修路建桥等活动奖励办法的了解情况

		频数	百分比	有效百分比	累计百分比
有效	非常了解	19	5.9	6.4	6.4
	比较了解	44	13.8	14.8	21.1
	一般	69	21.6	23.2	44.3
	不太了解	150	46.9	50.3	94.6
	非常不了解	16	5.0	5.4	100.0
	合计	298	93.1	100.0	
缺失	系统	22	6.9		
合计		320	100.0		

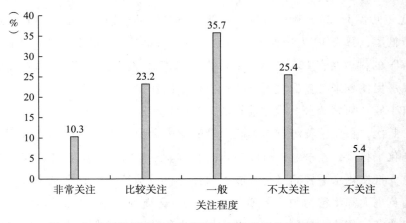

图 3-3　ZZ 镇外出务工村民对本村公共设施建设的关注度

的很少。从调研结果看，大多数"留守"村民对村级公共设施建设的相关政策了解程度都不太高（见图 3 - 4），其了解当前农村政策的途径较为单一，多为村委会宣传或村民口口相传（见图 3 - 5）。

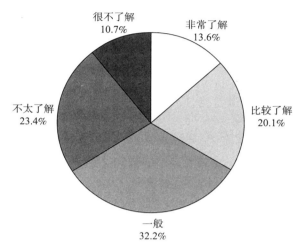

图 3 - 4　"留守"村民对相关政策的了解度

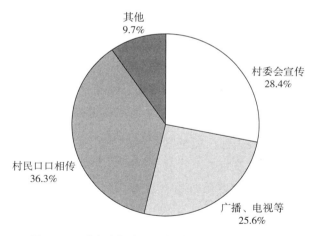

图 3 - 5　"留守"村民了解当前农村政策的途径

另外，与村庄强人相比，普通村民参与村级公共设施建设的能力普遍不高，村民参与效果不显著。尽管村民对参与村级公共设施建设的意愿较为强烈，但在实际生活中，村民自身参与意识及参与能力存在不足，导致其规划决策的参与程度、监督规划决策的参与程度以及规划决策中建言献策程度普遍不高。据课题组了解，虽然村民大会和党群议事会的出勤率都比较高，但大部分出席者在会议中都仅仅是"倾听"，并没有真正参与到议题的讨论中来，能够真正建言献策的村民更是少之又少。除此之外，村民对于村级公共设施建设的监督也只关注质量而忽视了资金的使用。相比村庄的强人、能人，普通村民常常处于"被领导"地位，这也正是村民参与效果不明显的主要原因之一。尽管能人、强人领导模式在农村社会有一定的历史渊源和实践经验，但其存在同时为钱权交易等贪污腐败行为提供了可能，也无益于村民参与能力及自治能力的提高。

3.3.1.3 村级公益事业建设资金不足且投入结构不合理

第一，建设资金是农村公益事业发展的充分条件，建设资金渠道的短缺和投入的缺乏是当前农村社会发展的主要障碍。村集体经济收入、财政投入、村民筹资、社会资本这四个渠道构成农村公益事业建设资金的主要来源。在大多数地区，这四个渠道的筹资力量均十分有限。就财政投入而言，长期以来，农村的公共产品和公共设施相较城市极度落后，在城乡一体化的背景下，有限的财政奖补资金面对庞大的农村公益事业建设支出也是斗升之水。而乡镇经济结构转型导致部分乡镇企业逐步消亡，乡镇政府财力紧缺问题愈发凸显。在国家政策的明令禁止下，基层政府和农村不能违法违规乱立名目向农民收费，也不能随意向银行等金融机构借债或融资以发展农村公益事业，乡镇内部经济实力的下降和外部筹资渠道的限制导致村级公益事业建设经费的缺口巨大。

此外，由于财政资金部门的分割，各部门在分配资金时缺乏规划和标准，再加上部门协调不及时、不充分，最终导致不同村组财政资金缺乏或盈余的状况。乡镇财政既要担负镇村日常运转花费，又要偿还历史债务，因而在兴办村级公益事业方面有心无力，只能企图争夺更多的支农惠农项目，以获取配套扶持资金用于填补农村公共基础设施等建设经费，乡镇公益事业建设经费压力仍然很大。后期村级公益事业建设将部分农村社区发展项目纳入村级财政支出，成为农村公益事业财政投入面临的另一大难题。这实际上是试图用以集中居住为特征的社区建设来整合村级公益事业建设资源，为更为集中、统一的村级公益事业项目的建设打下基础。以 ZZ 镇为例，以集中居住为途径整合村级公益事业建设资源的方式存在明显的不足，因为社区建设不免涉及村庄布局规划的改变，在新农村集居点建设过程中，苏南二镇的受访者们总结了三项抵触因素：一是农民面临耕作半径加大的可能，住所和耕地之间距离的拉长带来诸多不便；二是农村传统"血地"以及风水观念都会影响农民的参与意愿；三是对于村级而言，安置小区建设后需提供给每一个参与农户至少 100 万元，移民安置费用成为政府负债的主要负担。另外，村庄布局规划亦受自然资源部及住建部城乡规划司的指标限制，即使搬至新的空地上进行统一建设，每户农户需为配套设施建设出资 4 万 ~ 8 万元，村民不愿出这一部分资金，而村级资金承受能力又有限，因而农村社区公益事业建设进程缓慢，难以全面开展。

就村民筹资而言，一方面，政策机制虽然对村民筹资筹劳的条件、程序、额度做出规定，但没有给予基层组织相应的自由裁量权，也没有明确村民不遵守筹资筹劳制度的相应责任，因此，在很多农村地区村民筹资筹劳的难度很大，议事会议在一开始就只能针对那些投资力度小、施工周期短的项目进行协商、投票和决策。另一方面，各村遗留的历史债务加重了"一事一议"筹资筹劳难度，尤其是经济欠发达地区的农村，由于"一事一议"筹资标准低，即便村民们的经费全部筹满，筹得资金总额仍偏少，往往和申报项目的预算总额距离很大。回顾村集体经济发展进程，乡镇企业作为农村集体经济组织或者以农民投资为主的企业，在改革开放初期有过一段时间的迅猛发展，但从 20 世纪末开始，乡镇企业在国有企业、私营企业和"三资"企业的激烈竞争中，发展速度开始放慢，再者基层政府对乡镇企业的过度干预及政企不分问题，使得乡镇企业亏损面越铺越大，最终走向消亡，农村集体经济的营收也因此受到波及，加上在城乡二元经济体制作用下，城市在人才、资金和技术等资源上占有先天优势，乡镇企业"内忧外患"，发展环境越发恶劣，村集体经济收入逐步缩减。一二三产业发达地区尚可通过土地流转增加村集体收益，而产业落后地区的农村创收途径少，对于村内公共设施建设即使能筹足一部分资金，但还是需要其他资金渠道以增加村级公共设施配置投入，比如社会资本捐赠。

所谓社会资本捐赠主要是指依靠富裕村民或村内企业的无偿捐赠，利用社会捐赠的方式发展村级公益事业，是动员除村集体、村民外其他社会资源参与到村级公益事业建设中的重要途径。但这种无偿捐赠不具备稳定性和持续性，因此难以保障村级公益事业建设的连续性。结合苏皖六镇的实地调查，可以发现当前社会捐赠的资金来源很少，企业和企业家的社会责任意识有待提高，只有少数经济水平较高的地区会有专业大户的捐赠，所占比例微乎其微，难以形成气候。在经济水平较低的地区，甚至没有社会捐赠。可见社会捐赠在村级公益事业建设中发挥的作用有限，社会资源参与村级公益事业建设的活力尚未被有效激活。

第二，村级公益事业建设投入结构不合理导致供需错位。农村公共产品的供需结构不平衡是源于其供给决策机制，这种机制是自上而下的，农村公共产品供给更倾向于政府偏好，是基层政府追求政治和经济效益的结果，而非依据农民喜好和需求。基层政权和农民需求之间的矛盾使得基层政府提供的公共产品存在供给过剩与供给不足的问题。调查中发现，村民认为当前急需建设的农村公益事业除了村级道路交通以外，还应该包括饮水工程、农田水利和村卫生所等方面，当前这些方面与农村经济发展很不协调。尽管大多数村民同意通过"一事一议"筹资筹劳的方式建设农村公益事业，但"一事一议"制度在实践过程中还存在许多问题，急需完善。多数村民认为，农村的公益事业建设面貌相比以前有所改善，但与城市的差距着实较大。可见，当前村级公益事业建设投入结构并没有很好地契合农户实际需求。同时，农村公益事业建设还存在供给过剩与供给不足的问题。一些村民需求较少或者能短期见效的公益事业建设过剩，而某些村民迫切需要的公益事业却供给不足。一些村民表示目前的村级公益事业并不能满足日常需求，而地方政府致力于建设一些形象工程，不仅没有给村民带来便利，反而由于管护不力给村民的日常生活带来了困扰。

3.3.1.4 村级公共设施管护缺位

在长效管护方面，村级公益事业建设涉及规划与管理，村级公益事业的可持续发展依赖于具备前瞻性的前期规划，后期的长效管护亦是必不可少。从调研结果看，由于管护意识的缺乏和经费的不足，当前我国农村地区的部分公共设施长期处在维护不足、濒临报废的状态。以农村道路铺设为例，修路一直可谓是改善农村地区公共基础设施建设的必选项目，乡间小路越修越好，但"重修轻管"的现象也一直很突出。农村道路的养护难以跟上其建设步伐，大量农村公路由于缺少养护而存在不同程度的损坏，农村公路的持续健康发展大打折扣。在对苏皖六镇的调研中发现，不仅管护的资金投入很少，地方政府后期管护的意识也不高，大部分村级公益事业建设完毕就处于无人问津的状态。以苏南 ZZ 镇和 QD 镇为例，苏南地处长三角核心地带，经济发展较快，ZZ 镇与 QD 镇也有着各自的产业优势，村集体经济基础较为扎实，为带动农村公益事业发展提供了有力的资金支持，苏南地区村级公益事业建设逐步向好发展，但还存在一些棘手的难题，主要表现在以下方面。

首先，管护制度有效性不足导致管护质量不高。各地乡镇都陆陆续续展开了对公共设施管护机制的探索，制订了由镇及村的两级管护方案，并且创新基层民主管理形式，创建党群议事会，发挥党员代表与群众关于本村公共事务开展沟通交流活动的桥梁纽带作用，倾听民意，替民发声，但从实践效果看，党群议事会更多流于形式，在公共设施管护问题上发挥的作用不大，部分村民对管护工作认知仅仅是清扫路面、捡拾垃圾等，使得设施管护难以有效进行。如表 3-4 的调查内容所示，ZZ 镇有 66.2% 的村民认为管理养护制度缺乏效力，没有发挥应有作用，制度执行有待加强。这说明，与筹资筹劳制度、督促检查制度以及信息公开制度相比，管理养护制度效用发挥得不明显，村民很难感受到管理养护制度的存在。走访中也发现，部分村民健身器材或使用频率较少的公共设施虽明确了管护要求以及管护责任人，但几乎没有人按照管护要求进行日常维护，管护责任人也形同虚设，使得设施老化严重。部分村的公共设施只有在出现大面积损坏，或者上级领导调研、验收相关设施时，村委会才会将那些损坏严重的设施找专人进行临时性维修，公共设施管护并未形成规范化、专业化且操作性强的保障制度。

表 3-4　苏南二镇村级公益活动有关制度效力缺失情况

单位：%

调查地点	筹资筹劳制度	督促检查制度	信息公开制度	管理养护制度
ZZ 镇	7.1	19.9	6.8	66.2
QD 镇	6.5	14.7	11.4	67.4

数据来源：根据调研材料整理。

其次，村民对公共设施管护意愿薄弱。调研发现（见表 3-5），村级公共设施无人管护是绝大多数村民最担心的问题，说明村民有管护意识，而且比较强烈。走访中也发现，许多村民都能够指出本村公共设施存在的问题，并强调后期管护的重要性。而村民管护参与意愿相比管护意识相差甚远，愿意参与设施后期管护的村民仅占 19.6%，可见村民对公共设施管护更多停留在认知层面，而缺乏参与的主动性和积极性。调查发现，当前乡镇农村的居住人口以老年人和外来务工人员为主。外来务工人员作为外来人口，一般在村内打工或者在当地做生意，他们对自己所住的村庄没有归属感和责任感，大多对村内事务不关心，管护意识和参与管护的意愿自然都比较薄弱；对于老人而言，由于在村内居住时间都比较长，对村内事务都很了解，对村内公共事业建设也比较关心，对村内公共设施损坏却得不到管护的问题认识比较到位，但由于身体素质的限制，老年人认为公共设施的后期管护应该是村委会和政府的责任，村民在设施管护过程中最多发挥监督作用。由此可见，虽然苏南二镇村级公共设施建设发展比较快，但设施后期管护问题还比较突出，村民的思想观念还并未改变，不愿参与到设施管护当中。

表 3 - 5　苏南二镇村民对于公共设施建设最担心的问题

单位：%

调查地点	资金被挪用	自家不能受益	其他村民没投入	建成后没人管
ZZ 镇	10.8	6.2	7.2	75.8
QD 镇	19.6	2.4	4.2	73.8

数据来源：根据调研材料整理。

再次，村民不愿承担管护责任。现阶段，村民们普遍持有"谁建设，谁管护"的观点，认为村内公共设施管护责任在于基层政府及村委会，管护主体是村集体，村民自身无须承担管护责任。ZZ 和 QD 二镇的调查数据显示（如表 3 - 6 所示），不到 1/10 的村民认为设施管护责任主体是村民，其余认为政府和村集体在村级公共设施管护问题上承担主要责任。而事实上，正如调查数据所显示的一样，公共设施的管护责任主体一般是政府和村集体，甚至少部分公共设施没有管护责任主体，出现无人管护的现象。而政府和村集体一般受限于资金、技术、人员等因素，再加上公共设施范围广、种类多的特点，政府和村集体难以完全解决设施后期管护的所有问题。另外，由调查数据得知，村民作为村内公共设施建设的主要参与者和投资者，参与设施管护的意愿十分薄弱，愿意参与设施后期管护的村民仅占 19.6%，农村公共设施管护责任主体单一且缺乏的问题直接影响了多支力量所能形成的管护合力。

表 3 - 6 苏南二镇村级公共设施管护主体调查

单位：%

调查地点	政府	村集体	村民	其他
ZZ 镇	39.4	52.6	1.9	6.1
QD 镇	45.6	44.8	2.9	6.7

数据来源：根据调研材料整理。

最后，技术性管护队伍不足，部分项目管护缺位。技术性管理维护队伍即针对本村已建成的公共设施定期进行日常管理维护的专业技术队伍，能够保障设施的正常运行，提高其使用效率。目前，道路卫生服务队和老年人活动中心管护队成为乡镇公共设施管护队伍的主要力量，但只能对村内道路河流环境、卫生设施以及老年人活动中心的日常卫生和相关设施进行日常管护，管护内容和范围十分有限，管护的标准和层次也比较低。此外，由于一些地方无力支付设施管护工作产生的费用报酬，再加上本村可以组建管护队伍的劳动力大量向发达地区流失，农村缺钱缺人的尴尬局面使得农村的管护工作只能由留守在家的中老年人负责，这就造成了管护人员素质不高、队伍不稳定的局面。另外，村级公共设施涵盖的种类非常多，涉及范围广泛，其中一些设施对管护的要求也比较高，需要不同的专业管护队伍进行管护。调查中发现，农用基础设施、绿化照明设施和农村阅览室等专业性较强或平时很少使用的设施缺乏相应的管护队伍及周期性的管护措施。一些项目管护缺位，加快了农村公共设施受损速度，也降低了其使用效益，使本就缺乏的农村公共资源更难以有效发挥其服务功能。

3.3.2 村级公益事业建设集体行动困境的缘由

3.3.2.1 "一事一议"制度认识不到位、组织主体虚化且缺乏有效监管

第一，基层干部和群众对"一事一议"制度的认识不到位，甚至部分

村民对其认知两极分化。有的村民提出，"一事一议"制度无非要求农民出钱的借口之一，所筹的钱只是上交村委，具体如何使用就和村民无关；有的村民认为，"一事一议"制度实则是为了减轻村民负担，服务于村民的公共设施需求，理应支持和配合制度的实施；有的村民认为，村委会没必要通过村民代表大会或村民大会等程序征集意见，可以直接越过他们申请项目；等等。可见村民们对"一事一议"制度有着截然不同的认知。公共选择理论认为，作为公共产品，村级公共设施很难将拒绝筹资的村民排除在受益范围之外，即使可以实现公共设施的排他性，因此产生的高昂成本和费用也将加大公共设施实现排他性的难度。农村公共设施建设的投入资金本就有限，乡镇或村委一级面对高昂代价的排他性费用只能选择忽视，因此就容易导致"搭便车"行为的产生。与农村公益事业建设现状结合分析，拒绝为"一事一议"筹资的农民也可以不花任何费用享受其他村民筹资建设的公共设施，而且没有具备约束力的方式拒绝这种"搭便车"的村民。这极可能因此削弱其他村民个体对村内公益事业建设的参与热情与筹资动力。"一事一议"制度明确了议事内涵、对象和范围等内在要求，至于如何保障制度执行的权威性并无涉及，这在无形中逃避了村级公共产品供给中的"搭便车"问题。

第二，"一事一议"制度的组织主体虚化乏力。从我国现行农村管理体制设置和农村基层组织的职能上看，农民在全国范围内和其他阶层比较起来仍处于弱势地位，村委会等权威的群众性自治组织是"一事一议"制度执行的主要组织者，承担着建设村级公益事业、促进农村和谐发展的重要责任。然而，农村税费征收的取缔直接减少了之前村委与村民之间"收粮收款"的交往频率，村级组织与村民的关系日益生疏，再加上城镇化进程中越来越多的村民前往大城市就业，逢年过节才可能回一次家，村级组织与这些村民的交流愈发困难。农村税改前村级组织与村民之间的"利益纽带"被动割裂，村民生活氛围逐渐从追求平均分配的大家庭向追求个人收入的小家庭过渡，集体经济背景下联系紧密的乡村生活逐渐瓦解成原子化的农户家庭，从人民公社时期继承的大队、小组等组织形式名存实亡，队长、组长与队内、组内成员沟通变少、关系疏远，从村级组织对大队、小组，到大队、小组对农户成员的领导力和号召力逐层下降。一方面表现为村委会表达功能的弱化。在我国现行体制下，村委会在群众自治中扮演的角色逐渐发生了质变，由乡镇政府直接领导的村委会成为乡镇政府管理农村事务的执行机构，基层地方政府及党组织对村级事务干预严重。村委会忙于应付上级政府指派的各种检查性任务，对于村务上传下达的角色定位，更倾向于对上负责，而非向下交往。另一方面表现为我国农民组织的缺乏。农户多是以独立个体的形式分散化地参与公共事务，难以高效、有组织地表达自身立场和意见。加上体制限制，现有的农民自组织也游离在"合法"与"非法"之间，地位尴尬，无法有效发挥表达作用，消解了村民需求的有效传递。据调查，苏南二镇村内并未形成类似于"农协""农会"这样的农民自发组织，村内小组和基层政府组织的其他形式组织是村内平时协商讨论参与最多的组织。村民有表达意愿却缺乏表达能力，有表达能力却缺乏组织主体，有村委会等组织主体但组织能力受限。

第三，"一事一议"制度执行缺乏有效监管机制。"一事一议"制度涉及土地的使用、工程的承包、项目的招标等重大事项，需要相应的配套制度予以保障。调研发现，有些地区的"一事一议"配套制度并不完善，项目投标或工程承包都没有经过必要程序，而是由乡村干部自主决定，难以保障公共设施建设的质量；有些农村对于筹得的资金缺少专业管理，出纳核算等手续并不规范，资金专款专用情况不乐观；"一事一议"政策执行过程模糊，项目预决算不公开透明，导致村民对自己交纳的公共设施建设资金无从监督。而且"一事一议"制度涉及的内容、范围比较广泛，程序多而繁杂，相关监管部门面对较为复杂的监管事务缺乏认真审核、仔细把关的监管意识，对于"一事一议"实施中存在的不合规行为、超范围操作等问题持"睁一眼闭一眼"的消极态度。凡是满足村民日常生产生活需要的设施建设，如果村民没有意见或没有上访投诉，一些监管部门就会"多一事不如少一事"地不予以制止和纠正，放松了对农村公共基础设施等项目实施状况的监督检查。

3.3.2.2　村民缺乏表达利益诉求的意识、动力和有效渠道

千百年来，在小农经济、封建文化束缚下的我国农民在自我利益表达上习惯性沉默。遵从、依顺的观念根深蒂固地根植在我国大部分农民的头脑中，直至今日也没能完全扭转，导致当下农民参与决策、表达利益的意识还很薄弱，多数情况下仍扮演"沉默者"角色。我国长期的"官本位"

思想破坏了社会民主政治的发展环境和生长土壤，也严重挫伤了农民话语权的表达。作为利益分配格局中的弱势群体，农民能够获得的政治经济资源十分缺乏。可用资源少与信息不对称加重了村民需求表达的无力感，"不表达、少表达、表达无用"的悲观想法主导了村民对农村事务公众参与的认知。

村民表达自身公共产品需求的积极性存在差异。一方面，基于村民是理性"经济人"的假设，面对所建设的公共设施与村民自身利益密切相关而又不希望承担过多成本时，村民便有了低报需求的动机。① 当调研小组问及对村级公益事业中具体某一建设项目需求的看法时，村民表现为要么完全迎合他人或者村集体的要求；要么回避问题，不及时表露需求，呈观望状态。正是这样的个体"理性"行为导致了集体行动的困境，此时若按照这种情况下村民表达的需求偏好来提供公共产品，其结果可想而知。另一方面，村民受自身阅历、学识等素质能力限制而不能表达公共需求。虽然村民希望真实表达自己的利益诉求，但由于自身的文化素质不高，且缺乏表达的经验和优势，村民在表达需求时能产生的效果并不明显。在苏南二镇三村受访的300多名村民中，高中及以上学历的村民有61位，仅占受访对象的20%。受自身文化素质的限制，村民在表达自己的诉求或是反映自己对某一公共产品不满的时候，无法就公共产品是不是自己需要、价格是否公正、质量是否上乘、数量是否足够、供给方式是否科学等问题提出比较明晰的看法和见解。尤其是在类似龙降桥村、齐心村这种以老年人和儿童居多的乡村，大量中青年务工村民外地工作造成农村"精英"的外流，留守村民无法做出比较有效的需求表达。

第三，村民缺乏表达利益诉求的有效渠道。遵循法律法规以民主决策形式表达村民公共需求的制度化途径是当前村民追求公共利益的主要渠道。现阶段各村实行村民小组的互助形式，每个村落根据区域分为若干小组，村民民主选举组长，共同解决生产生活问题，但同时这也将村民需求表达局限在了小组范围之内。当村民们被问及"以什么途径反映自己的需求和问题"时，半数的村民选择了找组长，选择参与村民大会和村民代表

---

① 闵琪：《从公共品需求到公共品供需均衡：理论与现实》，经济科学出版社，2011，第9～11页。

大会的村民较少，选择直接找乡镇政府和借助媒体反映需求和问题的村民更是少之甚少，选择其他途径表达自己的想法与观点的途径甚是缺乏。此外，当上述这些正常表达渠道缺乏或者受阻时，村民可能会依靠自身力量或是合力形成组织，选择采取上访甚至是群体闹事等非正常手段来维护自我利益这一非制度化渠道。由于政府部门对于村民公共需求的处理或协调不到位，村民即使有可以选择的表达途径，但碍于表达效果一般，渐渐地也会放弃这种表达方式。此外，受到传统的政府强制性供给惯性作用的影响，政府部门在供给过程中偏向于追求绩效最大化，而当村民参与到决策的过程中，需求层次化与差异化会加大最终决策的难度，提高决策的成本，因而政府一般更倾向于通过政策文件、通知指令的方式规定农村公共产品供给的相关要求或标准，而把村民排除在决策系统之外。

3.3.2.3　社会资源动员不足，筹资渠道单一

村集体经济收入、财政投入、村民筹资、社会资本四个方面构成了农村公益事业建设资金的主要来源。农村税费改革加剧了农村基层机构运转及公共事务处理成本增加与基层收入锐减之间的矛盾，面对有限的政府财政投入，乡镇、村不得不另辟蹊径，通过向银行等金融机构借债或融资的方式获取资金支持。此外，由于各部门公益事业建设资金条块分割，资金分配缺乏具体的规划和标准，导致不同村组出现资金不足或盈余的情况。乡镇财政只能极力通过争取项目获取扶持资金以发展村级公益事业，然而国家推行的进村项目申请审批门槛高，村集体经济实力或村庄既有的配套资金是承接项目的潜在条件。弱势村庄或基础条件差、集体债务压力较大的村庄难以成为项目争夺的有力参赛者，集体经济富裕的农村可以调动村庄各种资源，吸引更多的财政转移支付，但弱势农村企图利用项目获得更多财政收入的想法难以成功实践，最终财政投入对于发展农村社会事业和公益事业的支撑作用始终有限。

村级公益事业建设资金不足的另一层缘由在于村民与村集体薄弱的自筹能力。亚里士多德曾指出，公共事务背后隐藏的公共利益，尽管与大多数人的利益紧密关联，但人们对它的关注远远小于自己所有的事物。正如调研村镇的相关人员介绍说，农村公益事业建设面临着众口难调的问题，村民议事项目即使在村民代表会议上大部分人同意通过了，但没有投赞成

票的一些村民，往往寻找各种理由推挡阻碍筹资进程，他们认为"谁同意谁掏腰包"。只要一户不交就会产生连带反应，其他农户也会纷纷拒绝筹资。农村公益事业具有公共产品的非排他性和非竞争性特征，虽然"一事一议"依靠受益群众互相信任、互相监督和限制收益形成了一定约束力，但对受益群体中的"搭便车"行为很难发挥约束力，再者将不筹资筹劳村民排除在收益范围之外产生的相应成本需要村民个人负担，在削弱了受益村民监督积极性的同时，间接加大了村民出资出劳的难度。当前我国大部分农村经济发展比较落后，村集体经济收入缺乏有效增长点，农村经济收入来源少总量小，导致村集体经济在乡村公益事业建设支出上相当于斗升之水，只发挥了较为有限的作用。

社会资本捐赠是推动村级公益事业建设、缓解资金投入困境的重要方式之一。由于政策宣传效果不突出及捐赠机制不完善，社会资本对村级公益事业的建设投入不具备稳定性和持续性。面对中央部委专项资金牵头、省区市财政支持、村集体与村民自筹的组合集资方式，有必要施展出社会投资在乡村公益事业发展中的补充作用，与常规筹资方式一起集中资金从而推动乡村公益事业规模化建设。然而，由于政策宣传意识的缺位和宣传手段的低效，乡村公益事业建设的宣传对象和范围仅局限于系统内部和村级基层，忽略了市场及其他社会主体的资源调配能力，使得相关社会主体对乡村公益事业的发展内涵及意义知之甚少，也缺乏发挥自身经济优势和组织动员能力以及置身于乡村公益事业发展的社会责任感。在捐赠激励机制方面，村级组织对外界社会主体的捐资赞助诱导力度不足，缺乏完善的捐赠渠道和资金管理办法，相关配套优惠政策不到位，社会捐赠资金使用的公开度和透明度未知，未形成良好的社会捐赠氛围。

3.3.2.4 公共设施产权不清、管护意识落后且管护资金不足

第一，农村公共设施产权不清。村级公共设施管护是以明确产权为前提的，产权的明晰意味着责任的确定，是判断设施管护主体的重要依据。目前明确村级公共设施管护责任主体的主要依据是村级公共设施的产权归属，农村公共设施的模糊产权已然是设施管护缺位的主要原因，严重影响部分设施的后续管护。调查中得知，苏南二镇少部分公共设施存在产权模糊问题，其原因主要归结于历史遗留问题。此外，另一个原因则是产权主

体和管护责任主体不统一，村内公共设施建成后管护责任层层下放，使国家或基层政府对所属公共设施管护脱节，很难做好设施后期管护工作。

目前，我国村级公共设施产权归属主要有国家、政府、村集体（村委会）和专业合作社等。调研发现，农村现有的部分公共设施产权归属问题严重，或者设施产权不清晰，或者设施不存在产权一说。究其原因，有以下两点。其一，公共设施建设用地性质不同，由此产生的设施产权模糊问题。村民土地所有权或使用权的变化影响着基层政府对村民的补偿手续和对设施的产权确认。其二，公共设施产权层层下放，由此产生的设施产权空置问题。农村申请建设的公益事业项目是服务于村民的，村民作为受益对象，公共设施的产权归属一般以村社为单位，默认为村集体所有。然而在实际操作中，对于国家建成的村级公共设施，产权一般会层层下放，其中可能会出现产权下放不彻底等情况导致产权为多级政府共同所有。产权的共同所有在一定程度上反而容易导致集体产权的空置问题。

第二，农村公共设施重建设轻管理。一些基层领导干部在部署农村公益事业建设时，更倾向于可量化且短期见效的公共设施。主要表现为对项目建设过分重视，一味追求项目数量，热衷于拉项目、跑资金、搞建设。调研中发现，在苏南二镇村级公共设施整体建设过程中，为树立典型、推广经验，会重点发展部分村社，被发展的重点村社会集中力量进行设施的规划与建设。调研发现，部分地区基层干部热衷于农村基础设施建设，对后期的设施维护问题并不重视且缺乏长远规划。此外，部分干部和群众对项目管护的重要性认识也存在偏差，认为设施管护能做多少是多少，没有硬性规定，不需要树立典型、推广经验，存在比较严重的"等、靠、要"思想。

农村公共设施重建设轻管理的认知严重阻碍了设施后期管护工作的开展。一方面，村级公共设施建设存在的供需不平衡问题直接影响了公共资源的有效配置，削弱了村民参与设施管护的主动性和积极性，使得基层政府和村民之间的公共设施供需矛盾成为一种恶性循环，不利于设施管护的长效发展。另一方面，政府、村集体为加快落实村级公益项目所制定的管护措施、管护途径和管护制度等在设施规划建设过程中，往往流于形式，并没有真正纳入设施建设过程中系统考虑，管护办法等仅成为项目申请、项目建设的书面材料而已，不能起到实际的管护作用。总的来说，重建轻管意识影响着公共设施管护的每一个环节，成为设施后期管护的一大障碍。

第三，农村公共设施管护资金难以保障。从苏南二镇的调查中我们得知，ZZ 和 QD 两镇都在管护资金的筹集上有所探索，以缓解后期管护资金压力。但从两镇筹资渠道来看，其中两种筹资方式不够稳定：其一，按一定比例从村集体每年的实际收入中提取一部分用于设施管护；其二，利用社会捐赠的方式，由村级企业向村集体捐赠数额不等的公益事业建设资金，村集体则从中预留一部分资金用于设施后期管护。这两种方式受村集体和村企业收入状况影响很大，不能作为管护资金来源的有力保障。缺乏可持续注入的管护资金成为制约管理和维护乡村公共设施的主要根源。由于"新农村建设""美丽乡村建设"等政策导向，各地方政府和村集体把大量资金投入到设施建设当中，财政资金压力巨大，部分基层政府和村社甚至出现举债建设的情况，难以安排足额的后期管护资金。同时，在国家政策的明令禁止下，基层政府和农村不能违法违规乱立名目向农民收费，也不能随意向银行等金融机构借债或融资以发展农村公益事业。再加上经济结构转型，乡镇企业逐渐消亡，乡镇内部经济实力的下降和外部筹资渠道的限制导致村级公益事业建设经费出现巨大缺口。此外，企业家、金融机构等其他社会主体的自愿性捐赠带有不确定性和不可持续性，并不能稳定支撑农村公共设施的管护费用，农村公共设施后期管护资金的持续注入和有效保障依旧是一大难题。

3.4　化解村级公益事业建设集体行动困境的关键策略

3.4.1　改善"一事一议"制度设计，塑造良好的集体行动环境

3.4.1.1　完善财政奖补机制，提升"一事一议"制度适用性

"一事一议"财政奖补政策是利国利民的政策，是应对农村税改的一项重大制度创新，可以弥补长期以来支农政策的盲点，完善国家支农惠农政策体系。因此，一方面要明确界定财政奖补的范围，与现有支农惠农项

目实施政策配套衔接，防止少补漏补多补。另一方面，要尊重村民意愿，建什么项目、筹多少钱、出多少工都交给村民决策，做到向村民筹资筹劳量力而行。为了提升"一事一议"制度的适用性，实施财政奖补工作应注重奖补标准的差异性、程序的规范性、验收的严格性、资金到位的及时性。奖补原则应坚持民主参与、协商决策、筹补结合、直接受益、注重实效、规范管理和阳光操作，引导村民勤于善于并乐于参与乡村公益事业和社会事业建设。各地区开展党群议事会或村民大会等探讨乡村公益事业建设时，理应明确村民出资出劳的项目内容和奖补范围。对于那些企图超额筹资和举债筹资以申请财政转移支付的村级公共设施项目，理应不予奖补。帮助村民清楚划分议事内涵、对象、要求和规范以达成村民在村级公共设施建设方面的一致性，凝聚村民、镇村企业、村集体和基层政府等多方力量，形成乡村公益事业和社会事业的发展合力。

3.4.1.2　创建农村内部利益关联，强化村级组织在集体行动中的引擎职能

村级公益事业建设"一事一议"制度的创新是自人民公社撤销后再次将农村社会的每个成员、每家农户重新联结起来的集体行动，从人民公社时期的生产队、生产大队等，发展到现在的村委会等农村各类组织，作为指导村民生产生活和组织农村发展的重要桥梁及中坚力量，村级组织理应承担动员和调配乡村资源的"发动机"职能。首先，村委会应尽力了解村民对乡村建设、治理和发展的诉求和建议，在村级公益事业建设中，村委会要遵循民主决策、项目公开、管理规范和监督严格的原则，引导乡村公益事业发展朝着民主、透明、规范的方向前进。同时借助基层村级组织和乡村志愿服务团队的力量，利用村组会议、党群大会等制度化议事方式，宣传农村公益事业建设的必要性和重要性，使之与村民的实际需求紧密契合，引导村民认识到相关公共设施建设对其利益的满足，围绕村民所关心的公共设施难点和热点问题及时做出回应，增强村级组织在公共设施建设的政策宣传、业务引导、需求整合、意见反馈、质量监管和后期管护方面的组织实施能力，发挥村级组织在激发村民积极参与农村公益事业建设上的先驱作用和潜在实力。其次，培育和引导村民经济合作以发挥其在创造农村内部利益纽带中的联结作用。破解集体行动困境的关键要素在于制度

设计的科学合理性，那么农村内部利益关联则是推动集体行动的有效动力。在强政府、弱社会的传统权威型管理方式下，我国村民经济合作组织表现出"先天不足、后天畸形"的发展状态，因此要提升农村市场化程度，促使各种生产要素在农村的自由流动，为农村经济合作组织营造健康成长的外部市场环境，利用村民经济合作的市场化加强村民之间的利益关联，强化村民合作组织在本村公益事业建设中的引擎作用，不仅有利于推动"一事一议"奖补工作的开展，更有助于提升村民的公共事务组织化参与程度。

3.4.1.3 加强管制督促，规范有序开展"一事一议"

税费改革致力于降低村民生活压力，"一事一议"制度作为农村税费改革后保障农村公益事业建设的配套措施，要防止村民沉重负担反弹，避免制度执行问题对村民投身于农村公益事业积极性的打击，相关主管部门应当加强对乡村"一事一议"奖补工作开展的管制和督促力度。一是事前加强审核监督。"一事一议"奖补政策明确了奖补内容、原则和范围，筹资筹劳也规定了筹资标准、筹劳对象和工时、议事程序等，乡村发展的主管单位和监管部门应根据上述规定，做到事前认真审查并强化监管。二是事中加强民主监督。"一事一议"筹资筹劳制度有其议事前提，只有村民需求强烈或者直接作用于村民的事项才能进入议事程序，村民在村级公共设施建设中既是项目发起人，也是项目建设的参与者和监督者。村民有权利也有责任对筹资筹劳的进度、使用情况、报账核销等进行监督，以便本村公共设施建设的顺利开展。三是事后加强验收检查监督。事后的验收检查一般是项目建设完成后的必要程序，村委会、乡镇农经站和县审计局等责任单位应该围绕设施建设质量，资金、劳务使用情况等进行项目成果验收，及时发现"一事一议"实践过程中存在的现实问题和潜在问题并抓好整改工作。

3.4.2 构建互通有效的需求表达机制，激发集体行动动力

3.4.2.1 提升表达能力，增强公众参与责任意识

奥尔森从理性的经济人假设入手，推演出集体行动的逻辑，认为"与

其维护公共利益或共同利益，人们更倾向于追求自我权益"。同理，如果不能将未付出成本就直接享受公共利益的人排除在外，那么集体中为实现公共利益付出相应成本的个体就会失去为公共利益考虑的动力，也会选择做一个"搭便车"者。[①] 村民在"一事一议"奖补政策参与中的"不表达""少表达"的"沉默者"现象折射出村民们的"搭便车"行为甚至不合作行为。为了激发村民在村级公益事业建设中的主动性和积极性，一方面可以进一步推进农村教育，在提升村民教育水平的同时，引导村民摒弃传统落后的思想观念，逐步引导形成全民积极参与新农村建设、"同建同享"的政治文化观念，另一方面，可以加强村庄与村民（尤其是长期外出务工村民）的联系，使村民及时有效地了解村级公益事业建设的决策、进度和成果，增强村民对村集体的归属感和认同感，提升村民置身于乡村公共基础设施建设的凝聚力和向心力，使村民能够积极表达自身需求、自动自发参与村内公共设施和服务的建设。

3.4.2.2　构建表达机制，激发农民诉求表达动力

乡村社会正处于从传统型社会向现代化社会发展的进程之中，村民多层次、复杂化和特殊化的公共需求，既是广大村民民主意识和权利意识增强的现实反映，也表现出长期以来农村社会由政府向基层农村实行单向性质供给模式与新时期村民需求的不适应性，农村公共产品的供给成为基层政府追求政绩和实现社会效益两相博弈的妥协性成果。鉴于基层政权的目标函数与村民目标函数总有出入，构建反映村民真实需求的表达机制至关重要。一方面发挥村委会、村民大会、村民代表大会等传统型群众自治组织的自我管理作用，另一方面可以创新信息发布和收集模式。利用微信、QQ 等更符合时下信息阅读和传播的新媒体渠道，收集村民对本村公益事业建设的需求、意见和评价，并分类整合信息予以反馈。通过村委会等传统型线下信息收集方式与微信等新时代线上信息整合方式的结合，形成村级公共设施建设信息的两条线双向交流。如果当着村委会或村民大会"不好意思"直接将内心想法表露，那利用信息化手段"隔着屏幕"交流，你一言我一语，方便看到村民们对公益事业建设的所有想法，也有益于激发

---

① Hardin, G., "The Tragedy of the Commons", *Science*, vol. 162, 1968, p. 1244.

村民表达公共诉求的动力。

3.4.2.3 打破渠道阻塞，引导组织发展

多数村民面对公共产品供给错位的问题选择沉默，这种沉默不仅涉及表达方式，还涉及表达主体。表达主体即"谁来表达"的问题，村民是理所当然的第一表达主体，但城镇化发展下村民大多以独立分散的个体形式存在，意见表达的反馈效果极其一般。在这种情况下，农村社会化组织对乡村公共事务的意见表达、进度追踪和成果反馈的效果及其对村委、基层政府施加的压力等远远超过农户个人。这些农村社会化组织作为农民和政府交往的重要桥梁，能够有效整合村民分散的需求信息并且通过组织化、规范化的形式将村民需求纳入基层政府决策，收集整合并集中放大村民的声音以增强村民的发声权和话语权。我国目前鲜有村民自发形成的合法组织存在，政府应当积极引导、政策鼓励我国村民组织的建立完善。首先应健全我国村民组织成立的法律制度，使之具备合法性，能够合法合理地行使组织权力；其次，在法制保障的基础上积极培育群众性自治组织或团队的生长土壤，引导与当前农村经济社会结构相适应的社会化组织团体融入广大村民群体中，发挥村民与政府之间就农村公共设施建设需求沟通的代言人作用。村民经济合作组织和志愿性服务组织在一定程度上可以帮助村委会等村级组织发挥村务治理的辅助作用，加深村民与村集体之间的利益与情感联结，为村级组织和基层政府扫除与村民沟通障碍提供可能和便利。

3.4.3 构建多元主体投入体系，充分动员社会资源

3.4.3.1 逐步提高财政奖补标准，增加财政投入总量

农村公共产品供给的主要来源之一是国家财政转移支付，包括中央对地方财政的补助支出和支农惠农等专项资金支出。乡村公益事业财政奖补标准的提高有赖于国家对财政投入总额进行有计划、有步骤的扩大，对经济发展水平不同地区因地制宜地给予弹性化和梯度性的奖补标准，进一步强化财政资金在农村基础设施建设中的主体地位，增强国家财政资金在乡村社会发展中的灵活性和高效使用率。各地区应灵活地将"普惠制"与

"特惠制"联系起来，以各地经济水平、村集体实力和村民人均可支配收入水平为依据，制定奖补资金配套比例，将财政投入向经济落后地区倾斜，特别是地理条件不占优势、产业发展缓慢的区域。同时利用进村项目实现政府转移支付的政策应着手改变村集体经济实力强劲者多得多受益，贫穷村庄因达不到申请门槛少受益或不受益的扭曲逻辑，理应遵循需者多得这一扶贫助优的价值取向，针对不同区域项目供给采取不同政策要求或差异化的申请门槛，避免经济落后地区难以申请支农项目，进而因缺乏配套扶持资金导致乡村基础设施落后，最终形成贫穷地区与基础设施建设落后之间的恶性循环。

3.4.3.2　灵活调整筹资上限，提升村民投入能力

各地政府部门首先应按照地理条件、人力资源、经济发展水平等影响基础设施建设成本的因素进行比较详细的分类，对所划分区域实施差异化浮动的筹资上限以匹配各区域的经济发展状况和当地公众对公益事业的需求层次。在投劳折资的设定上，依据当地劳动力资源的具体价格，科学设置合理的投劳折资比例，以加强村民自身在财政奖补政策上的投入能力。对劳动力资源不足的地区，基层组织要及时足额完成村民的筹资筹劳工作，按规定流程做好招标工作来雇用其他地区劳动力和专业施工组织，以确保设施建设的质量和速度。对于经济发展较慢但劳动力资源较多的区域要最大限度发挥其劳动力优势，尽量雇用本地劳动力，在帮助村民创收的同时起到宣传"一事一议"奖补政策对乡村公共设施建设的积极效应这一作用。相比村委会发传单、开大会等村民被动接受政策的方式，利用村民对乡村公共基础设施建设的切身参与，后者的政策宣传效果显然更好。此外，为了克服村民在筹资筹劳过程中的机会主义和逃避义务的问题，各地区可以探索相应的"选择性激励"机制，以村民小组或大队为单位，针对每次的村民公共活动，采取累计加分的方式，村委年终总结时，对累计加分靠前的几个村民小组或大队，采取有形物品奖励这一正向的激励方式。对于不承担集体行动成本或消极怠慢、不行为者，采取消极的选择性激励，通过村委宣传栏或村组微信群等方式合理客观地予以公布，让其承受农村社区舆论压力和偏离群体规范的心理惩罚，最终实现引导并激励村民关注并加入乡村公益事业建设合作行为的目标。

3.4.3.3 发展集体经济，壮大集体经济投入实力

农村集体经济的发展壮大是村级组织正常运转和农村公益事业发展的重要前提，各村集体应把自身优势和上级相关政策结合起来作为切入点，持续创新优化以发掘多个经济增长点，以点带面地促进集体经济快速发展。首先，各村级组织应找准定位，根据当地独特优势，给兴办特色产品加工企业和特色旅游等服务业的引进企业、当地村民以优惠帮扶政策，鼓励村民和村集体一道壮大经济实力。其次，各地基层政府应主动和各类企业加强沟通交流，积极构建本土产业基地以吸引更多投资者。可以与企业建立产期生产销售合同，形成生产与销售一体的产业链。再次，要积极与类似条件的地区加强交流与学习，可以大胆创新引进其他地区的先进发展模式，引导村民积极参与和配合，以促进传统生产方式向密集型和现代农业转变，使村集体经济增长实现高质高效、环保和可持续。最后，以村集体经济的发展催生各种农业合作社和农产品协会等农村经济合作团队，以此为载体推动村集体经济发展的组织化，同时推动村集体经济公益事业投入能力。

3.4.3.4 完善捐赠投入机制，激发社会资本投入活力

捐赠投入机制的完善是形成稳定投入来源的保障，因此需要不断完善社会主体捐赠赞助相关机制，疏通社会投资渠道，调配社会资源，给其他社会主体创造公开透明的投资赞助环境以吸引更多外界投入。首先，各级政府要积极向当地以外的个人或组织做好宣传工作，加强其对政策的关注和了解程度，使其知晓政策实施的重大意义。其次，鼓励社会主体以多种方式参与到村级公益事业中来。为吸引外界主体参与，各地政府要积极创建捐赠通道，结合当地需要创新多种捐赠途径，结合各类优惠政策来吸引企业以技术、资金、人才等方式入股农村基础设施建设。最后，应不断完善所捐赠财物的监管机制。受赠主体应及时公开捐赠财物的详细使用去向、使用进度和阶段审计，努力营造社会资本公开透明的支出环境，激发社会对乡村公益事业建设更多的投资活力。相关部门要积极构建和完善全程多元监管机制，赋予农户、社会团体质询权，对财政奖补资金、村民与村集体筹资以及社会资本捐赠实行"报账制"监管，确保所捐财物的使用

高效合理和所筹资金出纳数据的真实可靠，无弄虚作假现象。

3.4.4　改进并调整管护机制，建立村级公共设施管护的长效机制

3.4.4.1　明晰产权责任主体，创新多元管护机制

村级公共设施的产权归属问题是造成设施管护缺位的根源，农村公共设施管护责任的落实依赖于设施所有权的明确，公共设施的有效管护关乎着村民从这些公共基础设施中获得的长期效益。针对部分公共设施主体不明确或主体单一的问题，应做好以下几点。

首先，对于由土地纠纷、历史遗留等原因造成的公共设施产权模糊问题，有关部门应尽快通过相关法律法规或民主协商的方式，厘清产权纠纷，完善相关手续，妥善解决土地纠纷、历史遗留等问题，使公共设施产权明晰。其次，有针对性地对农村公共设施开展专业化、多元化和阶段性的管护活动，积极动员村民、企业等社会力量参与到村级公共设施管护中，以扩大设施管护的责任主体，使村级公共设施呈现多中心管护的局面，以便更好地管理和维护村级公共设施。针对管护频率较低或者专业性较弱的公共设施，可以整合村内资源，成立村民志愿管护组织，主要着眼于卫生保洁、设施看管等层次较低的管护项目，对于每次紧急管护，村委会可对组织成员给予部分经济、物质或精神奖励，以进一步提升村民参与管护的意愿。经济基础扎实、管护需求广泛的村庄在组织村民建立普通管护队伍的同时，针对管护频率较高或者专业性较强的公共设施，可以通过村与村之间的共建共享，成立跨村的专业管护团队，负责解决设施管护中出现的专业技术问题，其管护范围和管护内容作为普通管护队伍的有力补充，将在村级公共设施的后期管护中起到重要作用。村与村之间关于管护团队的共建共享模式平衡了管护资金压力与专业管护需求的关系，是一种高效率的管护模式。最后，在创新多元管护机制的同时，有效整合村级公共设施管护的多元主体，充分利用不同管护主体的不同特点，让多元主体协同进行设施管护，使得每个管护主体都能最大效率地发挥其作用，做到各司其职、各尽其用，把设施管护效率最大化。

3.4.4.2 摒弃重建轻管观念，提升村民管护意愿

重建轻管一直是困扰村级公共设施管护问题的思想根源，如何转变重建轻管的观念成为突破村级公共设施管护困境的关键。为此，各级政府改变以往观念，采取有效措施，强化管建并重意识，不仅要使领导干部重视设施管护问题，也要使村民认识到设施管护的重要性，切实增强村民的管护意愿。为此，应做好以下两个方面。

一方面，成立领导小组制定实施绩效考核办法，定期考核村级公共设施管护相关部门、相关人员的绩效。绩效考核的初衷在于纠正过去基层政府设施建设只重视眼前短期利益，而忽视长远效益的错误认知，引导基层政府和村委会等村级组织在组织实施公共设施建设活动时，同等重视设施规划、建设与管护。此外，在制定绩效考核方式时要注意量化评估与定性评估相结合的方式，既要利用可量化指标评价农村公共设施管护现状，又要通过村民问卷或访谈等方式全面了解村民对本村公共设施建设的满意度和意见，避免基层政府或村委会等村级组织为了应付评估而应付式地解决设施管护问题。另一方面，注重"源头预防"，尽力从设施损坏源头上着手以降低设施破损概率。采取多种措施和方式引导村民自觉维护村级公共设施，只有村民自发地由内而外地科学使用公共设施，才能将公共资源的效益发挥到最大。村民是村级公共设施建成的受益者，也是设施建设的投资者，若要把村民贡献的劳力或资金转化为最大收益，关键在于帮助村民充分认识公共设施建设效益最大化和投资最少化之间的利害关系，这更利于引导村民主动参与村级公共设施管护活动。

3.4.4.3 壮大农村集体经济，保障管护资金来源

保障管护资金来源是确保村级公共设施持续发挥作用的关键，[1] 农村集体经济作为农村公共设施建设的内生型资源则是设施管护资金的稳定性来源。基层政府孱弱的财政实力使得乡村政权组织无法良好运转，基层政府和村级组织提供的村级公共设施管护资金并不充足。因此，做大村集体经济这块"蛋糕"，需要村集体挖掘本村优势资源或者承接上级县市的产

---

① 梁昊：《一事一议财政奖补项目后续管护机制研究》，《财政研究》2013 年第 6 期。

业转移，充分调配村集体资金发展特色农业、工业或服务业。具体来看，一方面，村集体应盘活村内资源存量，充分利用本村的地理区位、土地资源和政策优势等引进社会资金，形成一二三产业的规模效应以增加村集体收入。同时，村内根据产业发展成立相应的农村经济合作组织，根据本村发展现状制订符合本村经济发展实际的相关计划，积极开展招商引资，形成村集体与村级企业的良好互动，在实现互利共赢的同时增加村级公共设施建设的潜在资本。另一方面，政府和村委会应鼓励并引导村民自主创业，以激活本村经济活力。这不仅可提高本村村民的劳动就业率，而且能扩大村民的收入来源，使村民有意愿且有能力支持本村公共设施的后期管护。

第4章　村民投入意愿畸变的影响
因素及其根源

村民在村级公益事业面前扮演着双重角色，一方面是项目建设的重要力量，另一方面是项目的主要受益者，正是基于这双重的角色定位，我们将"村民"纳入我们课题研究的重点对象之中。农村税费改革自21世纪初施行以来，农村的公共产品一改往日单纯的"自上而下"的供给方式，转而进一步肯定了村民自身在公共产品建设及维护当中的角色地位。进而言之，村民投入意愿的高低对村级公益事业建设的成败有很大的影响甚至起决定性作用。课题组对苏皖六镇进行了详细的实地调查，基于相关调研数据的整理分析，以村民投入意愿这一微观视角作为切入点，对村民关于与自身密切相关的公益事业建设的态度和想法进行深入了解，研究影响村民为村级公益事业建设出资出劳的因素，特别探讨村民投入意愿畸变的表现形式、原因以及内在根源。通过梳理找出一定的逻辑，对于改变村民的意识能动性、调动村民的投入积极性、发挥村民的供给主体性有积极影响，可以极大程度上促进农村公益事业建设稳步发展，其实践效用和现实意义非常显著。

4.1　村民投入意愿的生成机理及社会条件

4.1.1　村民投入意愿的生成机理

为了应对不同时期的基本国情，我国的村级公益事业建设投入主体一直在不断调整。随着农村改革的不断深入，研究发现，一直存在的一条关键主线是国家的强制性权力逐渐地退出农村生产领域。因此，村民获得了更多的自由权利，其自主性不断增强，更需要综合考虑村民的投入意愿。[1]
作为多元主体参与权力资源配置的经济基础，农村经济结构的变化显得尤
为关键，特别是农村税费改革后，村民的主体地位更加重要和突出，乡村
权力结构逐步被重塑，新生的乡村治权被赋予了新的力量源泉。因此，围
绕村民这一主体，其对村级公益事业的投入意愿引起了广泛的研究重视，
并得到了极大的分析关注。

　　一方面，随着政策的不断推进，村民的主体意识觉醒。村民与国家的
互动逐渐激发了固有的内生力量，并且随着领域的拓展，互动交流增强，
资源增量递增，内在存量激活。"标配"在 20 世纪 50 年代计划经济体制
下成为关键词，表现为村民在劳作中缺乏发言权。20 世纪 70 年代，农村
家庭联产承包责任制开始实施包干到户，经济市场化开始推行，建立了
"乡政村治"模式。在村民自治制度的一般实践中，农村社会先后出台了
一系列体现"四个民主"精神的政策法规，另外，农村税费改革后，下达
了村级公益事业"三类取消，两项调整，一个改革"的政策安排，特别是
"一事一议"政策，这一政策的出台有机整合了乡村转型过程中诸多新的
权力资源，还鼓励不同权利主体积极参与农村公共事务，表现在村级公益
事业中，则为村民对公共产品需求的强烈且迫切的愿望，主动、积极的供
给意识不断增强。建设村级公益事业有助于构建现代新型的村庄治理结
构，以逐步改变以往单向"统治"的那种高度集中的趋势，而倾向于构建
多个中心合作的治理新格局，村民成为不可忽视的供给力量。从苏皖六镇
的实地调查中发现，尽管存在地区差距，但总体得出村民的主人翁意识增
强非常明显的评价，在各地区的政策指导下，村民对本村公益事业建设的
认知水平不断提高。调查发现，苏皖六镇村民愿意积极参与到讨论议事的
过程中来。例如在江苏省 ZZ 镇龙降桥村，为了进一步更好地落实"一事
一议"财政奖补政策，将党员议事会升级为党群理事会。农民群众被纳入
村委会议事决策序列，民主精神得到充分发挥。在财政奖补政策所实行的
"一事一议"的模式下，总体来看，苏皖六镇村民的投入意愿率均在 90%
以上。

　　另一方面，随着改革的持续深入，村民投资投劳资源释放。中华人民

---

① 叶敬忠、安苗：《新农村建设的农民投入意愿分析》，《农业技术经济》2007 年第 1 期。

共和国成立之初，国家实行了全面的计划经济。农村公共事务缺乏独立性，受到国家政权的直接干预。换言之，行政权力通过"行政性整合"这种方式强化对农村事务的管理。① 最具代表性的是人民公社，在对农村经济事务统一规划、统一安排下，公社成为农村公共产品的供给主体，农村经济上的低效及无差别化使得村民最多以劳力作为成本补偿，其投入意愿几乎可以忽略不计。改革开放之后农村作为改革先锋实现了经济的快速发展，村民对公共产品的需求随着生活水平的提高大幅增加，投入意愿随之增强。但是，农村改革显然尚未完成，筹资筹劳并没有消失，而是变换为直接向村民收取的形式，供给主体依旧是政权组织，沉重的税费等筹资筹劳形式变为村民的负担，村民的主动投入意愿依旧不强。2006 年开始全国全面取消了农业税，尤其针对村级公益事业建设进行了一系列改革，村民逐渐成为农村公共产品供给的关键主体，也是理论上的受益主体。② 尽管还存在农村公共产品供给的压力，矛盾也存在，但是村民的投资投劳资源得到了极大的释放。调研苏皖六镇后发现，随着农村税费改革、取消农业税等政策施行，村民压力减轻，"自下而上"式的供给政策等推行落实，村民出资出劳资源得到进一步释放，投入意愿显著增强，但也存在地区差异。江苏三镇因为经济比较发达，村民生活条件相对较为优越，所以投入意愿较强，而安徽三镇则更偏向于投劳。当然，基于当前农村现实背景，苏皖部分乡镇的农村青壮年大多外出打工，导致农村劳动力不足，所以，由出资代替出劳的现象也很普遍，既不出资也不出劳的情况也存在。

4.1.2　村民投入意愿生成的社会条件

自农村税费改革以来，为了大幅增加农村公共基础设施等公共产品的供给，更好地协调城乡发展，村级公益事业建设的投资方式也相应调整。③ 最明显的变化是实施农村公共产品的"一事一议"政策，即村里的每个公

---

① 曹海林：《从"行政性整合"到"契约性整合"：农村基层社会管理战略的演进路径》，《江苏社会科学》2008 年第 5 期。

② 曹海林：《村级公益事业投入机制创新的社会动因及实践策略》，《农村经济》2011 年第 12 期。

③ 王为民、黄争鸣：《关于加大我国农村公共产品政府供给的思考》，《经济师》2003 年第 10 期。

益建设项目（包括农村道路、桥梁、村集体绿化、农田水利设施等）的资金筹集必须通过村民的民主投票来进行。召开村民大会或村代表大会，村民们进行集中民主讨论，在综合绝大多数村民意见的基础上进行决定。项目的所有权属于村民集体，公共产品的建设、管理和维护也由村民委员会进行安排。很明显，"一事一议"的方式打破了农村公共产品传统的供给模式，进一步扩大了决策的参与主体范围，进一步强化了村民自主决策的主导性。同时，为进一步提高村级公益事业的建设水平，中央政府对政策进行了优化升级，又补充制定了一系列"一事一议"财政奖补激励措施。在充分尊重村民意愿的前提下，帮助村民实施了因资金或劳务短缺可能无法实施的项目，让大多数村民有权参与、有路可寻、有事可议，减少甚至消除了村民的非制度参与。[①]政府在考虑各种社会因素下，最关键的是为村民在农村公共产品投入中提供了非常有效的途径，尤其在后农业税费时期，以便民利民的政策调整进一步增强了村民的投入意愿，调整后的政策也正如一项制度约束，能够激励和约束村民个人行为，由此加强了集体的行动能力。[②]

4.1.3　满足条件产生的一系列积极影响

一是村级公益事业建设投资的规模不断扩大（建设村级公益事业的资金投入见图 4 - 1 和图 4 - 2）。总体而言，2010～2013 年苏皖六镇的村级公益事业建设投资基本呈上升趋势，投入资金逐年增多。一方面，苏皖六镇有相对稳定的公益事业建设投入项目，建设投资的规模也都在不断扩大。另一方面，通过对比分析可知，这两个省份之间显然存在区域差距，具体表现为江苏三镇的经济相对发达，投入的资金量明显超过安徽三镇，且显示出继续上涨的趋势。

二是村级公益事业项目走向持续集中且不断拓宽。资料表明，近几年，苏皖六镇的农村基础设施项目建设内容有所改变，2010 年仅涉及道路交通建设，而到 2013 年则发展为以道路交通建设为主，多种建设项目并存

---

① 郭正林：《当代中国农民政治参与的程度、动机及社会效应》，《社会学研究》2003 年第 3 期。

② 康芒斯：《制度经济学》，于树生译，商务印书馆，1962，第 12～13 页。

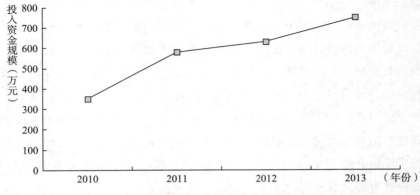

图 4 - 1　江苏三镇村级公益事业建设资金投入规模

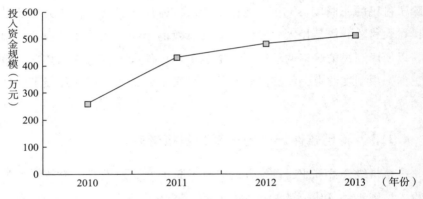

图 4 - 2　安徽三镇村级公益事业建设资金投入规模

的建设状态，如涉及农业生产基础设施和生活基础设施。根据课题组的调研分析发现，苏皖六镇农民所投入建设的生活基础设施大致可作以下四类的划分。

（1）农村道路建设项目：主要是通村及村内道路、桥梁建设。项目建设内容主要为路基扩宽、垫层，道路硬化等。

（2）农村安全饮水工程建设项目：包括自来水输送管道、蓄水池以及饮用水的水管铺设。

（3）农村生活小区环境改造项目：包括厕所翻新、生活垃圾清洁、街道照明及其他建设项目。

（4）农村文化生活条件改善项目：村老年人休闲娱乐场所、村级文化礼堂、村健身活动中心等。

服务于农业生产的相关基础设施项目主要包括以下两类。

（1）田间工程建设项目：涉及农作物的排水沟，田间道路、田间临时渠道，稻田的格田及旱地灌溉，土地平整，机井配套支持等。

（2）农业水利建设项目：包括山塘水库的加固工程、河道疏浚工程和护岸工程。

三是农村公益事业项目建设的主体日益多元。根据调研数据显示，2010～2013 年苏皖六镇村级公益事业建设投入的变化趋势显著，过去以农民自愿出资出劳、政府奖补资金和村集体资金补助为主，而到后来逐渐发展演变为政府补助、部门扶持、社会捐助、村民小组自筹和农民筹集资金的多位一体村级公益事业建设投资，村级公益项目建设具有了一定的资金保证。很明显的是，江苏的 ZZ 镇和 QD 镇由于本身经济相对发达，并且随着资金源头的扩大，资金总量更加充足，基本可以满足该村的基础设施建设需要。

为更好地阐述农村公益事业建设资金的投入情况，下面对各主体投入情况进行分别描述，图 4－3 显示了 2010～2013 年苏皖六镇村级公益事业建设投入资金来源情况。

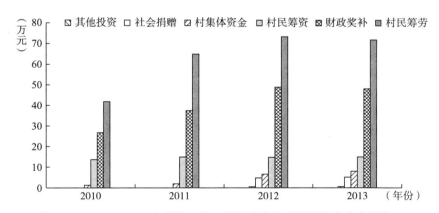

图 4－3　2010～2013 年苏皖六镇村级公益事业建设投入资金来源情况

由图 4－3 可知，2010～2013 年，苏皖六镇村级公益事业建设的资金来自村民筹资、村民筹劳、财政奖补、村集体资金、社会捐赠和其他投资，这六个部分在 4 年间的所占比例略有不同，按照投入金额大小可依次排列为：村民筹劳，财政奖补，村民筹资，村集体资金，社会捐赠，其他投资。村民筹资筹劳、财政奖补、村集体的投入主体分别为村民、政府、村集体。可以看出,苏皖六镇建设村级公益事业的资金主要来自村民,其次是政府投入。村民的投入意愿、投入积极性在一定程度上决定了村级公益事业的建设和发展。

其次,2010~2013年,村集体投入的资金呈逐年增长趋势,社会捐赠及其他渠道的资金投入从无到有。2010年之前的只依附村民支出份例和政府资金扶助的村级公益事业建设格局被打破。总之,苏皖六镇多元化的公益事业建设资金投入格局已初现,但不容忽视的一点是,其仍然在很大程度上依赖财政资金的支持。特别体现在安徽三镇,落后的镇经济导致农民自筹资金的压力增加,这就要求积极寻找其他可能的资金来源。

因此,由内向外,村民主体意识的觉醒、投资投劳资源的释放,产生出了强大的内生力量,同时,从外到内,村民自治制度的活力得以充分释放,国家"一事一议"各项政策的实施及其调整和升级,产生出强烈的外部激励,人力、资金、政策等多管齐下,村民投入意愿在内外互动作用下得以生成,从而在很大程度上有效地促进了村级公益事业的发展(见图4-4)。

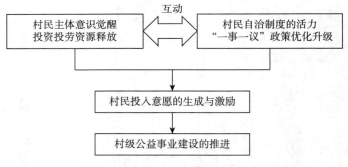

图4-4 村民投入意愿的生成逻辑

4.2 萎缩低迷:村民投入意愿的畸变

尽管村民投入意愿有生成的基础并已经作用于村级公益事业建设,产生了一定的效果,但是村民投入意愿却产生了畸变。杜欣、徐延辉指出,人的行为动机除了对物质和财富的追求之外,还包括全部的社会需求,利己和利他是相互作用而生的，[①] 所以，需准确认识村民投入意愿畸变的表现及影响，探究原因，从而进一步促进农村公益事业建设项目的落地实施，建立健全城乡公共产品的供给体系。

在村级公益事业的研究领域中，"村民参与意愿"是一个相对广泛且开放性的概念，难以确定明确的聚焦点，并且，在具体研究中很容易受被访者受教育程度的限制。所以，为了更准确地进行调查研究，为了适应研究对象的不同特点，要在调查中设计一个具体且易于理解的问题。如：为了修建道路、搭建桥梁等农村公益项目，您是否愿意支持以下事项？（1）参加村民会议，共同协商；（2）主动反映问题、想办法；（3）多承担一点资金和劳力；（4）监督资金使用情况；（5）动员说服其他村民。此外，在问卷调查设计中，采用李克特量表法来衡量村级公益事业当中的村民参与意愿。用了五个意愿程度的选择："很愿意"，"比较愿意"，"一般"，"不愿意"，"很不愿意"，让村民自行评价他们是否有意愿参与村级公益事业的建设。

通过对苏皖六镇的实际调研发现，村民参与村级公益事业建设总体的参与热情及投入意愿远未达到预期（见表 4 - 1），除了对部分参与项目表现积极之外，其余都显示出较低的参与兴趣，村民投入意愿产生畸变，极大地阻碍了村级公益事业的建设进度，影响了建设的效率。

表 4 - 1　苏皖六镇村民对于村级公益事业建设的投入意愿情况统计

参与项目 ＼ 参与意愿	比较愿意（包含很愿意）（%）	一般（%）	不愿意（包含很不愿意）（%）
参加村民会议，共同协商	61.3	35.1	3.6
主动反映问题、想办法	34.2	55.2	9.8
多承担一点资金和劳力	18.6	20.2	61.2
监督资金使用情况	35.5	56.1	8.4
动员说服其他村民	15.9	49.3	34.8

---

① 杜欣、徐延辉：《论经济社会学的社会人假设》，《沈阳师范大学学报》（社会科学版）2003 年第 5 期。

4.2.1　村民投入意愿整体情况分析

从表 4 - 1 可以看出，村民对"参加村民会议，共同协商"的公益事业参与项目表现出踊跃的积极性，表示"很愿意"、"比较愿意"及"一般"意愿参与其中的村民占 90% 以上，其中态度非常积极的占大多数；对于"主动反映问题、想办法""监督资金使用情况"和"动员说服其他村民"，村民的积极性略低于"参加村民会议，共同协商"，但是多数表现出认同感，愿意参与其中；然而，反差较大的是，针对"多承担一点资金和劳力"这一参与项目，过半的村民表现出抗拒的情绪。

追究产生上述现象的原因，我们不难发现：我国的"二元经济结构"由来已久，城市和乡村之间公共产品的供给体系完全不同，农村公共产品的资金和劳动力在很大程度上来自农民的自筹，也很明显，农村地区相较于城市差距仍然存在，甚至愈演愈烈。但是，在农村的税费改革之后，这种情况得到了一定程度的改变，村级公益事业有效的供给方式转变为"一事一议"制度。并且随着政策的升级，实施"一事一议"财政奖励和补助，大大减轻了筹集公共产品建设项目资金的压力。同时考虑到村民外出打工等现实情况，以资金代替劳作的方式也赢得了村民的认可。因此，村民对于类似"参加村民会议，共同协商"的不强制的方式的态度整体表现乐观是在情理之中的，既能满足部分利益诉求，也能确保自身处于观望的状态，避免利益受损。

但是，值得关注的是，当遇到诸如"主动反映问题、想办法""监督资金使用情况""动员说服其他村民"这几类要求村民"争当排头兵"的参与项目出现时，部分村民的积极性受到挑战，表现出一定程度的畏难情绪，这体现在这三类参与项目中有半数左右的被访者仅表现出"一般愿意"，特别是在"动员说服其他村民"的参与项目上，有近 1/3 的被访者是不乐意参与的。奥尔森在《集体行动的逻辑》中描绘了类似的情形，他指出，村民在参与集体行动时，如果实现集体利益需要付出一定的成本或奖励时，几乎没有人愿意分担这部分成本或给予他们额外的奖励。当然，理论上存在例外情况，但实际这种例外情况是可以忽略不计的，村民倾向于理性地寻求最大化个人利益的方法，满足自己的利益期待，而不会主动增加让大家都受益的集体利益。① 可以更通俗地比喻，比如观众在欣赏一个节目时，虽然大家的兴趣很一致，但感兴趣的观众彼此独立，并且是具有同等地位的个人。因此，普通村民一般采取观望或等待态度。

在村民"不愿意（包含很不愿意）"参与的公益项目中，有 61.2% 的村民表示不愿意"多承担一点资金和劳力"。而村民不愿意出资出劳的主要原因统计如下（见图 4－5）。

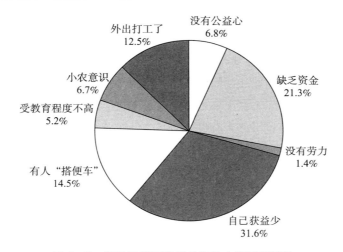

图 4－5　村民不愿意出资出劳的主要原因统计

注：在该项问卷调查中，村民可以选择多个候选项。

图 4－5 表明，制约村民出资出劳意愿的最大影响因素是村民担心"自己获益少"。出现这种情况的主要原因是，当前社会处于市场经济环境之下，任何个体都不免追逐自身利益，个人在集体活动的参与过程中不免会将个人利益进行最大化的考量，这是自然的自利性。休谟就个人利益与社会群体利益之间的关系在他的《人性论》一书中做了详细的阐述，由于人性的弱点，人们往往更加关注眼前利益，缺乏长期计划。家庭联产承包责任制带来了经营分散和利益独立，随之而来的是村民越来越倾向于单干独立，并且，农村经济发展管理中的集中化水平不高，大多属于分散化的管理模式，村民对于集体组织的积极性在很大程度上被削弱，而对于追求

---

① 曼瑟尔·奥尔森：《集体行动的逻辑》，陈郁、郭宇峰、李崇新译，格致出版社、上海三联书店、上海人民出版社，2014，第 2～3 页。

个人利益的获得有着百分之百的动力。很显然，村民逐渐不再关注村集体的现实利益，转而更多地关注个人利益的获得。在调查中，我们发现，出现了另一种情况，即一些村民可以通过维护集体利益在短期内自愿加入筹款集团，但在获得足够的额外个人利益后，他们通常会选择退出。

影响村民出资出劳的第二大阻力因素是"缺乏资金"。一方面，即使在经济发达的苏南地区，大多数农村的村民也不富裕，或者更确切地说，还没有富裕到可以主动投入资金改善集体生产生活的程度，基于这个原因，村民不愿意为公共产品买单。改革开放后，越来越多的农村青年外出打工，这点在安徽三镇体现得更加明显。老人和孩子留在农村，但是他们几乎不能自食其力，因此让他们提供资金和劳务支持几乎是不可能的。另一方面，许多村民的收入来源主要是基于在外工作，更进一步说，他们的生产生活都不在当地老家，因此，对村里的基础设施等改善的现实需求不强烈。

在村级公益事业建设中，农村公益项目作为公共产品的一种，在供给中常见的"搭便车"现象也是不可避免的。当社区中的村民越来越多时，就自然会有越来越多的人参与到决策过程当中，导致越不太可能为集体提供公共产品。与此同时，同意提供者中间的一些人也会因为"搭便车"的心态拒绝支付所需的资金，因此，"牺牲品"就必然是提供方，而不提供的人则可顺理成章地"搭便车"，坐享其成，借助"羊群效应"阻止集体合作。

与此同时，由于农村人口流动愈加频繁，选择在外工作的村民人数逐渐增加，因此，他们享用农村公共基础设施的机会不多，基于此，即使集体事务与他们有直接的利益关联，但他们参与的愿望也不强烈，这就直接影响了相关集体事务的发展。很明显的表现则是，在安徽三镇的调研发现，涉及村民会议讨论村庄内部事情时，许多有权利的村民不直接行使他们的选择权，而由其他村民代表他们选择。

4.2.2 村民投入意愿畸变造成的影响

调研得知，苏皖六镇自实施"一事一议"以来，村民投入意愿有了明显的变化，虽然没有像预期的那样显著提高，但农村公共基础设施的建设项目的确获得了一定的成效。安徽的 XA、YT、ZB 三镇，江苏的 FA、ZZ、QD 三镇，自 2009 年 8 月开始进行试点，农村的公共基础设施建设施行"一事一议"财政奖补方式，进行立项、筹资、建设、管护等工作。采用

了"一事一议"财政奖补方式建设村级公益事业试点之后，苏皖六镇在
2010～2013 年组织实施了水利、饮用水、环境整治等农村公益事业建设项
目，修建了多条村级铁路及河道护坡，农民的生活水平显著提高，农民的
生产效率与水平也因此得到提高。但是问题也更加明显，与村民最密切的
村级公共设施建设却得不到村民自身最大的支持与参与，这个现象值得思
考，产生的影响有惠民政策的实施受阻、政策实施偏差、村民利益损害、
村级公共设施建设滞缓等。具体表现如下。

4.2.2.1　村级公共设施萎缩凋敝

总体来说，依然存在村级公益事业发展滞后于农村经济发展的现实情
况，村级公益事业建设的脚步追不上村民日益增长的需要。村民主动投资
意愿低，筹集资金和劳动力受阻，表现在以下两个方面。一方面直接造成
农村公共设施数量上减少。如村庄道路、农田水利等基础设施的建设在苏
皖某些村庄还不能完全满足，更别说较高层次的需求了。调研发现，村民
文化礼堂、环卫设施、道路亮化等只是在苏南的镇上出现。另一方面，原
建以及建好多年的公共设施老化现象严重，管护问题突出。有些公共设施
没有得到及时修复和管理，被弃用后直接成为村庄的负担，妨碍了村民的
正常生产生活，也导致安全事故的发生。同时，若真正要管护正在加速损
毁的基础设施，又要浪费大量的人力、物力和财力，大多数村民都觉得这
么做性价比较低，不值得继续投入修复，并且，这一现象的反复循环也引
起了村民们的不满。还有一点值得关注，村民管护意识强烈，但参与管护
的意愿却很低，这主要体现在苏南几个村庄。由于外来务工人员较多，他
们大多对所在村庄缺乏归属感和责任感，只是认为这是当地政府的事，不需
要自己主动参与管护。基于以上，村级公共设施萎缩凋敝趋势日趋明显。

4.2.2.2　村民权益受损

基于"搭便车"的心态、基础设施建设与村民需求错位等现实情况，
农户对公益事业建设的投入意愿持续低迷，造成村民权益难以得到有效保
障的现状。一则，村民的政治权利在一定程度上被侵犯。据课题组实地调
研发现，村民对基础设施建设的投入意愿较低，很大程度上是因为对相关
政策的了解程度较低，对基层干部缺乏信任，需求表达意愿较为薄弱，造

成村民"不想参与"。即使有想参与村内公益事业建设的村民存在，也由于他们人数较少、诉求表达内容缺乏有效性、表达渠道单一等原因而得不到村委和基层政府重视，造成了他们"不能参与"。因此，村委或基层政府主导着公益事业建设，具有浓厚的计划经济色彩：怎么样布局公共基础设施，数量上要达到多少，什么时间、什么地点以及什么人牵头负责等问题由少数人决定。这就造成一种吊诡的现象，事关农户切身利益的问题，村民自身反而无法享受决定权。这难以保障村民政治权利的有效实现，难以有效提升村民的权利意识，也阻碍了基层民主政治的建设与完善。二则，难以有效保障村民的经济利益。村级公共基础设施的建设，一个重要目的就是维护村民的经济利益，提升村民的生活水平。但由于农户参与意愿较低，有的基础设施就由村委和基层政府主导，容易造成农村公共基础设施建设项目与村民的实际需求错位的现象，这进一步降低了村民参与项目建设的积极性、主动性，甚至对基层政权组织形成一种条件反射式的反对心态，并形成了恶性循环。有些基础设施项目对村民确实非常有益，但由于大家缺乏充分、正确的认识，缺乏投入的积极性，反而使得好项目无法上马，村民也就难以享受到由该项目带来的利益。

4.2.2.3 公益活动筹资筹劳难开展

调查发现，苏皖六镇村级公益建设资金来源主要是村民投资筹劳、接受捐赠和财政补贴。目前，村民筹集资金的标准被确定为每人每年15元，村委或基层政府争取中央、省级等上级财政按每人每年10元进行奖补，所在县配套每人每年10元（其中8元为补助，2元用于奖励），具体奖补方法另有规定。但在苏皖六镇的实地公益活动开展过程中，发现村民筹资筹劳标准低、村民收费难等情况屡见不鲜，农村公共基础设施建设项目的资金存在较大的缺口，这在一定程度上阻碍了村级公益事业的建设和发展，很多项目申而不建。进一步研究发现，苏皖六镇村民投入意愿萎缩低迷与他们对"一事一议"财政奖补政策的了解程度十分有限相互影响，大多数村民只知道每年每户要出钱出力来修桥铺路，对政策的具体奖励补助办法、标准、筹资筹劳等知之甚少。由于对政策不了解甚至误解，大多数村民往往不会参与筹资，更过分的举动是，非公益项目区域内的村民组织团体对筹资发起抵制，甚至对他人投资行为进行劝阻，在针对项目进行筹资筹劳过程中，筹资筹劳行为不被理解，只会被村民误认为"变相分配"。与此同时，在"搭便车"的心理作用下，村民习惯于坐享其成，部分村民对于自己出钱进一步改善本村村级公益事业建设的意愿程度很低，加上信息渠道的闭塞，所以增加了筹资筹劳的工作难度。

4.2.2.4　财政奖补政策不能对接

财政奖补政策的前提条件之一是"议事"，并且"议事"至关重要，不可或缺。然而，主观和客观原因最终仍导致财政奖补政策对接的困难。一方面，村民不愿意投入公益事业建设中，甚至连参与"一事一议"的意愿都很低，没有村民积极参与，推动农村公益事业项目的建设成功落地就是空谈。究其原因，共性问题是对政策的认知偏差，将其理解为换一种方式的"乱收费"行为，个性表现则有村级集体经济较差，使得每个村民的分摊费用较多，其中安徽三镇的这点表现更加突出。基层干部也有独裁统治的嫌疑，"一事一议"这种程序设定大多数情况下成为摆设。另一方面，当前农村空心化现象和外出务工现象较为普遍，以江苏 FA 镇为例，调研中男性占 39.3%，女性占 60.7%；年龄在 18～50 岁的占 55.2%，50 岁以上占 44.8%；受教育程度在初中及以下占 76.9%。可见当前留守老人、妇女以及儿童在农村人口中占比较大，由于这些村民年龄较大或较小，文化水平不高，理解接受政策的能力不足，这给当地村干部的政策宣传带来一定的挑战，也在一定程度上阻碍了项目落地的进程。所以，当具有一定文化素质的青壮年外出务工时，议事的任务就落到了留守的老人、妇女身上，但由于对政策的理解有限，所以这样做的决定可能有一定的局限性，或者瑕疵。

4.3　影响村民投入意愿的主要因素

查阅以往研究，发现基本为定性研究，大多数停留在宏观和理论分析层面，缺少实证量化，更缺少对村民这一实践主体的细微观察和分析。因此，为更直观地研究影响村民投入意愿的主要因素，利用对苏皖六镇的访谈、问卷等调研数据进行二值 Logistic 回归模型分析，测试检验在多种因素共同作用下影响村民投资意愿的主要因素，并分析其意愿嬗变，为寻找畸变根源奠定基础。

4.3.1 样本概况及研究假设

4.3.1.1 样本设计及说明

样本设计：本课题是基于村民视角研究村级公益事业建设投入意愿及影响因素，同时综合各影响因素的影响力度，基于对村民进行村级公益事业建设的鼓励进行问卷设计。由于干预村民行为的宏观和微观因素都会对村民的投入意愿产生不同程度的影响，使得数据分析的客观效果受到影响，故进行问卷设计时应对村民基本情况进行优先考虑，其后再调查村级公益建设现实状况。通过设置选项问题，主要了解村民对于项目建设投资与投劳的意愿程度及其影响因素。在问卷末进行了问卷有效性检验，以极大提高问卷的有效性。问卷调查内容包括以下几个方面。

（1）了解受访村民的基本情况。包括受访者的年龄、性别、受教育程度、职业等，从而探究影响村民对村级公益事业建设投入意愿的社会经济特征。

（2）了解受访村民的家庭状况。包括村民家庭收入状况，家庭收入主要来源，是否为空巢家庭等。

（3）了解行政村的情况。包括村集体的经济地位，农民对村级公共基础设施项目建设的满意程度，村干部的执行力度等。

（4）了解政府的特征。包括村民对相关政策及规章制度的接受理解程度以及政府是否责任到位等。

（5）问卷有效性的检验。通过受访者对不同问题的回答，了解村民的访谈过程受到的干扰性，反馈是否具有可信度等。

样本说明：该问卷调查基于访谈形式并进行了随机抽样，研究影响村民投入意愿的主要相关因素。问卷共分发了 500 份，经回收与整理，问卷共 435 份有效，87% 的有效问卷可供分析。根据实地调研情况可得知，村民在"你在村级公益建设中投资出力吗？"的回答中，选择"不愿意"的或是"不太愿意"的，仍然占据相当大的比例。这可以反映出，课题组所调查地区的村民在相当大的程度上缺乏参与村级公益事业的积极性。

目前，村民对公益事业建设的积极性难以调动，鼓励参与筹款筹劳的难度很大，这是其中的表象，追根究底，更深层次的理论和实践问题是：农民以什么样的态度看待村级公益事业的建设？他们自己的投入意愿如何？哪些因素对村民关于农村公益事业的投入意愿造成影响？程度有多深？公共设施建设对村民的生产生活又有何作用？这些无疑是本书亟待分析的问题。

4.3.1.2　宏微观数据情况

微观因素：公共选择理论作为一种公共经济理论，是基于微观因素理论和经济学宏观理论的结合，以个体理性为基本，要求正确处理微观因素与宏观因素的衔接。对于微观因素的分析，需要明确的是哪些微观因素影响了村民对农村公共基础设施建设投入的积极性，怎样设置微观问题，并反映出问卷的关键所在。

通过解读农村公益事业、村级公益投资机制和投入意愿的相关概念，将村级公益事业建设中的村民投入意愿的影响因素划分为四个主要特征，即个人、家庭、行政村和政府。其中微观因素的考察包括个人特征和家庭特征两大方面的影响因素，具体如图 4 - 6 所示。需要特别说明的是，考虑到各影响因素数据的合理程度，特别选取农忙时期作为此次调查的时间，确保村民基本信息的样本分布与村民登记情况相符。

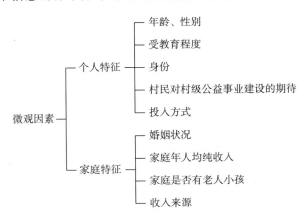

图 4 - 6　村级公益事业建设村民投入意愿微观因素

苏皖六镇的微观因素数据：作为村级公益事业的主体，村民的意愿在很大程度上影响着农村公共基础设施的建设，甚至在某种程度上可以起到决定性的作用。因此，为了精确分析村民的投入意愿，特别选取和细化了影响村民投入意愿的可能微观因素,并描述性统计和简单概括了主要影响因素。

(1) 性别、年龄

变量是受访者的个人特征。其中性别为"男""女"两个选项,为便于数据分析,把"1"赋值给男性,把"0"赋值给女性。作为数值型变量的年龄范围从 18 岁到 88 岁,后续统计时为更精准确定村民的年龄变量及其分布情况,将村民的年龄范围划分为五个,即 18 ~ 30 岁、31 ~ 40 岁、41 ~ 50 岁、51 ~ 60 岁、61 岁及以上。获得的性别因素和年龄因素变量的统计数据如表 4 - 2 和表 4 - 3 所示。

表 4 - 2　性别因素统计结果

性别	频数	百分比	累计百分比
男	209	48.05%	48.05%
女	226	51.95%	100%
合计	435	100%	—

根据随机抽样调查结果,男性村民为 209 人,占调查人口总数的 48.05%,女性村民为 226 人,占调查人口总数的 51.95%,男女比例基本平衡。因此从性别因素抽样统计结果中可知,苏皖六镇的男女性别比例差距不大,性别比例合理,可作为微观因素纳入投入意愿模型进行分析。

表 4 - 3　年龄因素统计结果

年龄阶段	频数	百分比	累计百分比
18 ~ 30 岁	24	5.52%	5.52%
31 ~ 40 岁	84	19.31%	24.83%
41 ~ 50 岁	212	48.74%	73.57%
51 ~ 60 岁	58	13.33%	86.90%
61 岁及以上	57	13.10%	100%
合计	435	100%	—

抽样调查数据表明,村民年龄分布相差不大,主要集中的年龄阶段在 30 ~ 60 岁,并且,这一人群在村级公益事业建设中充当着主力军的角色,是显而易见的主要力量,因此本研究给予重点考虑。根据表 4 - 3 中的数据

还可得知，村民根据年龄段分类之后，处于 41～50 岁这一年龄段的人数最多，占总人数的 48.74%，当然地成为村级公益建设的可期待的中坚力量。总的年龄特征变量统计结果符合正态分布，具有较为合理的数据比例，可作为微观因素纳入投入意愿模型的分析。

（2）受教育程度、身份

在问卷设计中，受教育程度划分为 5 档，即未上过学、小学、初中、高中、大专及以上。苏皖六镇的统计数据显示，有 50% 以上的村民仅上过小学或者初中（见表 4-4）。结果表明，村民整体受教育程度普遍偏低，实际情况基本如此。村民受教育程度因素的数据较为合理，可作为微观因素之一纳入村民投入意愿模型的分析。

表 4-4　受教育程度因素统计结果

受教育程度	频数	百分比	累计百分比
未上过学	49	11.26%	11.26%
小学	165	37.93%	49.19%
初中	184	42.30%	91.49%
高中	26	5.98%	97.47%
大专及以上	11	2.53%	100%
合计	435	100%	—

在此次调查当中，针对村民身份特征变量的调查分为三类，即普通村民、村民代表和村民干部，其中，普通村民占比最大，村民代表其次，村干部占比最小。苏皖六镇的村民干部占总调查人口总数的 3.45%，村民代表占总调查人口总数的 11.03%，普通村民占总调查人口总数的 85.52%，与当地情况大致相符，可作为微观因素之一纳入村民投入意愿模型的分析。

表 4-5　身份因素统计结果

身份	频数	百分比	累计百分比
村民干部	15	3.45%	3.45%
村民代表	48	11.03%	14.48%
普通村民	372	85.52%	100%
合计	435	100%	—

（3）家庭人均年纯收入

表 4 - 6　家庭人均年纯收入因素统计结果

	频数	百分比	累计百分比
5000 元以下	46	10.57%	10.57%
5000 ~ 7999 元	87	20.00%	30.57%
8000 ~ 9999 元	218	50.12%	80.69%
10000 元及以上	84	19.32%	100%
合计	435	100%	—

国家统计局统计数据显示，江苏省 2013 年农村居民人均年纯收入达 13598 元，安徽省农村居民人均年纯收入达 8098 元。因此，根据描述性统计的需要，大致将家庭人均年纯收入分为 5000 元以下、5000 ~ 7999 元、8000 ~ 9999 元和 10000 元及以上四个等级。根据调查数据分析，四个等级的人均年纯收入分别为 10.57%、20.00%、50.12% 和 19.32%。其中，家庭人均年纯收入 8000 ~ 9999 元的村民占比最大（见表 4 - 6）。

（4）家庭主要收入来源

表 4 - 7　家庭收入来源因素统计结果

家庭收入来源	频数	百分比	累计百分比
农业（农林渔牧）	231	53.10%	53.10%
兼业	126	28.97%	82.07%
非农业	78	17.93%	100%
合计	435	100%	—

苏皖六镇农户收入主要分为农业收入、非农业收入和副业兼职收入三个方面。为了苏皖六镇家庭收入来源得到更好的分析，调查问卷将家庭收入设定为"您所在家庭的家庭主要收入来源"，选项有三个："农业（农业、林业、渔业、牧业）"，"兼业"，"非农业"。对于这一问题的统计情况如表 4 - 7 所示。总体来说，村民以农业收入为主且占比超过一半，其次为兼业，占比为 28.97%，非农业收入占比最小。

（5）婚姻状况

表 4-8　婚姻状况因素统计结果

婚姻状况	频数	百分比	累计百分比
未婚	62	14.25%	14.25%
已婚	353	81.15%	95.40%
离异	11	2.53%	97.93%
丧偶	9	2.07%	100%
合计	435	100%	—

　　问卷在设计时，在婚姻状况的问题上设置四个选项，即"未婚"，"已婚"，"离异"，"丧偶"。苏皖六镇的调研数据显示，已婚人数最多，占调查人口总数的81.15%。之所以将婚姻状况作为村民对村级公益事业投入意愿的影响因素进行考察，是因为笔者认为婚姻状况为已婚的村民作为社会人，社会责任感和家庭使命感更强，也将更多地从理性的角度出发来考虑村级公益事业建设的投入，投入意愿与其他选项应有差别，因此重点研究已婚人士。

　　宏观因素：运用需求层次理论有效分析村民在村级公益事业建设中的投入意向及其影响因素，因此，不仅要考虑满足村民的低水平需求，更要兼顾其更高级的需求。另外运用公共选择理论分析村民在公益事业建设中的投入意向及其影响因素，立足村民投入的理性视角，以最大化理解村民收益为目标，不仅要将村民自身即微观因素的重要性纳入考虑范围，更要在问卷设置中体现宏观因素，充分衔接微观和宏观因素。

　　苏皖六镇宏观因素数据：村民投入意愿的影响因素兼具微观和宏观两个层面。通过前文的分析可知，宏观层面是探讨行政村和政府方面的影响因素，主要考虑的是政府政策制定和实施对村民投入意愿造成的影响，进而影响到农村公共基础设施建设的进度和实施效果。下面着重概括和简要分析主要的宏观因素的统计数据和相关情况。

　　（1）投入方式

　　在苏皖六镇的实地研究过程中，设置了"你认为在村级公共基础设施建设中应该投入资金、投入劳力的方式是什么？"这一问题，并且设置了四个选项，即"只出钱"，"只出工"，"出钱又出工"，"都不"。统计调研

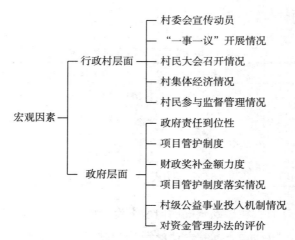

图 4 - 7　村级公益事业建设村民投入意愿宏观因素

数据之后得到的村级公益事业建设村民的出资出劳意愿如表 4 - 9 所示。其中，选择只出资的村民达 48.96%，26.67% 的村民选择了出资和出劳的方式。从总数来看，大多数的村民倾向出资方式，目的之一是不愿意为其投入过多精力。

表 4 - 9　村民投入方式因素统计结果

村民投入方式	频数	百分比	累计百分比
只出钱	213	48.96%	48.96%
只出工	77	17.70%	66.66%
出钱又出工	116	26.67%	93.33%
都不	29	6.67%	100%
合计	435	100%	—

（2）村委会宣传动员情况

目前在苏皖六镇中，推动与村级公益事业相关的政策落实到地方，主要还是依靠村委会的宣传动员。也可以理解为，村委会的宣传内容、方式和手段以及效果会对村民投入意愿大小产生直接影响。如表 4 - 10 所示，对村委会宣传动员效果满意的村民占 7.59%，比较满意的占 12.87%，一般的占 20.92%，不太满意的占 48.74%，很不满意的占 9.88%。其中，占比最多的是表示不太满意的村民，有 212 人。

表 4 – 10　村委会宣传动员因素统计结果

村委会宣传动员效果满意度	频数	百分比	累计百分比
满意	33	7.59%	7.59%
比较满意	56	12.87%	20.46%
一般	91	20.92%	41.38%
不太满意	212	48.74%	90.12%
很不满意	43	9.88%	100%
合计	435	100%	—

（3）项目管护政策落实情况

表 4 – 11　项目管护政策落实情况因素统计结果

项目管护政策落实情况	频数	百分比	累计百分比
很好	28	6.44%	6.44%
比较好	69	15.86%	22.30%
一般	83	19.08%	41.38%
比较差	177	40.69%	82.07%
很差	78	17.93%	100%
合计	435	100%	—

由实地调研所得数据可知，村民对当地村级公共设施项目管护情况认为很好的有 28 人，认为比较好的有 69 人，认为一般的有 83 人，认为比较差的有 177 人，认为很差的有 78 人。其中，人数最多的为认为比较差的，占总人数的 40.69%。统计结果显示，对于项目管护政策落实情况村民普遍意见较大。

（4）政府提供的支持

在村级公益事业建设中，政府可提供的支持包括资金支持、技术培训、优惠政策、宣传动员、监督管理及组织领导，据相关调查统计并结合数据分析，大多数村民希望政府为当地村级公益事业建设提供资金支持，且资金方面要出大头。

表 4 – 12　政府提供的支持因素统计结果

政府提供的支持	频数	百分比	累计百分比
技术培训	9	2.07%	2.07%
资金支持	243	55.86%	57.93%
优惠政策	11	2.53%	60.46%
组织领导	71	16.32%	76.78%
宣传动员	57	13.10%	89.88%
监督管理	44	10.12%	100%
合计	435	100%	—

4.3.1.3　研究假设

由于村民在村级公益事业建设的投入意愿是一个广泛的概念，具象化的程度较低，并且问卷调查面向大多数村民，了解到真实反映的难度较大。本研究设计了一个具体问题用来研究村民的投入意向，这样可以让调研过程简单准确。问题就是：在村级建设中是否愿意投入劳力和资金？根据该题的不同回答，把村民投入意愿分为两种，分别为有投入意愿，赋值为1，和无投入意愿，赋值为0，并在此基础上分析自变量对因变量的影响以及影响程度。

根据对村民村级公益事业建设投入意愿的调查，村民投入意愿的影响因素基本可以假设如下。

假设1：个人特征影响村民在村级公益事业上的投入。其中较为显著的是性别、年龄、受教育程度等因素所产生的影响。调研发现，男性村民的年轻化程度越高，其受教育水平越高，尤其是那些在村委或者村集体中担任一定职务的村民越热心于投入到村级公益事业建设中去。

假设2：家庭特征影响村民在村级公益事业上的投入。家庭对农业收入的依赖性随着家庭收入的提高而增强，婚姻越幸福，孩子数量越少，村民投资建设村级公益事业的意愿越强烈。

假设3：行政村的特点影响村民在村级公益事业上的投入。村级公益建设可以满足村民日益增长的需求，村委会宣传动员效果越好，村集体经济状况越好，村民参与监督管理越积极，村民也就越有可能积极投入建设农村公共基础设施。

　　假设 4：政府的特点影响村民在村级公益事业上的投入。政府提供的支持越能够满足村民的需要，财政奖补金额力度越大，项目管护制度落实得越好，对资金管理措施越到位，村民们就会越有热情、有意愿投入到农村公共基础设施建设中去。

4.3.2　村民投入意愿影响因素分析

4.3.2.1　模型分析与变量说明

　　构建模型：二元逻辑回归模型在社会统计分析中起着重要作用，通常作为变量的选择和预测，广泛应用于能否决定因变量为二分类变量。并且，Logistic 二元逻辑回归模型作为概率非线性回归模型的一种，常被用于个体决策行为的分析。文章运用该模型对村级公益事业建设投入意愿的影响因素进行分析，通过 SPSS 分析软件中的二项回归模型检验各因素的影响程度及显著程度，对村民自身与相关因素的关系和农村公共基础设施建设中村民的投入意愿进行分析。因此，可以得出影响村民在农村公共基础设施建设中投入意愿的重要因素及其贡献程度。

　　回归模型的二值 Logistic 与普通的回归一样，在此，定义将因变量记为 Y，自变量为 X_1，X_2，$\cdots$，X_n，则有：

$$\text{Logit}(P) = \text{Ln}\left[\frac{P}{1-P_i}\right] = \beta_0 + \beta_1 X_1 + \beta_2 X_2 + \cdots + \beta_n X_n$$

　　其中，P_i 表示事件的发生概率，$1-P_i$ 则表示事件未发生的概率。此处的 P_i 表示第 i 个人愿意投入建设村级公益事业的概率，$1-P_i$ 表示第 i 个人不愿意投入建设的可能性，这样可以比较准确地将每一个人的意愿标上符号。

　　变量说明：由于在问卷设计过程中，所设置的选项数多大于 2，需要将数据提取过程中的这些选项进行转化和赋值以便于分析。

表 4 - 13　变量说明

变量名称	变量定义
被解释变量	
投入意愿（Y）	愿意投入 = 1，不愿意投入 = 0

续表

变量名称	变量定义
个人特征	
年龄（X_1）	18～30 岁 =1，31～40 岁 =2，41～50 岁 =3，51～60 岁 =4，61 岁及以上 =5
性别（X_2）	男 =1，女 =0
受教育程度（X_3）	未上过学 =1，小学 =2，初中 =3，高中 =4，大专及以上 =5
身份（X_4）	普通村民 =1，村民代表 =2，村民干部 =3
投入方式（X_5）	只出工 =1，出钱又出工 =2，只出钱 =3，都不 =4
家庭特征	
家庭人均年纯收入（X_6）	5000 元以下 =1，5000～7999 元 =2，8000～9999 元 =3，10000 元及以上 =4
婚姻状况（X_7）	未婚 =1，已婚 =2，离异 =3，丧偶 =4
家庭中的小孩数量（X_8）	一个 =1，两个 =2，三个 =3，四个及以上 =4
主要收入来源（X_9）	非农业 =1，兼业 =2，农业（农林渔牧）=3
行政村特征	
是否满足村民需要（X_{10}）	不满足 =1，不太满足 =2，基本满足 =3，比较满足 =4，很满足 =5
村委会宣传动员次数（X_{11}）	不频繁 =1，不怎么频繁 =2，比较频繁 =4，频繁 =5
村集体经济状况（X_{12}）	差 =1，比较差 =2，一般 =3，比较好 =4，好 =5
村民参与监督管理情况（X_{13}）	几乎没有村民参与 =1，很少有村民参与 =2，有少数村民参与 =3，大部分村民参与 =4

数据分析方法：本研究采用 SPSS－17.0 软件，对上述变量进行赋值后输入数据库，运用 Logistic 分析方法处理软件数据并得出结果。在此基础上进一步分析，在具体的分析中选取以下参数作为分析工具。

回归系数（B）表示影响参数，反映了 X（自变量）对 Y（因变量）的影响。公式表明，X 对 Y 的影响与回归系数呈正相关，系数越大，影响也就越大。正回归系数表明 X 和 Y 同向变化，即 X 的增加也会带动 Y 的增加。而负回归系数恰恰相反，X 和 Y 反向变化，即 X 的增加反而会造成 Y 的减小。即最后的数据处理中输入性别、年龄、受教育程度、身份和投入意愿后所得结果 B 值为正值且绝对值越大，这意味着对村民意愿的影响越大。若 B 值为负值，则结果相反。

显著度（Sig.）是代表显著性的数值，一般大于 0.05 表示差异不明显，小于 0.05 为存在较明显的差异，而小于 0.01 则表明存在巨大差异。

标准误差（S. E.）是对样本均值与总体均值间分散程度的测量，是测量结果精确度的指标，指明采样误差的大小。

发生比率 Exp（B）即优势比，表示 X 的发生比率随着 Y 每增加一个单位呈倍数改变。

4.3.2.2　分析结果

结果一：个体的特征影响着村民投入意愿的产生。由假设 1 可得，农村公共基础设施的建设会在很大程度上受到农民个人特质的影响。对村民个性特征造成影响的因素包括性别、受教育程度、年龄、投入方式和身份。村民投入村级公益事业建设的意愿被视为因变量，投资意愿为 1，不愿投入为 0。对数据进行逻辑分析处理，得到的结果如表 4 - 14 所示。

表 4 - 14　个人特征的 Hosmer 和 Lemeshow 检验结果

	卡方	df	Sig.
步骤 1	2.492	8	0.886

Hosmer 和 Lemeshow 检验结果显示，显著值 Sig. 为 0.886，方程拟合效果好。Logistic 回归的年龄、性别、受教育程度、身份以及投入方式如表 4 - 15 所示。

表 4 - 15　个人特征对村民投入意愿影响的 Logistic 回归分析

个人特征	B	S. E.	Sig.	Exp（B）
年龄（X_1）	- 0.282	0.179	0.115	0.754
性别（X_2）	- 0.006	0.336	0.973	0.995
受教育程度（X_3）	0.365	0.183	0.047	1.440
身份（X_4）	0.749	0.185	0.000	2.114
投入方式（X_5）	0.371	0.193	0.056	1.825
常数	0.271	0.463	0.559	1.311

由表 4 - 15 的回归分析的结果可知，年龄、受教育程度和身份对村民的投入意愿产生影响，影响的程度比较为身份 > 受教育程度 > 年龄。并且，数据还指出，村民的性别特征以及村民对农村公共基础设施建设的投

入方式与投入意愿无关。

4 - 8 个人特征对村民投入意愿的显著性影响因素

（1）身份认同因素对村民投入村级公益事业建设意愿产生的影响。本研究将村民身份界定为普通村民、村民代表、村民干部三类。根据数据进行分析得出，身份是个人特征中对村民投入意愿影响最大的因素，回归系数为 0.749，并且与村民的投入意愿呈正相关。对村级公益事业建设的热情比较依次为村民干部、村民代表、普通村民，村民代表和普通村民投入建设公共基础设施的意愿反过来也会影响村民整体的投入热情。数据显示身份显著性为 0.000，表明对村民投入意愿的影响程度很大。同时，其发生比率为 2.114，表示村民代表的投入意愿是普通村民的投入意愿的 2.114 倍。由此得出，随着身份的不同，对农村公益事业建设的相关政策和实施状况的了解程度不同，参与农村公共基础设施建设的积极性也不同。因此，因个人身份认同的不同，村民在农村公共基础设施建设上的积极性存在明显差异。

（2）受教育程度对村民投入村级公益事业建设意愿产生的影响。根据调查分析，将村民的受教育程度划分为五种，即未上过学、小学、初中、高中、大专及以上。根据数据模型，村民投入意愿随着受教育程度的提高而增强，二者呈正向变化的关系。究其原因，是由于村民的文化程度越高，其接受新事物和新知识的速度就会不断递增，视野也会随之越来越开阔，更大层面上还可以认为，对政策的认知程度越高，就越有能力和心情收集和处理信息，也就越愿意投入农村公益事业建设当中。

（3）年龄因素对村民投入村级公益事业建设意愿产生的影响。根据模型显示，年龄的差异对投入村级公益事业建设的意愿会产生不同的影响。由表 4 - 15 可知，村民年龄的回归系数为 - 0.282，村民年龄越大，对村级公益事业建设的投入意愿越弱。在本次调研中，村民的年龄范围为 18 ~ 88 岁，其中年龄集中在 18 ~ 30 岁、31 ~ 40 岁、41 ~ 50 岁、51 ~ 60 岁和 61 岁及以上的村民在村级公益事业建设的投入意愿比例逐步下降。主要原因分为两个方面：一方面，老龄村民体力不足，并且收入较低，与外界接触也较少，导致对村级公益事业建设的认识相对不足，参与筹款的意愿相对较弱，投入意愿较低；另一方面，老龄村民适应村内事务都是以由村干部或村代表来协调和解决的模式，其被动性导致投入意愿不高。因此，村民年龄的大小与投入村级公益事业建设意愿的强弱成负相关。

综上，在个人特征中性别与村民投入方式与村民投入意愿的相关性较小，也就是说，性别以及村民投入方式对村民投入意愿产生的影响尚未得到证实。根据假设 1 和逻辑模型检验，已确认受教育程度、年龄和身份对村民的投入意愿产生重大影响。

结果二：家庭特征对村民投入意愿的影响。假设 2 认为家庭特征对农村公益事业的建设能够产生影响，家庭层面特征的影响因素包括家庭人均年纯收入、婚姻状况，也包括家庭中的孩子数量和主要收入来源。从逻辑上对数据进行分析处理，得到的结果如表 4－16 所示。

表 4－16　家庭特征的 Hosmer 和 Lemeshow 检验结果

	卡方	df	Sig.
步骤 1	7.889	8	0.342

方程的显著性检验如表 4－16 所示，显著性值 Sig. 为 0.342。结果表明，预期频率与观测预测活动数之间无统计学差异，方程拟合效果良好。

表 4－17　家庭特征对村民投入意愿影响的 logistic 回归分析

家庭特征	B	S. E.	Sig.	Exp（B）
家庭人均年纯收入（X_6）	0.712	0.205	0.003	1.608
婚姻状况（X_7）	－0.012	0.314	0.998	0.891
家庭的小孩数量（X_8）	－0.952	0.443	0.891	0.767
主要收入来源（X_9）	0.523	0.242	0.008	1.103
常数	－2.264	0.727	0.716	0.768

基于家庭特征对村民投资投劳意愿产生影响的 Logistic 回归分析表明，家庭人均年纯收入和家庭主要收入来源对村民投资投劳意愿产生的影响颇大。其中，家庭人均年纯收入这一因素最能影响村民对村级公共基础设施建设的投入意愿。从表 4－17 中，无法分析出家庭中的小孩数量以及婚姻

状况对村民投入意愿能够产生影响。

图 4 - 9　家庭特征对村民投入意愿的显著性影响因素

（1）家庭人均年纯收入因素对农民投入村级公益事业建设意愿造成的影响。根据表 4 - 17 中的数据可知，家庭人均年纯收入的回归系数为 0.712，与村民村级公益事业建设的投入意愿呈现较为显著的正相关。换句话说，就是如果村民的家庭人均年纯收入较高，那么其参与村级公益事业建设投资投劳的积极性也就相应提高。从调研的实际情况来看，家庭人均年纯收入在变量分配中被分为了四档，即 5000 元以下、5000～7999 元、8000～9999 元、10000 元及以上。参考 Exp（B）值 1.608 可以得出，家庭人均年纯收入每升高一个档次，那么村民对村级公益事业的投入意愿就会随之增加 1.608 倍。通过分析需求层次理论便能更深层次地理解，随着收入的增加，村民对低层次的需求不再非常迫切，甚至不再是问题，而是越来越关注高层次的需求。家庭人均年纯收入不及甚至远不及当地平均水平的村民，自然就无暇顾及村级公益事业建设。

（2）家庭收入来源对农民投入村级公益事业建设意愿产生的影响。就目前情况而言，苏皖六镇村民的家庭收入来源可分为三种类型，即农业以外收入、并行收入和农业收入。其中，农业类收入的范围包含很多方面，不但包括种植业，还包括渔业、畜牧业等。具体分析：一是收入主要依赖农业的家庭，更加依赖村级公益事业涉及农田水利灌溉的农村基础设施建设，因此，进一步分析可知，在村级公益事业中享受到好处多的村民收入来源多于非农业村民，因此他们有较为强烈的意愿投入建设农村公共基础设施；二是主要收入依赖于农业收入的村民，主要集中在村域内进行生产和生活，外出打工或长期在外的现象较少出现，因此，他们对于行政村容易产生归属感，理由是可以长期享受村级公益事业的建设成果，因此他们也更愿意投入村级公益事业建设。

假设 2 中假设对农业收入的依赖性随着家庭收入的提高而增强，对村级公益事业建设的投入意愿也就增强，这一说法得到了验证。婚姻状况和家庭中小孩子数量在苏皖六镇家庭特征中对于村民村级公益事业建设投入意愿所产生的影响尚未被证实。之所以没有被证实，原因可能是假设错误、调查样本选取不合理以及采样数量过少等。

结果三：行政村特征对村民投入公益事业建设意愿所产生的影响。针对假设 3，即行政村的不同特质会对村民农村公益事业建设的投入意愿产生不同程度的影响。行政村层面特征的影响因素主要包括：是否满足村民需要、村委会宣传动员次数、村集体经济状况、村民参与监督管理情况。从逻辑上对调研数据进行处理，因此，获得的结论如表 4 - 18 所示。

表 4 - 18　行政村特征的 Hosmer 和 Lemeshow 检验结果

	卡方	df	Sig.
步骤 1	2.361	8	0.998

方程的显著性检验如表 4 - 18 所示，并且，显著值 Sig. 为 0.998，表明方程拟合效果较好，可以进入到下一步的回归分析。

表 4 - 19　行政村特征对村民投入意愿影响的 Logistic 回归分析

家庭特征	B	S. E.	Sig.	Exp（B）
是否满足村民需要（X_{10}）	0.472	0.223	0.029	1.504
村委会宣传动员次数（X_{11}）	0.812	0.207	0.000	1.443
村集体经济状况（X_{12}）	0.211	0.185	0.017	1.013
村民参与监督管理情况（X_{13}）	0.374	0.196	0.046	1.102
常数	1.507	0.681	0.041	5.114

根据表 4 - 19 数据可知，是否满足村民需要、村委会宣传动员次数、村集体经济状况、村民参与监督管理情况在行政村特征中均对村民投入意愿能够产生影响。从回归系数绝对值的大小可知，其中影响最大的是村委会宣传动员次数，其次为是否满足村民需要、村民参与监督管理情况，村集体经济状况的影响最小。

（1）村委会宣传动员次数对村民在投入农村公益事业建设中的意愿影响。从表 4 - 19 的回归分析结果来看，村级公益宣传动员被看作一个非常

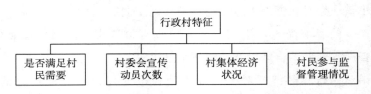

图 4 - 10　行政村特征对村民投入意愿的显著性影响因素

重要的因素，甚至可以强调其是影响村民农村公益事业建设投入意愿的关键之一也不为过。调查显示，村民对村级公益事业建设宣传的满意度越高，村民投入运营资金或提供劳动力的意愿就越高。村委会宣传动员次数与村民投入意愿呈正相关的趋势（显示回归系数为0.812），表明村民对村级公益事业建设宣传较为满意。因此也可以这么说，投资运营流动资本或提供劳动力的意愿随着满意度的提高而增加。江苏三镇作为农业较为发达的镇，也存在很多农村公共服务供给不到位的情况，根据实地调研可知，大部分城镇尚且无法实现户户通，村内广播的全面普及也无法达到，在某些地区，没有广播和其他通信设备。城乡基层，尤其在地处偏远的贫困山区，起宣传作用的媒体网络尚不健全，宣传方式陈旧单一，宣传手段十分落后，此外，目前城乡基层宣传文化工作仍处于规划、文件和会议的低水平层次。宣传动员的不全面、不深入、不广泛，会在相当大的程度上挫败村民对农村公益事业建设的参投意愿。根据实地调查情况来看，即便在苏皖六镇相对发达的地区中，不少中青年人还是选择外出打工，因此，留守儿童和丧偶老人的比例较高。在村里的村民普遍没有受过较高程度教育的情况下，大家对农村公益事业建设的情况了解得不太及时，也不太全面，导致沟通存在不顺畅的情况。中青年外来务工人员对村里公共设施的现状知之甚少，甚至不太关心。

（2）是否满足村民需要也是一项影响村民是否愿意积极投入农村公益事业建设的重要因素。现如今，村民对公共设施和公益项目的需求与日俱增，并且这些需求某种程度上比其他方面的需求更加急迫。近年来，村民收入提高，外出务工村民的返乡人数也在增加，由此，大多数村民开始重塑对于改善自身生产生活条件的观念和认知，对于改变家乡面貌的愿望更加迫切。在村级公益事业的发展进程中，镇与镇之间、同一个镇内部之间发展普遍存在不平衡，整体覆盖面较小，很难满足村民对于农村公共基础设施建设的需要。因此，要建设那些村民需求最迫切、与村民自身利益最直接相关的公共基础设施，回应村民的最直接的诉求，这种对村民利益与呼声的回应对村民参投农村公共基础设施意愿的影响也是不容忽视的，换言之，这将在相当大的程度上影响村民的投入意愿。从表 4 - 19 来看，是否满足村民的需要与村民投入意愿呈正相关（回归系数为 0.472），这就说明，认为村级公益项目能够满足自身需求的村民更加倾向于投入资本和劳力。描述性统计得知，在选择"满足""比较满足"这两项的村民中，74.95％的村民对村级公益事业建设表示愿意投入。究其原因，村民的主观思想是不是积极很大程度上决定着村民会不会投入，也决定着愿不愿意投入。有了正向的认知，才会有合适的行动，所以村民对农村公共基础设施的认识直接影响到村民是否能够主动参与村级公共基础设施建设，这一举措与村民投入农村公共基础设施的意愿有关，并最终对村内公共基础设施建设水平产生影响。如果村民对农村公共基础设施建设的需求长期得不到满足，毫无疑问，他们参与并投资建设农村公共基础设施的意愿将大大降低。

（3）村民参与监督管理情况对村民参与农村公共基础设施建设意愿所造成的影响。众所周知，农村公共基础设施建设涉及广大村民的利益。因此，可以在建设中扩大监督管理主体，尤其是可以将村民纳入进来，这将更好地缓解农村干部与群众之间的紧张关系，也能更好地稳定农村的发展，最终保证村民利益的实现。在调查中，多数村民表示村民参与监督管理是非常必要的，过半数村民愿意自身参与监督管理。并且，村民投入意愿的解释变量的逐步回归结果可以得出，村民参与监督管理情况的回归系数为 0.374，这与村民的投入意愿呈正相关的趋势。从回归系数的绝对值可以看出，迭代结束后，村民参与监督管理情况要大于其他因素对村民投入意愿的影响。这就表明村民越能深刻认识参与监督的必要性，其资本和劳力的投入意愿越高。目前而言，农村法制建设工作开展进程稍显缓慢，民主监督不足，村民法律意识匮乏，适用于解决各种农村问题的法律法规有待完善，更直接的体现则是政府与村民之间的监管互动以及政府提供的服务严重不足。这些情况可能使项目在实施过程中出现不公平、效率低下、民意不足等问题。在激励村民投入的操作流程方面，与村级公益事业的规划、筹资、报告、审批、建设和验收等的有关制度目前尚不完备。资金管理方面，村级公益事业激励措施涉及的资金面比较广，相关程序复杂，财政部门的资金预算能力较低，管理能力也较低。监督机制方面，一些监管部门懈怠监管职责，监督反馈机制不健全，政府与社会的联系不足，违法违规现象屡见不鲜。与此同时，基层管理组织在公益项目上也存在问题，如管理制度不健全、服务体制不完善，即缺乏结合本地实际的有效措施来依法引导、有力扶持、大力规范、健全保护村级公益事业建设的机制，又不能通过其服务部门加以宣传教育来引导和协助村民在公益项目中坚持正确的发展方向。

（4）村集体经济状况对村民在农村公共基础设施建设中的投入意愿所产生的影响。根据逻辑分析结果可以确定，村集体经济对村民投入意愿会产生影响，并且，影响效果具有同向性。农村集体经济建设水平较高的地区，农民就会有越高的积极性与主动性投入农村公共基础设施建设过程当中去。村集体经济的投入是农村公共基础设施建设的主要来源之一，在农村公共基础设施建设中发挥着积极作用。近年来苏皖六镇的村集体经济状况呈现良好的态势，在村级公益事业建设的筹措中也起到更为重要的作用，但仍需加大支持力度。村集体经济状况的改善在一定程度上增加了村民对村委会和村干部的信任和善意，也能在一定程度上显示出村庄建设的资源禀赋良好。

结果四：政府特征对农民投入农村公共基础设施建设意愿所产生的影响。根据假设4，假设政府特征影响了村级公益事业，更直接地说就是，影响了村民的投入意愿。政府特征的影响因素包括希望政府提供支持、财政奖补金额力度、项目管护制度落实情况、对资金管理办法的评价。科学进行处理数据后，结果如表4-20所示。

表 4-20   政府特征的 Hosmer 和 Lemeshow 检验结果

	卡方	df	Sig.
步骤1	2.492	8	0.886

表4-20是经过方程的显著性检验得出的，其中显著值 Sig. 为 0.886，表示方程有较好的拟合效果，可进一步对 Logistic 的回归结果进行分析。

表 4 – 21　政府特征对村民投入意愿影响的 Logistic 回归分析

政府特征	B	S. E.	Sig.	Exp（B）
希望政府提供支持（X_{14}）	0.506	0.015	3.156	0.576
财政奖补金额力度（X_{15}）	0.741	0.086	0.027	1.593
项目管护制度落实情况（X_{16}）	0.602	0.128	0.032	1.358
对资金管理办法的评价（X_{17}）	0.807	0.057	0.005	1.705
常数				

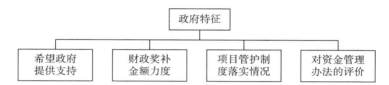

图 4 – 11　政府特征对村民投入意愿的显著性影响因素

（1）对资金管理办法的评价对村民在农村公共基础设施建设中的投入意愿所产生的影响。如今，社会主义新农村的建设步伐逐步加快，国家也开始采纳更多可能的渠道，采用多管齐下的方式，大力投入农村公共基础设施建设，助力新农村的发展建设。在通村公路、村级办公空间改造、农田水利工程、卫生文化设施等村级公益事业建设中，可以看到项目建设中资金使用情况涉及公益项目的建设过程中的很多方面，比如资金来源、工程的预算、招投标情况和财务管理等过程。并且还有一个现象值得关注，即对于村级公益事业建设项目，由于资金来源不同，管理部门也不同。例如，组织部门负责管理村级办公空间改造，交通局负责管理疏通村路，水利局负责管理农田水利工程。与此同时，各部门的跟踪和管理实际上远非上级对应的直接管理，乡镇等部门又无权管理，所以全部交给村干部行使权力。受到这种现实条件的制衡与约束，要在更大程度上实现资金管理的公开化，增强资金使用的透明化。资金投入对于农村公共基础设施建设而言是重中之重，因此，资金的管理、监督和使用将严重影响村民投入农村公共基础设施建设的意愿。从表 4 – 21 可以看出，对资金管理办法的评价的回归系数为 0.807。Sig. 值小于 0.05，且 S. E. 值等于 0.057，这就表明检验影响因子效果是合格的，标准误差小，即可以得出公益事业建设项目中的资金管理对增强村民投入意愿有一定的积极作用。对于财政奖补、工程建设、监督管理等方面进行资金监管，能从源头上防治不良问题，包括贪污、挤占、挪用、骗取民生资金等，确保用于民生发展的资金在阳光下安全、透明、高效地运作。在实地问卷调查和访谈中，重视资金的使用、管理的村民较多，公益项目中的资金公开透明程度欠缺，农民作为投入公共基础设施建设的主体之一，在不清楚资金使用渠道和细节的情况下，难以对资金的使用实行有效的监督，将会在相当程度上削弱其投入的意愿。合理使用资金，及时宣传，将使村民对政府和村干部更加信任，强化其投资投劳意愿。由此可见，尽管调查区域内村民整体表示对于村级公共基础设施建设较为重视，但若村民不满意资金管理，也会使得村民对村级公共基础设施建设的投入意愿降低。

（2）财政奖补金额对村民投入农村公共基础设施建设意愿的影响。根据表 4－21 中的数据，0.741 是财政奖补强度的回归系数，Sig. 值为 0.027 且小于 0.05，这与村民投入的意愿正相关。财政奖补金额力度回归系数在所有政府特征中排名第二，对资金管理办法的评价的回归系数在所有政府特征中排名第一，可以看出，资金的使用和监督管理这两项因素在相当大的程度上影响着村民投入农村公共基础设施建设的意愿。目前苏皖六镇村级公益事业建设投入主体呈现多元化趋势，但就投入资金数目而言，最主要的资金来源仍为村民筹资筹劳和政府财政投入，社会资助等其他资金来源及额度并没有预期那么好，所以加大财政奖补金额力度主要反映在奖补比例的提高，而奖补比例的提高意味着中央和地方各级财政支持农村公益事业建设的力度加强，只有这样才能充分推动村民积极参与村级公益事业的建设。

（3）项目管护制度落实情况对农民投入建设农村公共基础设施的影响。农村公共基础设施建设是农村公共产品中非常重要的组成部分，它也是一种公共产品或者公益服务，这种产品或服务不以盈利为目的，并且全部用以满足农民的生产生活需要。项目管理和保护工作是指，项目实施过程中村级公益项目竣工验收和施工管理后的运营管理和维护服务。从调查中可以看出，自 2009 年苏皖六镇开展农村公共基础设施建设试点工作以来，"一事一议"财政奖补政策的推行落实取得了一定的成绩和效果，建设了一批村级公共基础设施，这些工程大大改善了村民生产生活环境。但是，一些公益项目重建轻管，缺乏后期跟踪服务和维修，致使建后项目得不到有效管护，在长期使用后部分工程破败、毁损等，未发挥应有的效益和效用。由表 4 - 21 数据可知，项目管护制度落实情况的回归系数为 0.602，Sig. 值为 0.032，小于 0.05，属显著性因素，且优势比均在 0 - 1 之间，处于正常水平，与村民投入意愿呈正相关。数据分析表明，施工完成后不利的管理会抑制村民的投入意愿。根据调查的进一步分析，虽然公共基础设施将在一定程度上改善村民的生活和生产条件，但现有的和新建的公共基础设施并不是永久性项目。在使用过程中，它会受到人为或自然的损害。因此，项目完成后，如何管理和维护，使其作用能够得到充分的发挥，成为工作的重点和难点。苏皖六镇的公共基础设施建设需要投入一定程度的资金和劳动力，设施建成之后还有更多的后期维护工作去做。农村公共基础设施建设是有利于人民、有利于未来的事情。农村公益事业建设由于投资渠道的多样性，个别地方受"政绩观"的影响，人们往往对"有形"的项目建设感兴趣，而对"无形"的项目后期管护不重视，这样就造成项目在建设前就"先天不足"（缺少整体规划），再加上"后天失调"（后续管护不到位），使得公益事业项目整体使用效率不高。根据调研，农村公路、农田水利等公共基础设施建设方面尤其能反映此种现象，"重建设、轻管护"现象普遍存在，由于管理跟不上，后期管护措施不能完全到位，建设成果大打折扣，导致项目效益不能得到应有的发挥。并且，应该关注到，道路绿化、照明、文化体育设施建成后，这些只能投资无法生产的社会福利项目建后管理步伐跟不上，村民只能看见短期的效果，享受不到长期的利益，因此，会使得消极效应不断扩大，也会进一步削弱村民投入建设农村公共基础设施的意愿。

对资金管理办法的评价、财政奖补金额力度和项目管护制度落实情况与村民投入意愿表现出显著的关联性。而希望政府提供支持对村民投入意愿没有影响，与假设 4 相违背，究其原因，有一定可能是村民不够了解相关政策，因此，可以视为期待的投入意愿与农民现实的投入意愿之间没有相关性。

4.4　村民投入意愿畸变的根源

在上述影响因素的分析中发现，影响村民投入意愿的因素非常多，村民内部"善分不善合"的固有弊病在村级公益项目建设中暴露无遗,[1] 甚至村民复杂的心理变化也是要重点考虑的因素,致使许多本应开展的村级公益事业出现了停滞的局面。因此,回归到村民自身"理性人"的身份,[2] 探讨政策的设计与实施的不合理,可以得出村民参与农村公共基础设施建设的投入意向的根本原因主要体现在两个方面:村民主体因素和项目客体因素。

4.4.1 村民主体因素

4.4.1.1 村民认知

村民做出决策都是在估算出付出与收益之后。一般激励措施能够对村民行为施加正向效应,也能够施加逆向阻碍效应。有效的激励政策往往能够兼顾村民与政府之间的共同目标,也能够引导和规范村民行为,并使其发挥正向效应,最终促使集体目标实现。作为理性决策人,村民是以获利作为行为动机。当存在外部利好刺激时,村民行为还取决于其自身的公益认可程度,以及信息储备量。换言之,当存在利好外在时,村民的行为反应应该根据其认知和过往经验来确定。大多数情况下,村民对于刺激判断和反应往往是源于文化素质。由于数十年内村民所处的经济和社会环境产生剧烈变革,市场经济下的农业经济使得村民在家庭收入方面产生了较大差异。从对苏皖六镇的调查来看,它们大致可分为以下三类。第一类,仍处于温饱状态的村民。这类村民把满足全家需要作为奔波忙碌的首要目标,面对村级公益项目的激励措施,这类村民往往需要以谋生为终极目标,因此,在这种情况下,村民便会倾向于选择不投入资金,或只对与自己生产生活有极大关联的项目做出投入。第二类,处于小康阶层的村民。这部分村民在投入公益项目时会遵循利益最大化的原则,更加全面地考察自身可能面对的风险与成本。因而,他们对于激励措施的响应一般会较为积极,并且会固守自我利益的底线。第三类,部分先富起来的村民。这类

---

[1] 吴思:《潜规则:中国历史中的真实游戏》(修订版),复旦大学出版社,2009,第193~194页。

[2] 曼瑟尔·奥尔森:《集体行动的逻辑》,陈郁、郭宇峰、李崇新译,格致出版社、上海三联书店、上海人民出版社,2014,第4~5页。

村民不存在生产生活压力，所以他们常常愿意积极投入富余的资金支持公益项目的完善和发展，从而提高自身生活的便捷性，以追求高质量的生活品质。具体的认知表现可分为以下两点。

一是活动政策认知。调查中我们发现，整体而言苏皖六镇的村民对村级公益事业活动项目的政策了解程度十分有限，甚至有村民对"一事一议"政策闻所未闻，多数村民只知道每年每户出钱出力是为了村里修路建桥，对于政策的具体奖励补助办法、筹资筹劳标准以及项目实施的重点难点知之甚少。如表 4 - 22 所示，从被访村民对公益项目政策的了解情况可以看出，对公益项目政策的具体内容及实施细节非常了解的人只占极少数，过半数的村民对细节问题都是很不了解的状态。从对政策的具体奖励补助办法了解程度来看，村民中选择"比较了解"和"很不了解"选项的占80％以上，"一事一议"财政奖补等相关政策对农村公共基础设施的建设有着强有力的指导作用，提供了比较大的帮助，由此可见，村民越是了解公益事业，对其认同感就越强，而在村民对政策的了解程度不够高的时候，他们参与公共基础设施建设的意愿和参与质量都不算太高。因此，乡镇有关部门要在与村民增强紧密联系性工作上采取适当措施，多沟通、多交流、多疏导，近距离引导村民了解政策。

表 4 - 22　苏南二镇村民对公益项目政策的了解情况

了解情况 / 活动政策	非常了解（％）	比较了解（％）	很不了解（％）
公益项目政策	3.7	36.2	60.1
奖励补助办法	2.8	32.8	64.4
筹资筹劳标准	3.9	45.6	50.5
项目运行困难	4.3	40.9	54.8

在调研中我们还了解了村民对于当前农村政策的获知途径，包括村委会宣传、广播电视宣传播报、村民口口相传。其中，村民的口口相传已成为排在首位的获知途径，其次为广播电视的宣传播报，选择向村委会咨询的人数则非常少。可以看出，村民之间面对面交流的形象和特殊性更容易被人们接受，其次村民比较乐于接受广播电视的宣传，更加便捷，而与前两种方式相比，向村委会咨询的人数和次数都很少。然而我们也知道，村

民口口相传的人际传播方式属于非正式和非组织的渠道，政府对其控制力较弱，也容易造成信息失真。与此同时，广播电视的传播不易保留，使村民对政策的认识只能保持在理解的层面，不能深化。村委会的宣传作为最直接有效的传播政策的途径却未被高效利用。村级公益事业政策属于公共政策，村民若要参与其中，需要及时和畅通地获取政策信息，因此村委会应当加大宣传力度。

当然，调查结果显示妇女、老人和儿童在农村人口中所占比例较大，这是当前的客观现实。以江苏 ZZ 镇为例，男性占 38.4%，女性占 61.6%；年龄在 20~45 岁的占 32.6%，45 岁以上占 67.4%；受教育程度在初中及以下的占 75.3%，高中及以上 24.7%。由此可以看出，当前留守老人、妇女以及留守儿童在农村人口中所占比例较大，农村空心化和外出务工热的现象较为普遍。由于这些留守村民年龄较大或较小，文化素质有待提高，理解和接受宣传能力明显不足，因此我们调查出的村民政策认知度较低是可以理解的，数据不具备全面的代表性。所以，当具有一定文化素质的青壮年外出务工时，参与建设的任务就落到了留守的老人、妇女身上，由于他们对政策的认知有限，这样做出的参与决定可能带有一定的局限性。

二是参与角色认知。针对受访者对乡村场域中的三个重要角色的调研分析，即对政府、村委会和村民的认识研究，总结出村民对政府的期待、对村委会的要求以及村民自身角色的定位。

表现一：村民对政府的要求。根据调查，86.5% 的受访村民认为政府应该是村级公益事业建设的主体（见图 4 - 12），同时又有 42.6% 的村民希望政府同时作为监督主体（见图 4 - 13）。但是，按照有效监督的原则，"裁判员"和"运动员"不应该是同一个人，这是无效的。通过调查可以很直观地了解现阶段村民对监督认识的薄弱。村民们认为，农村公共基础设施的建设应该是"政府付钱，村民出力"，并且项目的建设主要还应当由政府主导，并建议政府补助不仅有资金到位，还要通过强有力的政策来实施。可以看出，"家长制"的传统观念对村民的影响依然非常大。国家每年制定众多促进农村发展的政策，并且持续向农村倾斜，大量投资建设农村公共基础设施，这也造成了村民对政府提供农村公共产品和服务的更多期待，本能地认为公益事业是政府建立的，从村民内化出来的自给自足的动力严重缺失。

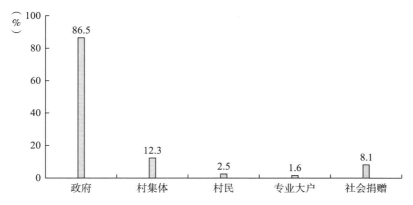

图 4 - 12　村里修路建桥等公益活动投入主体

注：在该项问卷调查中，村民可以选择多个候选项。

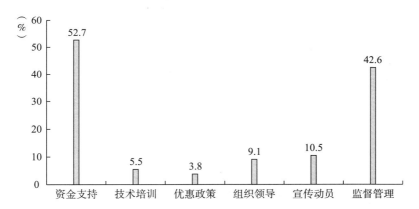

图 4 - 13　村民希望政府在修路建桥等公益活动中提供的支持项目

注：在该项问卷调查中，村民可以选择多个候选项。

　　表现二：村民对村委会的要求。村民认为，村委会在村级公益事业建设中的主要作用应该是组织者，并充分发挥上传下达的作用。与此同时，村民们对于领导班子的腐败问题以及集体财产浪费现象也表达了担忧，因此，村民对村委会提出要求，希望政府政策得到合理实施，弥合政府与村民之间不必要的间距。由此可见，村委会在村级公益事业建设中的作用发挥可以看作一把"双刃剑"。一方面，它可以在建设村级公益事业中发挥积极的引导作用；另一方面，可能存在损害村民利益的政治腐败问题（见图 4 - 14）。同时，村委会作为村民自治组织，应承担向政府表达需求并组织村民有效合作的平台作用。然而，目前村委会已在某种程度上变成了政府的派出机构，因此，其主要的精力不得不放在完成政府的各项行政任务上，实际上是在执行政府政策，所以阻碍了其提供农村公共产品的全部功能。

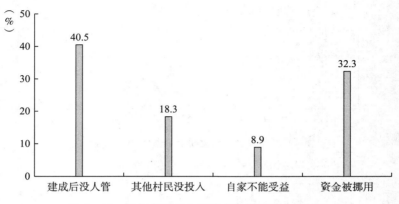

图 4 - 14　村级公益事业建设中村民最担心的问题

表现三：村民对自身的定位。3/4 的受访者认为，村级公益事业的建设是一个典型的"政府问题"，并且充分信任"政府出资、雇工，不需要村民加入"，只有少数村民认识到村级公益事业对他们来说是一件好事。由此可见，村民主体意识缺失。在调查中，我们还了解到，由于苏南经济水平相对较高，近年来农业增长，农村集体经济增长。在我们走访的龙降桥村、齐心村和隐读村中，村民普遍反映在目前村庄内的村级公益事业建设中，所需资金由村集体资助，当然当地政府也有一定的投入，但其他几乎不需要村民进行额外筹款。但反过来看，这种现象也使得村民产生依赖心理，更缺乏参与意识。需要指出的是政府大包大揽固然提高了村级公益事业的建设效率，但是从长远发展来看，村级公益事业的建设应更倾向于听取民声，满足村民的实际需求，吸收村民积极参与。多元化、多层次的需求分化有赖于村民民主意识的树立及其需求意愿的表达。

4.4.1.2　参与能力

一是参与主体自身素质。（1）性别：男性明显比女性更加了解民主，并且男性参与民主的意愿也比较强烈，很多农村妇女则表示"对这些事不太了解，也不关心"。（2）年龄：村民年龄越大，他们参与村级公益事业建设的意愿就越强，这是因为，一方面他们处在一个复杂的关系网络中，年龄越大他们对于村落的认同感和归属感越强烈，并且，他们更有可能获得家族的权威与对村落内部资源的支配权，中国素有敬老的传统，老人的影响力在农村还是很大的，尤其是年轻时候有过一番作为的长者；另一方面，老年人不太可能外出定居和工作，因此他们对于周边的公共服务渴求更强烈。（3）受教育程度：受教育程度的高低是影响村民意愿强弱的另一个重要因素。正如学者王浦劬所说："受过良好教育的公民，因其良好的认知能力而具有高度的公民意识和政治意识。"① 农民普遍受教育水平有限，相关专业知识欠缺，信息储备不足，政治意识寡淡，认知能力和民主要求低，因此也导致参与能力和议事水平不高。分析结果显示，参与意愿随着受教育水平的提高而增强，并且受教育程度越高，参与程度越高。一方面说明他们对公共政策的认知度越高，对公益事业的支持度就越强，另一方面也意味着这部分人拥有更多的获取社会资源的能力，在建设过程中发挥先导作用。此外，在村落中受教育水平高的人往往无形中拥有话语权和权威性，容易成为"精神领袖"。

表 4 - 23　苏皖六镇被访村民的基本信息

基本信息 调查项目	性别		年龄		受教育程度	
	男性	女性	18～60 岁	60 岁以上	初中及以下	高中及以上
人数（人）	206	229	256	179	346	89
比例（%）	47.36	52.64	58.85	41.15	79.54	20.46

　　二是家庭、个人经济特征。收入水平越高、支付能力越强的村民就越有可能热心村级公益事业。收入水平部分地反映了个人境况，从我国体制结构现状来看，居民的收入水平、社会保障等与其所服务、供职的部门有着密不可分的联系。如果个人境况不佳，那么对个人境况的不满也就会转嫁到公益事业上，从而使得个人对公益事业产生不满情绪，甚至消极参与。因此，提高村民满意度和参与度的最根本动机是改善村民的个人境况。从上文我们也可以看出，"缺乏资金"是阻碍部分村民"出资出劳"的一个重要影响因素。

――――――――――

① 　王浦劬主编《政治学基础》，北京大学出版社，1995，第 39 页。

4.4.1.3 参与效能

一是效能感因素。目前，我国特殊的政治和行政体制也是影响村民投入意愿的重要因素。很长一段时间，我国针对农村公共产品的供给一直围绕着"单中心"来运作，这一运作的特征就是资源和权力集中于政府，村民手中的资源微乎其微，且缺乏可使用的平台。因此，长此以往，使村民政治效能感呈现下降趋势，严重影响村民参与公共事务的意愿，即使是有关切身利益的。而且，"村庄与村庄的结合"带来的负外部性也造成了政治上的无能为力，村民的政治参与感也较弱，村民直接的感受就是有心却无力，只能充当"局外人"的角色。在调研中我们也发现了类似的情况，在苏南，2003 年 ZZ 镇与 BD 镇合并，原 QD 以及原 MG 二镇合并成 QD 镇，合村并组的现象在二镇均存在。这样一种模式影响也是双重的，一方面，村庄和村庄的结合大大扩大了行政村的规模，同时改变了村民的生产和生活习惯，资源受限，同时原本关系陌生的村民之间的感情变得更加淡漠，村庄带给村民的认同感、融入感呈下降趋势；另一方面，由于村干部所管理的范围扩大，村干部的权威会受到村民各种各样的质疑，甚至挑战，因为他们新接触的村民彼此之间都是陌生的。村庄与群体的结合使原来不同的"熟人社会"与利益群体相结合，缺乏心理认同和相互信任。"合村未合心"，因此当遇到集体事务时，陌生感会使部分村民产生不作为型参与，甚至产生了抵触性参与，影响村民参与的意愿。

二是话语权因素。政府从来是村级公共产品供给的绝对领导者，能够用权力调动资源，运行着一种"自上而下"供给的决策机制。因此，在这样的运作系统中，村民作为理论上的最大受益者，却未能有效参与决策，甚至可以通俗地讲，没有权利决定对自己有利的事情，在决策过程中，似乎总是表现出村民话语权的缺失。就村级公益事业而言，关于村民需要何种公益项目，公益项目的提供数量是多少，公益项目以何种方式提供？这些主要不是由村民的需求决定，而是由政府或有关部门自己的价值观和偏好决定。对于村民最需要的公共设施和活动，村民自身没有投票权，但由"外人"决定。久而久之，村民的权利得不到实现，效益得不到维护，声音无法准确发出，也逐渐失去了表达自己真实需求的热情，缺少了主动参与建设的动力。

三是监督权因素。在建设村级公益事业的过程中，监督是村民参与的重要途径，因为监督可以有效地促进政府按照规划要求组织项目过程，过程中能够及时反映和纠正损害公众利益的行动计划和实施的变化。根据政策的初衷以及村民有效参与的原则，村民应成为建设主体。然而调查中我们发现村民对公益项目实施的流程、资金使用等情况知之甚少，监督使用更无从谈起，知情权、监督权的缺失阻碍了村民参与的积极性。

4.4.2　项目客体因素

4.4.2.1　公益项目类型特征

我们在调查中关注的村级公益事业建设项目主要包括：（1）修路建桥；（2）小型农田水利设施；（3）公共环卫设施；（4）村民活动中心；（5）饮水安全等。分析调查报告的结果发现，在公益项目类型的特点上，村民选择具有偏向性，比如村民参与道路建设和桥梁建设的意愿较强。理由之一就是道路和桥梁一直与村民的生产和生活联系紧密，尤其是在乡村地区，一条路或者一座桥在很大程度上就是为经济发展添砖加瓦的提速器。例如在江苏 ZZ 镇的实地调研中我们了解到，该镇镇区道路建设较为完善，各个自然村均能被村级道路覆盖，但各村经济条件的不同导致道路的宽度、路面铺装存在差别，与镇区靠近的道路路面质量较好，经济条件较好的村庄道路路面质量较好，其余地区的自然村庄道路路面质量稍差。安徽的 ZB 镇情况也类似，道路建设的质量某种程度上取决于离镇中心的距离。

在建设项目类型特征的影响因素中我们也发现，村民的参与偏好越来越投放在有助于生活质量改善的公共产品上，例如"饮水安全"、"村民活动中心"和"公共环卫设施"。在 ZZ 镇村庄，村里的主要道路不仅配有传统的必备垃圾箱，而且每条主干道上都有有害垃圾箱，将废旧电池、旧灯、油漆和过期药物等有害废物经过分类，然后回收利用。但同时我们也了解到，在有些村庄虽已配置了统一的垃圾收集处置系统，村里也有固定的清洁工，但管理不到位，有的地方还有垃圾乱倾倒的现象；在龙降桥村，调研团队参观了市民学校、保健服务室、文化活动场所、老年人活动场所以及健身室等"村活动中心"，垃圾分类处理的效果没有预期那么好。此外，镇上还有很多村庄产业，其中大部分存在较为严重的污染，乡镇污水处理厂集中处理 ZZ 镇（包括 BD）的部分生活污水和工业排放的废水。其中，少数村庄使用动态污水处理设施，其余村庄仍使用老式化粪池，将污水直接排入附近水体，给周围村民的用水安全带来严重的负面影响，村民积极要求整顿。

在对苏皖六镇的调查中，我们注意到一些村庄的农田已经转移，村里的大规模农业已经签约进行大规模种植。村民主要种植粮油、蚕桑等，并且村庄工业、旅游服务业也相对发达，因此普通村民对于"农田水利设施"的依赖程度不高，参与意愿也不强烈。

4.4.2.2 项目实施的效果特征

表 4-24 苏南二镇村民对项目实施效果的满意度评价

部分项目流程 ＼ 了解情况	非常满意（%）	比较满意（%）	很不满意（%）
宣传动员	10.6	55.2	34.2
召开村民大会	15.7	52.8	31.5
资金公开	3.9	35.6	60.5
建后管理	56.8	41.4	1.8

一是宣传动员效果。在城乡基层，特别是农村，宣传媒体落后，宣传方式单一。此外，宣传动员的不全面、不深入、不广泛，文山会海式的宣传教育甚至让村民产生抵触心理，也会很大程度上降低村民的参与意愿。从实地调查情况来看，村里有许多留守儿童和孤寡老人，这更加给宣传增加了实际的难度，但是越是这样越要宣传，否则政策在基层落实中的阻碍会更大。政府宣传动员的工作越到位，村民越了解，参与的意愿肯定越强。

二是召开村民大会效果。举行村民会议的意义在于了解村民的真正需求，给村民一个好的平台表达村民的意愿。如果村委会等集体组织定期召开村民会议或村民代表大会，认真听取村民的实际需求，实现真实诉求"自下而上"的上传，与此同时，政府组织建立有效的需求回应机制，对村民需求进行及时整合，做到"自上而下"的反馈，这样对症下药，村民的诉求得到回馈，参与意愿自然提升。

三是资金公开效果。建设资金的使用和披露也是构成影响村民参与意愿的因素之一。据调研了解，当前村民不太愿意参与村级公益事业的建设，一个重要的原因是公共资金项目披露的透明度不高，所以，参与意愿大打折扣。此外，项目的基层落实远非理论认知上的那样简单，一方面投入量巨大，另一方面过程十分复杂，所以村干部在推进工作中享有较大权力，也有较大可变通的空间。在实践中，村庄的有限资源往往是掌握在少数人手中，村民作为"局外人"，不免产生担忧情绪。在调查中，我们了解到，除了地方政府投资外，苏南二镇所有公益事业建设所需资金均由村集体资助，几乎无须村民额外筹资，因此村民普遍表示不需要他们出钱，因此他们也不了解资金款项的动态，这非常不利于基层政府与村民间建成互信关系。因此，资金的公开和透明显得尤为重要。

四是建后管理效果。公益项目的有效落实将在一定程度上改善村民的生产生活，因此，为了有效增加项目的使用年限，发挥其巨大的使用价值，也为了以后的管理和保护，有必要投入人力和物力，以便在更长的时间内发挥便利。农村公益事业建设由于投资渠道的多样性，个别地方政府关注"政绩"，往往对立竿见影的项目建设高度重视，而对劳而无功的后期管护不屑一顾，这样就导致公益项目无法发挥其"功在当代，利在千秋"的惠民实效。在调研的苏南二镇中，村民均表示村庄内"只顾建设、不顾管理"的现象"不明显"，村民对项目的建后管理满意度较高，村民不仅能享受已建成的公共设施，而且能看到其长期带来的社会福利，因此参与建设的意愿显著增强。

4.4.2.3　政策激励的设计特征

尽管实施了"一事一议"财政奖补等政策，也较好地弥补了农村公共设施建设的缺口，在基础设施上的投入尤其多，一定程度上缩小了城乡公共服务的差距，并且，调动了一部分富商乡绅、企业老总主动性，使得他们积极捐助村级公益项目，为村级公益事业的建设提供了更好的发展平台。但是，目前中国的村级公益建设制度显示，何种农村公共产品可以供给，提供数量，以及实施方式，都是未经过实际调查研究的，仅仅片面依赖自己的想法，莽撞决策，错误地揣测村民真实的想法，且推进错误的想法的实施，更有甚者强迫村民接受，导致城乡之间的差距被进一步拉大。调查结果显示，江苏省 XA 镇存在一种奇怪现象，即宗族形式的内部利益集团，这些宗族的村民经常在"一事一议"投票过程中暂时联盟。因此，村民理应得到更大的重视，因为村民不仅是主建群体，也是直接受益群体。但是，作为支付村级公益事业建设的主要"支付者"，他们的投入意愿并不强烈，这点必须引起关注。这类群体仅仅是单方面被动接受的，并且被强制执行命令，甚至像"局外人"。可见，安徽省 XA 镇的激励措施不当，其忽视了村民的真实需要和价值偏好，造成村民在村级公益事业建设初期阶段的参与度不够。

第5章　财政奖补：激活村民投入意愿的新动能

以 2008 年为起点，我国农村的公益事业建设开始起步，实行"一事一议"财政奖补政策，实现了政策的优化升级，这一政策一方面，可以改善农村公益事业的投入机制，将投资主体的范围扩大；另一方面，可以进一步促进农村的公共基础设施建设，推动城乡公共服务均等化早日实现。同时，"一事一议"财政奖补对于农村地区公共产品供给和公共事务治理提供了巨大帮助，实现了制度上的突破。

5.1　"一事一议"财政奖补政策及其实践意义

5.1.1　"一事一议"财政奖补政策的实施背景

我国经济在改革开放以后获得了飞速的发展，综合国力的增强助推国际话语权的提高。国家统计局公布的数据显示，2013 年我国 GDP 总量以 568845 亿元紧跟美国之后。无论是城镇居民还是农村居民，其可支配收入都不断增加，其中，城镇居民人均可支配收入为 26955.1 元，农村居民为 8895.9 元，[①] 经济水平的提高使居民的生活质量大幅提升。与此同时，我国的财政收入也呈现增长趋势，每年几乎保持着两位数增长，因此，国家有了更多可供转移支付的财力。财力越雄厚，可发挥的作用也就越大，所以，国家在第三次分配中想要发挥更大的协调作用，在实现发展效率的基础上，更好地促进公平。

值得注意的是，国家经济在保持良好势头的同时，我国各地区、城乡

---

① 国家统计局：国家数据，http://data.stats.gov.cn/workspace/index? m = hgnd。

之间的发展问题却日益显现，一些新的矛盾也开始出现并激化。结合国家实际现状和经济发展的需求，我国长期以来奉行的投资政策普遍向城市倾斜，乡村的资源受限，带来了城乡巨大差距。国家实行的"二元"政策不断拉大了城乡之间的发展差距，随着时间推移，矛盾越来越凸显，俨然变成了我国经济发展和社会和谐的不稳定因素。农村经济的发展速度受制于公共产品供给的严重不足，需要再分配的协调平衡。因此，通过加大投入供给来解决农村公共产品供给不足的现状，调动农村固有的资源，更好地促进"三农"问题的有效解决。中央一号文件将新农村的建设作为一直以来的工作重点，中央和省级财政开始对农村和经济发展落后地区给予足够的关注。仅在 2012 年，中央财政就投入 1228.7 亿元用于解决"三农"问题，扩大了农村基本生活设施的普及范围，促进了包括农田水利等生产设施建设的快步发展。

近年来，中央文件也多次将农业、农村、农民工作置于第一位，针对农村工作中长期痼疾做出了系统性的规划，指明了农村工作的方向和道路。目前，落后的农村公益事业建设已经成为"三农"问题的一个重要方面，城乡间公共产品的供给水平出现了悬殊，因此，城乡发展的活力和质量都有明显的差距，农村居民的获得感明显不足。究其原因，主要是我国社会长期存在的城乡二元结构，具体表现在两个方面：一方面，国家是农村公益事业建设的唯一供给者，市场化深度不够；另一方面，城市与农村的公益事业建设资金分配比例不平衡，城市占有了大比例的资金资源，而农村相对处于资金供给真空期。由此发现，要想改变农村公益事业建设的落后现状，要从财物供给这一问题根源上找出解决办法。

对我国农村公共产品的来源进行历史梳理，我们可以发现，在农村税费改革前，"村提留、乡统筹"这一方式保证了公益事业建设的资金来源，农村长期的积累工和义务工又确保了劳动力的充足供给。21 世纪初，减轻农村税费负担的口号越来越多，实践也逐步深入，"村提留、乡统筹"和"两工"随着税费改革也相继被取消，从而使"一事一议"成为村级公益事业建设筹资筹劳的主要渠道。但是，在现实中，通过"一事一议"进行筹资筹劳却开展得并不顺利，各地在活动开展的过程中存在各式各样的问题，比如政策开展得不平衡、活动覆盖范围面较窄等，村级公益事业建设的投资投劳等各种预期效果未能实现。鉴于实际实践效果与当时的政策预期效果出现严重的不一致，亟须我们尽快纠察问题，调整现状，以便为社会主义新农村的基础设施建设做好充足准备。

正基于此，国务院农村综合改革工作小组在 2008 年 2 月 1 日联合财政部、农业部发文《关于开展村级公益事业建设一事一议财政奖补试点工作的通知》，提出就全国农村地区"一事一议"活动给予补贴，激活乡村内部的活力。并且，该通知第一次明确提出了"一事一议"试点计划的重要性、指导思想和原则、奖励范围，同时对奖补程序、实施步骤、组织领导以及配套机制等做出了相应的解释和工作安排。随后，工作组以云南、河北和黑龙江作为财政奖补政策的试点地区，试点工作逐步进行。政策试点后，2009 年《关于扩大村级公益事业建设一事一议财政奖补试点的通知》出台，对三省的试点实施情况进行反思和总结，继续完善相关配套政策，进一步扩大财政奖补试点方案的范围，并对政策实施的实施方法、支持措施和组织领导作出了进一步的详细安排。2010 年则将试点范围进一步扩大，完善试点工作计划，规范实施程序和相关的财务和劳动管理措施，逐步建立村级公益事业建设投资的长效机制。在各地试点工作的开展中，加强对各级主管部门的监督，赋予广大群众更大的监督权。2011 年，奖补资金的管理办法启动实施，村级公益事业建设又前进了一步，在遵循前期文件原则精神和措施的基础上，进一步完善了使用财政奖补资金的原则和报告程序。实施财政奖补政策的制度保障得到进一步完善，试点工作在全国范围内全面开展。

5.1.2　"一事一议"财政奖补政策的内容

"一事一议"财政奖补政策奖补的对象是村级公益事业，目的是弥补农村公共产品供给不足的现状，调动村庄资源，激发村民参与活力。因此，为了更清楚地理解政策，运用政策本身所具有的强大效应，有必要厘清村级公益事业的不同内涵和"一事一议"财政奖补政策的内容。

村级公益事业的内涵。村级公益事业是指中国农村的公益事业，如农村基础道路、小型农田水利设施、环境卫生设施、绿化设施等，村民可直接从这些基础设施中受益。它们的特点是社会性、非独家性和福利性。当前，我国村级公益事业建设的支持资金由两部分构成，包括村民"一事一议"筹资筹劳和村集体经济组织投资，外加中央和各级财政给予的一定程度的财政奖补。结合中央大力发展农村公共事业和优化城乡二元结构的相关要求，我们可以将村级公益事业的涵义总结为：在我国农村范围内，由各级财政支持、村社集体以及村民共同投入建设的，用于提供村民生产生活必需的公共产品和基本公共服务。

农村公共基础设施建设是农村公益事业建设构成主体，其具有的基础性作用对当前新农村建设目标进一步实现起到助推作用，也有利于促进城乡经济均衡化发展、社会建设和谐化。我国农村地区分布较广、经济水平落后、地理条件不优越等原因，使得我国村级公益事业建设一直处于低迷状态，这严重阻碍着我国农村社会的健康发展，对于促进整个社会的和谐稳定也非常不利。引入"一事一议"财政奖补政策的直接目的就是促进村级公益事业的加快发展，最大限度地从内外调动资源弥补城乡建设差距，快速提升农村基础设施建设水平，适应当前社会发展的需要。同时，对于财政等总投入不足、村民投入热情不高等长期存在的问题的解决也都起到了积极的助推作用。

"一事一议"的含义。我国的农村公共产品投入机制长期以来和国家政策的变化在一定程度上相互呼应。在农村税费改革前，"村提留、乡统筹"、农村劳动力积累工和义务工承担了大部分资金和劳动力供应任务，也是被村民诟病的政策之一。随着农村税费改革的不断深入，直至全面取消农村税费的时代，"村提留、乡镇统筹"和"两工"先后被取消，"一事一议"逐步替代传统的筹资筹劳方式，成为村级相关公共项目建设和劳动力来源的主要方式。"一事一议"的实施以尊重村民意愿为基础，经由提议、讨论等程序，然后让村民自主决定是否出资出劳并制定相关比例，来开展包括村内道路、农田水利、植树造林和其他与"三农"相关的村民作为直接受益主体的公益事业活动，是农村公共产品供给制度在民主进程上的创新性尝试。此外，"一事一议"制度的实施很大程度上促进了农村基层民主政治发展，它涵盖民主决策、资金管理与劳力筹措三项基本内容。

"一事一议"有标准的实施程序。首先，项目发起人（干部或群众）向群众广泛寻求项目意向，确定项目议事主题，该项目必须最能反映大多数村民的利益需求，能够最大限度地使群众受益，同时，资金和劳动力的投入成本与村民的承受程度相适应，然后听取村民的意见及建议，将民众意见汇总后在村民大会提出议案，会议表决通过后再逐级上报审批后施工。在"一事一议"活动中各级组织要依照"村民受益、权力受限、村民参与、公开透明、强化监督"的原则将项目工程实施下去。①

"一事一议"财政奖补的涵义。"一事一议"财政奖补指的是通过民办公助的方式促进农村公益事业的建设与完善，即针对村级公益事业的建设，尤其是公共基础设施的建设，为最大限度地筹集资金，由村民首先通过"一事一议"的方式进行初步筹资筹劳，然后各级财政按照一定的政策和比例对相应的项目进行补贴或奖励。该奖补政策所涵盖的主要包括道路建设、农田灌溉、饮用水工程、村内环境卫生管理等六大类，它们与村民的生产生活联系密切，并能够使村民从中直接获益。

2008 年初，国务院相关部门联合发布《关于开展村级公益事业建设一事一议财政奖补试点工作的通知》，要求地方政府和有关部门共同合作，强化落实财政奖补政策的试点工作。通过该通知的具体内容可知，它详细规定了"一事一议"财政奖补的原则和资金配套计算方法，奖补原则是：适当奖补，客观公平；分清责任，建立机制；直接受益，注重实效。很明显，该政策进一步巩固强化了农村税费改革已有的实践成效。随后的几年内，财政部每年都会以通知形式对财政奖补政策的试点范围、奖补资金的管理以及美丽乡村建设等工作进行纲领性的指导。

"一事一议"和财政奖补是两种不同的制度，前者强调基层民主管理，而后者关注公共财政，"一事一议"财政奖补政策有效融合了这两种制度，以补充这一公共财政体系，是一种政策创新、制度升级。针对农村公共基础设施建设，在村民民主决策和自愿投资的前提下，在筹资配额标准内，以村民通过"一事一议"民主筹集的资金数额或者村集体投资的额度为标准，政府的各级财政部门以一定比例给予资金补贴或以奖励的方式发放补充资金。同时，政府的财政在这一筹资筹劳的体系中也要充分发挥正向引导作用，引导社会力量帮助农村建设公共基础设施，日益形成"村民、政府和社会"的三方力量投入机制，以自筹与奖补相结合的方式建设公益事业。

---

① 吴娜：《我国农村公共物品供给中的公众参与》，硕士学位论文，厦门大学，2008，第18 页。

5.1.3 "一事一议"财政奖补政策的意义

"一事一议"财政奖补政策的试点经验表明,农村公共产品供给制度凸显出创新这一特性,也为农村公益事业建设注入了新活力,同时带动了村民积极参与"一事一议"活动的热情和社会主体参与度,城乡公益事业均等化发展迈进一大步。"一事一议"财政奖补政策作为支持当下农村基建的推动制度,它的出台和完善都对当前的农村公共产品供给起到重大决定性作用。财政奖补政策的出台是建立在中国农村地区的公益事业建设这一背景之下,因此其推广过程和实施现状也在一定程度上有相通之处。在苏皖六镇的政策实施中,产生了一些类似的政策效果,总结如下。

一是政策实施的覆盖面广泛,基础设施建设效果显著。调查发现,苏皖六镇根据中央政府和各省市的政策要求,结合当地实际情况,积极实施财政奖励和补贴政策。各村积极开展政策执行工作,村内道路、农田水利、卫生等基本公益事业迅速发展,河道疏浚、桥梁建设、门站维护也相继被列入日程。例如,ZB镇在财政奖补政策的支持下,各村的筹资筹劳、项目建设等活动相继展开,政策的普及面持续扩大。

二是村民参与热情高涨,基层民主制度得以增强。在对苏皖六镇的调查中,发现六个乡镇的村民对财政奖励和补贴政策的项目参与动机强烈,甚至有些村民对村级公共基础设施建设的参与热情高于一些村干部。在对苏皖六个乡镇的村民参与"一事一议"财政奖补政策的意愿调查中,发现只有少数人不愿意参与财政奖补政策的实施活动,而超过90%的村民表示参与财政奖补项目的议事、参与筹劳和筹款等活动体现自身价值,因此表现较为积极。

"一事一议"财政奖补政策的实施及村民的积极参与,使村民与村干部之间的联系更加密切,使基层民主政治也得到长效发展。根据ZZ镇村干部介绍,为针对筹资筹劳进行议事,该村每年要举行至少两次村民会议。在村民大会上,审议、讨论和投票活动强化了村干部与村民的沟通频率,基层组织向心力不断增强。同时,村民有更多的机会在政策的决定和执行过程中表达自己的意见,参与基层管理,以民主的方式争取自己的利益。这一举措大大提高了村民的民主意识和能力,也以实际行动确保了其民主权利的较好实现。

三是项目投资增加，资金来源持续扩大。自苏皖六镇实施财政奖补政策以来，村级公益事业建设的资金来源渠道愈加丰富，政府投入、村民自筹、社会参与等方式使资金规模也持续扩大。以江苏省 FA 镇为例，2011 年全镇建设项目总投资为 24.47 万元，2013 年投资增至 326.2 万元。同时，财政奖补资金也充分发挥了积极的引导作用，吸引了更多社会资金参与进来，进一步扩大了资金的来源渠道。

5.2　"一事一议"财政奖补政策的实施条件

5.2.1　多元化的投入主体及上级政府的主导作用

根据我们课题组的调查研究，苏皖六镇的村级公益事业建设原来由村民自愿资助、政府奖补资金和村集体资金补助为主，到如今逐渐呈现政府补助、部门扶持、社会捐助、村民小组自筹和村民自筹等多元方式，这已然成为村级公益事业建设的主要组合方式，也是政策所需要带动起来的力量。

此外，财政奖补政策的顺利实施除了镇政府外，还要求各级政府根据奖励的一定比例筹集资金。因此，为支持"一事一议"财政奖补政策的实施，不同层级的政府也在积极地落实该政策，加大财政的倾斜力度，补足农村所需的建设资金。以课题组调查的 ZZ 镇和 QD 镇所在的苏州市为例，根据中央的政策指示，苏州市不断完善财政奖补工作制度与实施程序。

调研可知，自 2010 年开始，苏南的经济强市——苏州市为响应"一事一议"财政奖补的政策号召，相继开展了一些工作，不断完善村级公益事业。它下辖的各镇根据相关部署要求，加强组织领导，坚持民主审议，认真组织实施项目，有效地推动了一批直接使村民受益的村级公益事业建设项目。这些好的惠民工作赢得了广大基层民众的衷心支持。2013 年，苏州市农村综合改革领导小组办公室、苏州市委农村工作办公室和苏州市财政局联合发布了《苏州市村级公益性建设财政奖励项目和基金管理办法》，目的是进一步完善村级公益事业建设的各项政策规范，促进财政奖补项目和资金管理的优化升级，提高资金奖补的科学化、制度化、规范化水平，提高村民在村级公益事业建设中的参与度和积极性。综合来看，中央政府加大力度支持农村基层公益事业建设，而江苏省财政也随之逐年增加投资，五年间增长了38倍多，从2008年的3175万元增加到2013年的12.6亿元。与此同时，苏州市也在积极调整财政支出结构，出台相应的配套措施支持村级公益事业健康发展，鼓励村集体投资，倡导社会各界人士捐赠，也引导村民自己筹集资金。仅2014年一年，"一事一议"财政奖补的总资金就达7966万元，其中29%是政府投资，共2340万元，集体投资、村民自筹和社会捐赠的投入为5626万元，占总资金的71%。这也体现了财政较大的引领作用，也让政府财政支出起到了"四两拨千斤"的效果。以上表明政府主导、集体参与和社会捐赠赞助的村级公益投入机制正日渐成熟。

5.2.2 乡镇政府不断完善财政奖补决策程序

政策出台后关键还是在于落实，因此，乡镇自然而然地成为财政奖补政策的具体实施单位。为使更多的财政奖补政策更好地落地生效，镇村不断调整完善公益事业"一事一议"的决策程序。比如，为了进一步落实"一事一议"财政奖补政策，实现民主的真正讨论成效，江苏省ZZ镇龙降桥村改革党员议事会制度，让普通群众参与进来，进行日常事务的讨论，将村民群众纳入村委会决策序列，创造性地将"一事一议"机制纳入村务日常决策程序过程中，不仅使村级公益事业建设的科学性进一步增强，也进一步强化了党群关系。

江苏省QD镇政府也相应制定了一系列重在完善"一事一议"实施程序的措施。在财政奖补政策实施初期存在很多问题，如项目程序选择不科学、资金使用不规范、档案资料存在缺陷、项目库的建立不完善等。QD镇针对这些问题进一步规范了财政奖补的规范化流程，为每一个项目建立了详细而又独立的项目明细、方案等，使财政奖补政策的实施更加科学化，政策效果更明显。其申报流程主要包括：（1）民主议事，针对村民最需要的、与村民关系最紧密的设施项目，村内召开由村民代表、党员代表和村干部共同参与的会议进行申报决策，民主决定是否进行项目申报；（2）申请立项，立项前应对申请财政奖补的设施以新建、修建和扩建加以区分，对投资投劳标准严格界定，拟定筹资筹劳方案，并附加项目建设前的图片资料，镇政府审议通过后公开招标；（3）资质审查，对中标单位的法人资质、注册资金进行审核，并对招标（议标）会议进行记录，审查通过后双方签订施工合同；（4）项目决算，施工结束后承接单位上报项目决算明细表，对项目内容、单位、数量及单价进行准确核算；（5）竣工验收，村委会对施工完毕的项目进行功能性检验，撰写验收情况及结论；（6）资金拨付，项目验收完毕，建设单位向乡镇政府申请资金拨付；（7）资产移交，QD 镇政府建设完毕的项目以资产移交的形式转接给村委会，由村委会掌握其所有权；（8）落实管护，村委会负责财政奖补设施的具体管护工作，并由工程管护人员进行专项监督。可见，QD 镇农村公共设施财政奖补政策正走在规范化的道路上，村内基础设施数量得以增加、质量得到保证，"一事一议"财政奖补政策的顺利实施和进一步发展得到了扎实的基础性保障。

5.2.3　村级组织大力发展农村集体经济

村级公益事业的建设长期存在着资金不足的问题，仅仅依靠政府的财政投入根本无法解决全部的资金问题。"一事一议"所进行的奖励或补助只能在一定程度上有限缓解村级公益事业资金不足或资源分配不均的问题，而现实是这远远无法满足各类建设项目对于资金的巨大需求。同时，奖补资金的使用还存在一些程序上的弊端，即首先通过自下而上的申请，先建设项目，然后补发奖补资金，这也就意味着承接者需要有一定的实力基础，因此，政策存在一定的选择性和滞后性。奖补资金的使用存在做法缓慢、结算期较长、资金延迟的问题，严重降低了建设效率。因此，要加快建设村级公益事业，就要花更大力气发展农村集体经济，增强村集体的实力，激发村集体的投资动力。对此，ZZ 镇也通过多种手段，积极发展集体经济助力村级公益事业的发展，QD 镇紧紧围绕富民强村发展目标，扶植集体产业，重点发展村级集体经济，不断活络发展思路，拓宽发展渠道，突破发展瓶颈，坚持继续推动村级集体经济平稳健康发展。其发展方式主要有以下几种。

第一，积极创新土地管理形式。近年来，国家对征地问题的管理给予了高度重视，并采取措施进一步强化了对土地出让收支的管控。各级主管部门加强了对有关方面的监督检查，土地改革不断通过试点走向深化。加强对农村土地问题的管理，其目的不是减少村庄的集体收入，而是通过政策提高土地的利用率。因此需要加快落实盘活存量土地和集体留用地政策，以镇（街道、区）为单位，综合调配资源，高质量推进"一村二楼宇"建设。加强对集体经济中利民载体的建设，加大对经济落后村落的资金扶持力度，探索和推动"政经分离"和"政社互动"的机制，着力建成合理的村级公益事业和社会管理费用分享机制。[①] 例如，2015年，ZZ镇将经济社会发展要求明确为，要努力实现盘活存量、探索增量，增加增量、提高质量的建设目标。而QD镇通过走统筹发展之路、物业置换之路，着力提升村级经济运作效率。同时，进一步加强对村级集体资产的管理，尤其是资产出租管理，规范招租、竞租和续租程序。在发展思路上，力争开阔眼界、思路，敏锐洞悉市场需求，创新渠道开发项目，积极争取上级优惠政策，促进村级经济迈上新台阶。[②]

第二，大力推动产业模式变革。苏皖六镇一些村庄的农田已经实现了流转，将土地承包给大户进行规模化种植，主要以粮食和经济作物为主，出现家庭农场的形式。此外，村民们不仅依靠土地从事种植业，还形成了以土地为依托的多元化的产业模式。就农业生产而言，村民主要从事经济效益较高的经济型农业生产，如种植油料作物、养蚕、养殖特种水产等；就工业产业而言，所含门类多种多样，如化工、纺织、彩钢、铸件、建材、电缆等；就第三产业而言，致力于便民服务，提升生活品质，如居民生活零售业务、旅游服务业等，便民生活的零售企业主要包括商店、超市和菜市场等，而服务业主要结合当地的生态公园和湿地公园，已建成一定规模的旅游设施，配套了农家乐、农事采摘等。例如，ZZ镇就比较好地诠释了产业模式的变革，镇北部的村庄基于当地的土地特点，主要发展种植业和养殖业，农业生产是其主要的劳作内容；东部的村庄依托农田和ZZ湿地公园的资源优势，主要开展农业和旅游服务业，实现第一、三产业的深度融合，产生较强的经济效益；镇区周边的村庄则主要依靠地理位置和交通条件，从事村庄工业、农业和便民服务业，实现第一、二、三产业的有效融合；而其他的村庄则发挥自身不同的区位优势，从事以农业为基

---

① 吴江区委农办：《吴江区贯彻落实全市城乡一体化改革发展工作会议精神》，《城乡一体化工作简报》2014年第6期。
② 中共苏州市委农村工作办公室：《七都镇贯彻落实全区城乡一体化工作会议精神》，http://www.nb.suzhou.gov.cn/newsview.asp? id=3101，最后访问日期：2014年5月13日。

础，融合乡村工业的二维的产业结构。[1]

第三，重视优化资本管理模式。苏皖六镇经济特色各不相同，原来是以资本合作为主，后期以股份合作为主，使资源迅速实现资产化，使资产迅速实现资本化，而资本迅速实现股份化。例如，QD 镇以 8562.6 万元的注册资本成立了 QD 农村房地产股份合作社，该合作社是 QD 镇与 22 家社区股份合作社共同筹资建设的。[2] 各镇都努力完善合作联社"三会"管理，重大投资决策及利润分配等将以成员大会表决的形式决定，通过公开招标的形式决定合作社的建设项目和资产租赁情况；深化村社分账管理，对投资入股物业合作联社的经营性资产进行独立建账管理，研究制定村级公益建设资金和运营管理费用分担机制；加强财务指导和管理，将社区股份合作社纳入村镇账户范围，规范会计管理；坚持票据集中管理制度，执行大额支出审批制，整体引入市场竞争机制，同时，对村级集体资产的出让、租赁和资源的发放、开发和利用进行了公开招标。这些切实的发展农村集体经济的措施，有效地为实施"一事一议"财政奖补政策创造了很好的条件。

5.3　实施"一事一议"财政奖补政策的村民满意度及其影响因素

财政奖补直接在乡镇落地实施。然而，目前关于财政奖补政策的实施情况的研究多侧重于宏观政策分析和对策分析，而对村民的满意度的调查研究缺乏深入的实证分析。村民作为实施财政奖补政策的参与者之一，缺乏对其满意度及其影响因素的研究显然不利于该政策的贯彻落实，也不利于进一步完善该政策。本部分试图根据课题组在苏皖六镇进行的关于村民对财政奖补政策实施情况的满意度的调查数据，对村民就政策实施的满意度及其影响因素进行定量分析。它不仅可以进一步了解和认识农村公共事务治理机制的乡村社会基础，提供多元的治理模式的选择，还可以提出相

应的政策建议。① 此外，它还可以为改进和更加深入有效地实施财政奖补政策提供决策参考。

5.3.1 研究设计

本节实证分析的思路具体为：首先以课题组在苏皖六镇实地调研问卷数据为基础，以不同的分析视角解读，针对村民就财政奖补政策实施情况的满意度问题进行总体的描述性分析，总结该政策的实施情况以及村民的满意情况。然后，利用 SPSS 软件检查问卷数据评价各指标之间的共线性，如果指标之间存在密切相关性，那么就提取相关的公因子，采用因子分析法进行详细的数据分析。接着，再以提取的公因子和被调查村民的个人特征为自变量，以村民对"一事一议"财政奖补政策的整体满意度为因变量，通过构建二元 Logistic 回归数据模型，分析村民对财政奖补政策总体满意度及其影响因素二者之间的关联性。

一是研究方法。在实证研究分析中，测算村民对财政奖补政策的满意度，主要采用二元 Logistic 回归模型和因子分析法两种方法。因子分析法是通过降维方法解决各指标的信息重叠及指标之间的共线性问题，使后续研究结果更具客观性。然后，为了得出具体的影响村民财政奖补政策满意度的主要因素，我们提取村民个人特征和少数公因子作为自变量进行二元 Logistic 回归分析。

（1）因子分析

因子分析是一种多变量统计分析方法，在实证分析过程中具有较高的使用频率，通过以小见大的方式，即通过少数的随机变量之间的关系去判断多个实际测量的变量之间的逻辑关系。这少数几个随机变量即因子，分析中的降维方法可以把各评价指标之间的复杂交叉关系简单化和较好地区分，并且，提取的公因子能涵盖足够的原指标信息，从而更加方便进一步开展研究。在本次研究中，对"一事一议"财政奖补政策村民满意度产生影响的因素众多，且各因素之间可能存在交叉影响关系。如不进行因子分析来化解共线性问题，则无法获取具有说服力的分析成果。因子分析模型

---

① 曹海林：《村庄公共权力：村治研究的切入视角及其解说模式》，《社会科学》2006 年第 12 期。

形式为：

$$X_i = a_{i1} F_1 + a_{i2} F_2 + \cdots + a_{im} F_m + \varepsilon_i$$

其中，X_i 是可实测的随机变量，F_j 为公因子，a_{ij}（$i = 1$，2，$\cdots$，p；$j = 1$，2，$\cdots$，m）为因子载荷，ε_i 为特殊因子。[1]

（2）二元 Logistic 回归模型

二元 Logistic 回归模型是假设有自变量 X_1，X_2，X_3，$\cdots$，X_n，采取某行为或某事件发生的理论概率为 P，则不发生的理论概率为 $1 - P$，其模型为：[2]

$$\ln\left(\frac{P_i}{1 - P_i}\right) = \beta_0 + \beta_1 X_1 + \beta_2 X_2 + \cdots + \beta_n X_n$$

其中，$P_i = P$（$y = 1 \mid X_1$，X_2，$\cdots$，X_n）为事件发生或采取某行为的概率，X_n 为各影响因素，β_0 为常数项，β_i 为回归系数。

为了更好地进行二元 Logistic 回归分析，要将通过因子分析法提取的公因子与村民个人特征两个要素作为自变量，进行更加详实的逻辑与实证对比验证分析，从而找出影响村民对财政奖补政策满意度的影响因素。本研究将采取以下步骤。首先，利用前文研究的自变量与因变量的关系，结合回归模型得出村民对财政奖补政策满意度与各因素之间的回归方程表达式。然后，利用 SPSS 软件中的相关函数，对构造的回归方程置信度以及拟合度进行检验，分析回归模型的拟合度和适用性。最后，对回归结果进行分析，来具体阐述村民对"一事一议"财政奖补政策满意度评价的各影响因素的影响程度，以及导致该结果产生的可能原因分析。

二是数据来源。本节的第一手研究数据来自课题组的田野调研，调查对象就是苏皖六镇的村民。调查方式主要采取访谈法、问卷法等多种调查方式。针对不同乡镇不同的自然村进行随机抽样调查，每户选择一名成年村民进行调查，共计发放 660 份调查问卷，其中收回了 589 份有效问卷，整体的问卷有效率为 89.24%。其中，所调查村民个人特征的统计数据见表 5 - 1。

---

① 高祥宝、董寒青编著《数据分析与 SPSS 应用》，清华大学出版社，2007，第 11 ~ 34 页。

② 王济川、郭志刚：《Logistic 回归模型——方法与应用》，高等教育出版社，2001。

表 5 - 1　被调查村民个人特征

统计指标	比例%	统计指标	比例%
性别		受教育程度	
男	47.2	小学及以下	42.6
女	52.8	初中到高中	47.7
年龄		大专及以上	9.7
18~29 岁	13.4	人均年收入	
30~45 岁	24.2	1 万元以下	31.4
46~59 岁	42.1	1 万~2 万元	57.2
60 岁及以上	20.3	2 万元以上	11.4

　　三是变量定义。课题组结合公共政策评估、顾客满意度理论等，在农村公共政策和农村公共产品满意度的现有研究基础之上，结合财政奖补政策的自身特点，设计了 11 个可能对财政奖补政策满意度产生影响的评价指标，让村民通过选择不同的指标因素来自行评价财政奖补政策的内容以及实施情况。

　　本研究采用李克特量表法这种比较单一的总体评估方法，来测量村民对财政奖补政策满意度情况。通过五个不同程度的满意程度选项让村民对财政奖补政策的满意情况作出整体评价，即"非常不满意""不太满意""一般满意""比较满意""非常满意"。为了便于下文研究，现将调查问卷中各指标的测量结果进行一定处理。在对村民就财政奖补政策整体满意度调查中，我们进行了一般整合，即将"非常不满意"和"不太满意"统一用"不满意"来表示；将"非常满意"、"一般满意"和"比较满意"统一用"满意"来表示。其他每个具体特征及评价分别定义为"1"、"2"和"3"。具体见表 5 - 2。

表 5 - 2　变量定义

变量名称	变量定义
村民个人特征：	
性别	女 = 0，男 = 1
年龄	18~29 = 1，30~45 = 2，46~59 = 3，60 岁及以上 = 0
受教育程度	小学及以下 = 1，初中到高中 = 2，大专及以上 = 3

续表

变量名称	变量定义
人均年收入	1 万元以下 = 1，1 万 ~ 2 万元 = 2，2 万元以上 = 3
对财政奖补政策的评价：	
村民对财政奖补政策整体满意度（Y）	不满意 = 0，满意 = 1
政策了解程度（X_1）	不了解 = 1，比较了解 = 2，非常了解 = 3
政策宣传（X_2）	不满意 = 1，比较满意 = 2，非常满意 = 3
村民大会（X_3）	不满意 = 1，比较满意 = 2，非常满意 = 3
项目施工（X_4）	不满意 = 1，比较满意 = 2，非常满意 = 3
政策参与自愿程度（X_5）	强制参加 = 1，村委动员 = 2，完全自愿 = 3
资金使用（X_6）	不满意 = 1，比较满意 = 2，非常满意 = 3
奖补标准（X_7）	不满意 = 1，比较满意 = 2，非常满意 = 3
筹资筹劳（X_8）	不满意 = 1，比较满意 = 2，非常满意 = 3
更多奖励政策信心（X_9）	没信心 = 1，较有信心 = 2，很有信心 = 3
设施管护（X_{10}）	不满意 = 1，比较满意 = 2，非常满意 = 3
基础设施建设（X_{11}）	不满意 = 1，比较满意 = 2，非常满意 = 3

四是调查数据的描述性分析。衡量村民财政奖补政策整体满意度的结果如图 5 - 1 所示。其中，23.9% 的村民对财政奖补政策的实施感到非常满意或者比较满意，41.6% 的村民对该政策的满意程度一般，而仍有 34.5% 的人对该政策感到不太满意或者非常不满意。65.5% 的人感到满意，这说明总体上村民对财政奖补政策的满意度评价是中等偏上的。政策实施效果在一定程度上还算明显，村级基础设施得到一定增加和改善，财政奖补资金在村级公益事业建设当中确实发挥了一定的作用，该政策已基本得到各镇村民的认可。同时，34.5% 的不满意评价也说明了当地村民对公共产品的需求与政策实施效果之间出现了偏差，由于政策覆盖范围小、财政奖补标准较低等原因，村级基础设施建设还不能完全和村民需求相契合。调研中也发现村级公益事业建设仍然存在建设资金投入不足、政策实施程序不规范、不透明等问题，因此，各方必须在现有的财政奖励和补贴政策的设计的基础上结合地区实际情况不断尝试和完善，以求设计的有效性。

在调查问卷中评价指标的统计数据见表 5 - 3。通过各评价指标的数据统计可以发现，在政策内容及政策参与方面，村民对政策宣传、村民大会

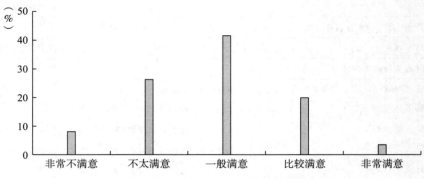

图 5 - 1　村民对财政奖补政策的满意度评价

和奖补标准有较高的满意度，有 65% 以上的村民对其感到基本满意或非常满意。超过 60% 的村民相信政府在未来会针对村级公益事业建设给予更多的财政奖励。超过一半的村民对政策实施和实际效果方面表现出不满，主要体现在项目施工、基础设施建设和设施管护这几个方面，这些是降低村民整体政策满意度的关键领域，应重点关注。

表 5 - 3　评价指标统计数据

统计指标	比例（%）	统计指标	比例（%）
政策了解程度		奖补标准	
不了解	37.4	不满意	31.5
比较了解	40.1	基本满意	45.7
非常了解	22.5	非常满意	22.8
政策宣传		筹资筹劳	
不满意	28.1	不满意	25.3
基本满意	45.4	基本满意	35.4
非常满意	24.5	非常满意	39.3
村民大会		更多奖励政策信心	
不满意	22.9	没有信心	36.9
基本满意	34.4	比较有信心	42.4
非常满意	42.7	非常有信心	20.7
项目施工		设施管护	
不满意	57.9	不满意	53.5

统计指标	比例（%）	统计指标	比例（%）
基本满意	32.8	基本满意	33.9
非常满意	9.3	非常满意	12.6
政策参与自愿程度		基础设施建设	
强制参与	31.2	不满意	50.8
村委动员	45.1	基本满意	37.6
完全自愿	23.7	非常满意	11.6
资金使用			
不满意	47.2		
基本满意	37.2		
非常满意	15.6		

5.3.2　影响村民对财政奖补政策满意度的因子分析

一是因子分析适用性检验。对因子的适用性进行事先分析是展开因子分析方法开始之前的必要过程。用 SPSS 19.0 对测量数据进行标准化处理后，对变量进行 KMO 和 Bartlett 测试，测试结果如表 5-4 所示。可以发现，Kaiser-Meyer-Olkin 度量值为 0.782，大于 0.7，且相应显著性水平为 0.000，说明前期做出的相关变量选择适用于因子分析方法。

表 5-4　选取变量的 KMO 与 Bartlett 检验

取样足够度的 Kaiser-Meyer-Olkin 度量		0.782
Bartlett 的球形度检验	近似卡方	760.549
	df	78
	Sig.	0.000

二是公因子提取。通过因子分析中的主成分分析，我们提取了四个特征值大于 1 的变量，累积贡献率方差达到 71.914%（见表 5-5）。它表明提取的四个共同因子可以更好地反映原始的变量中已经包含的有用信息。

表5-5　前四项因子解释的总方差

成分	初始特征值			提取平方和载入			旋转平方和载入		
	合计	方差的%	累积%	合计	方差的%	累积%	合计	方差的%	累积%
1	2.389	21.725	21.725	2.389	21.725	21.725	2.281	20.727	20.727
2	1.951	17.732	340.45	1.951	17.732	340.457	1.943	17.664	38.391
3	1.864	16.949	57.406	1.864	16.949	57.406	1.857	16.882	55.275
4	1.596	14.508	71.914	1.596	14.508	71.914	1.803	16.639	71.914

由于初始因子提取负荷矩阵不便于开展因子解释，因此，本研究直接采用旋转因子载荷矩阵进行相关解释说明（见表5-6）。可以发现，旋转后每个变量的载荷大于0.5且没有交点，表明它具有良好的区别效度和聚合有效性。

表5-6　旋转因子载荷矩阵

指标	1	2	3	4
基础设施建设（X_{11}）	0.839			
项目施工（X_4）	0.825			
设施管护（X_{10}）	0.834			
资金使用（X_6）		0.829		
筹资筹劳（X_8）		0.795		
奖补标准（X_7）		0.782		
政策了解程度（X_1）			0.840	
政策宣传（X_2）			0.768	
村民大会（X_3）			0.672	
更多奖励政策信心（X_9）				0.724
政策参与自愿程度（X_5）				0.838

通过表5-6中旋转后的载荷矩阵，我们可以看出，在第一个公因子F_1中，因子载荷较高的有基础设施建设、设施管护和项目施工，可将其统称为"设施建管"；在第二个公因子F_2中，因子载荷较高的有资金使用、筹资筹劳和奖补标准，可将其统称为"资金投入"；在第三个公因子F_3中，因子载荷较高的包括政策了解程度、政策宣传和村民大会，可将其统称为"政策认知"；在第四个公因子F_4中，载荷程度较高的因子包括更多

奖励政策信心和政策参与自愿程度，可将其统一称为"政策期望和参与"。

三是因子综合得分模型。得分系数矩阵可以通过 SPSS - 19.0 输出（见表 5 - 7）。将变量的因子得分系数乘以前文表格中相应的四个公因子方差贡献率，然后求和，接着除以累积贡献率，我们可以得到每个指标的总得分系数及其总体排名。[①] 此时，所需要的因子得分综合评价模型可以通过每个指标的因子总得分系数获得：

$$Y = 0.091X_1 + 0.099X_2 + 0.086X_3 + 0.128X_4 + 0.039X_5 + 0.124X_6 + 0.109X_7 + 0.112X_8 - 0.006X_9 + 0.155X_{10} + 0.165X_{11}$$

表 5 - 7　因子得分系数矩阵

变量名称	F_1	F_2	F_3	F_4	总得分	排名
政策了解程度（X_1）	0.403	-0.143	0.034	-0.020	0.091	8
政策宣传（X_2）	0.354	-0.022	0.011	-0.026	0.099	7
村民大会（X_3）	0.393	-0.038	-0.001	-0.116	0.086	9
项目施工（X_4）	-0.099	0.563	0.145	-0.075	0.128	3
政策参与自愿程度（X_5）	0.077	0.244	-0.178	-0.014	0.039	10
资金使用（X_6）	0.018	0.119	0.564	-0.218	0.124	4

从表 5 - 6 各因素的总得分系数排名中，我们可以得到以下信息：基础设施建设（X_{11}）、设施管护（X_{10}）、项目施工（X_4）、资金使用（X_6）、筹资筹劳（X_8）和奖补标准（X_7）对村民财政奖补政策的满意度评价有重要影响。政策宣传（X_2）、政策了解程度（X_1）、村民大会（X_3）和政策参与自愿程度（X_5）等排名较为靠后，其中，更多奖励政策信心（X_9）对财政奖补政策的村民满意度的评价影响较小。但是，村民对财政奖补政策的满意程度到底受哪些因素的影响依然无法明确，也难以分析其显著性情况，需要通过二元 Logistic 回归模型进一步研究。

5.3.3　村民对财政奖补政策实施满意度的回归分析

为了进一步分析村民对实施财政奖补政策满意度的影响因素，我们将被调查村民的个人特征作为控制变量，将公因子与控制变量共同作为二元

[①]　李伟、燕星池、华凡凡：《基于因子分析的农村公共品需求满意度研究》，《统计与信息论坛》2014 年第 5 期。

Logistic 回归分析的主要解释变量。回归模型用 SPSS - 19.0 进行测试检验，得出模型系数检验卡方值为 207.850，显著性水平为 0.000，这充分说明该方程是具备统计意义的。而且，Hosmer-Lemeshow 检验卡方值为 7.445，相应的 p 值为 0.517，模型预测精度为 86.4%，表明模型的拟合效果也达到了预期。回归结果见表 5 - 8。

表 5 - 8　Logistic 回归结果

变量	回归系数	标准化回归系数	显著性水平（95%）
性别	0.127	1.135	0.336
年龄	0.103	1.109	0.481
受教育程度	- 0.012	0.988	0.932
收入水平	- 0.145	0.865	0.033
设施建管	1.802	6.064	0.000
资金投入	1.282	3.603	0.000
政策认知	0.609	1.839	0.047
政策期望和参与	0.078	1.081	0.018
常数量	1.003	2.727	0.000

注：因变量为村民对财政奖补政策满意度综合评价。

将以上的分析和统计结果进行归纳总结，可以得出影响村民对财政奖补政策满意程度的有如下几个因素。

第一个公因子"设施建管"在 1% 的水平上显著正相关，其标准化回归系数在变量中排名第一。结果表明，基础设施建设、项目施工和设施管护是村民财政奖补政策满意度评价的关键因子。财政奖补政策通过基础设施建设情况直观地体现出来，与村民的日常生产生活联系最密切，也是决定村民对该政策进行评价的关键要素。[①] 从调研基本情况来看，当前村民对基础设施的需求仍然是基于自身实际情况出发的，也就是最基本的生产和生活设施。事实上，农田水利建设、修桥、人行道等村级公共设施是农村基层社会的重要"公共空间"。这个"公共空间"不仅是村民在村庄治理中行使各种行动权利的场所，也为村民提供了新的行动权利的平台以及

———————

① 朱玉春、乔文、王芳：《农民对农村公共品供给满意度实证分析——基于陕西省 32 个乡镇的调查数据》，《农业经济问题》2010 年第 1 期。

建立各种认同关系（identity relationship）的场所。[①] 不难发现，随着 2008 年后财政奖补政策的进一步落实，农村基础设施建设的落后现象获得显著改善，这也使村民在基础设施建设推进的过程中更加认同财政奖补政策，即对政策表示满意，并且，在数据上也能直观反映出来满意度有所提高。

基础设施建设中的重要一环是项目建设，而项目建设的招标、预算、材料使用等环节可能会出现黑箱操作和利益输送等问题。它是建立财政奖励和补贴的敏感区域，也是村民更加关注的一个区域，影响了农民的政策满意度评价。一个不容忽视的事实是助推农村地区发展的各种项目资金需要通过层层职能部门向下流动，由此带来村民对项目资金的分配比例、使用和效率存在一定程度的质疑。事实上，效果并不像上级承包部门所预期的那样。[②] 在项目建设过程中，公平竞标、财务透明、消除偷工减料、严格监管等措施将会使村民对财政奖补政策的满意度再上一个台阶。村级公共设施是"三分靠建设、七分靠管理"，可见必须要重视设施管理和保护并形成清晰的权责管理机制。特别是目前的村级公益事业由于支持机制不完善，缺乏有效的设施管理和保护，对村民的满意度评价影响较大。健全管理保障机制、合理布局资金人员、及时有效更新和维修老化及损坏的设施，既可以延长设施的使用寿命，充分利用设施的实用性，为村民的生产生活提供安全、长期的便利，还可以提高村民的政策满意度。

第二个公因子"资金投入"在 1% 的水平上显著正相关，同时我们能看到，在所有变量之中，其标准化系数排在第二位。这样的测量结果表明，资金使用、奖补标准和筹资筹劳是影响村民对财政奖补政策满意度评价的重要因素。项目资金通过什么方式使用的或者资金用在哪些具体项目上，直接关系到村民所筹资金是否得到合理的使用。但是，在实际操作中，财政奖补提供的项目和资金不如政策制定中设想的那样有效，也会产生一系列意想不到的后果。[③] 同时，由于目前村民普遍不信任村干部，部分地区干部与群众关系紧张。结果，村民担心项目资金被挪用，被基层干

① 曹海林：《村落公共空间与村庄秩序基础的生成——兼论改革前后乡村社会秩序的演变轨迹》，《人文杂志》2004 年第 6 期。
② 折晓叶、陈婴婴：《项目制的分级运作机制和治理逻辑——对"项目进村"案例的社会学分析》，《中国社会科学》2011 年第 4 期。
③ 周飞舟：《财政资金的专项化及其问题——兼论"项目治国"》，《社会》2012 年第 1 期。

部假公济私、弄虚作假。由此可见，由于面临信息不对称的风险隐患，项目资金的使用情况以及使用的效果会直接影响村民对财政奖补政策的满意度。

奖补标准影响村民对实施政策的满意度评价。主要原因是财政奖补政策补偿金额的基数关系到村民和村集体关于公益事业的投入水平。奖励和补贴有其固定比例，① 但是比例高低有别，奖补的数量直接关系到基础设施建设的总投入水平，所投入资金的多少又直接影响了基础设施建设的质量、规模和进度，这就间接影响村民对政策的满意度体验，形成不同的评价。从筹资和融资中获得的资金和劳动力是支持项目投入的重要且有效的渠道，借此村民也可以在一定程度上参与政策实施。研究发现，筹资筹劳工作执行过程是否严格遵守上限标准和相关政策的指示精神，村民负担是否有任何变相增加，以及是否给村民的日常生活造成更多的生产生活压力等，对村民的政策满意度评价均会产生不同程度的影响。

第三个公因子"政策认知"在5%的水平上显著正相关，可见这一要素对评估村民政策满意度较为重要。总的来说，政策设计者通常会通过具体的政策实践和创新战略来影响社会成员，号召其进行积极响应或配合。② 在财政奖补政策的具体实施过程中，起初的步骤就是召开村民大会，进行相应的提案、商议和表决。提案建议中的设施建设的优先排序是否科学，是否考虑到村民生产和生活需要的必要性，以及项目建设的选址是否相对合理公正，这些与村民的自身实际利益密不可分，因此在一定程度上影响村民的满意度评价。而如果在召开"一事一议"大会时，能够避开繁忙的农忙时节、避开村民外出务工的高峰期，使所有的受益人都能够通过公平正义的程序参与到项目实施的议事和决策中来，会确保更多村民的知情权得以实现，也将会在很大程度上提高村民对政策的满意度。

政策宣传情况对财政奖补的满意度有影响，主要来自宣传方式和宣传内容的影响。开展财政奖励和补助政策宣传活动时，注重多样化渠道，宣

---

① 根据《财政部关于村级公益事业一事一议中央财政奖补事项的通知》（财预〔2009〕5号）规定，政府对农民通过一事一议筹资筹劳开展村级公益事业建设按1/3的比例予以补助。

② 陆益龙：《引导性制度变迁与农村市场发展——安徽小岗村的经验分析》，《天津社会科学》2013年第1期。

传内容易于理解，符合当前农村人口空洞化的现状，也符合村民普遍的文化水平，通俗易懂又容易让人接受，将使村民的政策满意度更高。当村民对财政奖补政策的意义、过程和具体政策有了更多的了解之后，村民将提高他们对政策的认知和认可。他们将会有更大的积极性参与到政策的实施过程当中，并配合政策的实施，将"一事一议"政策中自己的权利和义务充分履行，从而提升自己对于财政奖补政策的认知度和满意度。

第四个公因子"政策期望和参与"显著正相关的水平是5%。它表明，村民是否自愿参与政策的执行、是否对政策执行充满信心，将对村民政策满意度产生一定程度的影响。但是，从目前的分析情况来看，其得出的标准化系数与其他变量相比小得多，因此，其影响程度也就不那么大。财政奖补政策的实施出发点是村民自愿，通过民主决策和自主参与，让村民以自己的实际能力和实际需要为基础进行选择和建设项目。如果反其道而行之，违背村民意愿就会适得其反。因此，自愿参与政策的程度也对村民政策满意度产生了一定的影响，且自愿参与的程度与满意度之间呈正相关关系。目前仍然是由政府主导着村级公益事业的建设投入，并且村民相信政府会持续加大投入力度。因此，为了进一步扩大财政奖补的范围、强化财政奖补的力度，村民们相信政府会制定更多财政奖补政策。这种对政府正向的信心也会影响着农户的政策满意度，关联性则是对政府的信心越高，政策的满意度也就越高。

对村民的性别、年龄和受教育水平等个体特征测试没有得出检验显著性，表明这些因素对财政奖补政策的村民满意度的影响程度非常有限。从数据中我们可以看到，收入水平这一因素有5%的负相关性，这表明收入水平对政策满意度有消极影响。因为，我国经济水平的提高使社会产业构成得到进一步优化重组，很多村民已经不再从事传统的农业生产活动，越来越多的村民通过外出务工或从事商业活动获取收入，他们要求有更好的村级公共基础设施。但目前的财政奖补政策无法迅速改变当前农村公益事业落后的状况，短期内难以满足他们的诉求。因此，这些高收入的村民有了相对更高的公益事业追求，也更容易看到当前实施政策的不足，因此对财政奖补政策普遍持不满意的态度。

5.3.4 村民对财政奖补政策满意度情况的基本结论及政策建议

5.3.4.1 基本结论

课题研究基于苏皖六镇的财政奖补政策实施现状的分析，利用村民调查数据，采用 SPSS 软件统计分析影响村民政策满意度相关的指标，同时又采用因子分析法，提取各项相关的评价指标并做好了细致的归类，然后利用二元 Logistic 回归模型科学分析了在财政奖补政策中农户满意度的影响因素，得出了以下初步结论。其一，从各评价指标的统计情况来看，"一事一议"财政奖补政策的村民整体满意度处于低层次水平，提升空间可观。其二，项目施工、资金使用、奖补标准等因素是影响村民政策满意度的关键要素；政策了解程度、政策宣传、村民大会等对村民满意度的影响程度一般；对政府出台更多奖励政策的信心、村民政策参与自愿程度等因素则对村民满意度评价影响偏弱。最后，性别、年龄、受教育程度等因素对村民的政策满意度的影响力微不足道，而村民人均年收入水平则从负面影响政策的满意度，所谓的"高标准、严要求"，即收入水平与对政策的满意度评价负相关。

5.3.4.2 提升村民满意度的政策建议

各级政府及财政部门可以从基础设施建设、项目投资、政策宣传、资金监管等领域着手，充分调动各方资源，根据各地的具体情况，适时调整实施政策，共同参与村级公益事业的建设，以提升村民的政策满意度。同时，还需进一步改进财政奖励和补贴政策的制度设计和政策执行。

建议一：加强基础设施的建设与管护

第一，在基础设施建设方面。目前，农村的基础设施建设需求旺盛，但这种需求短期内依旧不能得到满足，这将给村民的生产生活带来诸多不便。因此，农田水利、道路桥梁等基本的生产生活设施仍然应当是当前村级公益事业投资建设的主体，因为这些项目对村民的生产生活有积极作用，也是村民们迫切需求的项目，因此财政奖补资助金也应当优先关注这些领域。同时，各地方政府应根据自身条件进一步完善信息收集工作，为项目的形成打下坚实基础，让村民的心声能够得到回应，让村民急切的、真实的需求获得关注，在与村民生活质量紧密相关的基础设施完工后，再根据各地实际情况，结合村民的实际诉求，探索建设其他更高级别的公益事业。

第二，在设施管护方面。村级公共基础设施建设完成后并不代表就万事大吉、一劳永逸了，其后期的管理和维护尤为重要。当前的主管部门忽视了对村级公共设施建成后的管护，从而造成了很多基础设施建成之后运行效率并不高、使用的寿命也较短的问题。因此，相关部门应合理划分管理范围，制定完善的设施保护政策，及时维护。其中，要重点突出村级组织在管护工作中的主体及领导性地位，依照每类基础设施的自身特征来设定对应的管护资金标准。同时，要建立更加多元的管理机制，努力将社会力量、专业团队与群众相结合，增加管理的成效。①

为更好地进行设施的管理和维护，相应完善的配套机制必须紧跟其后。在专项资金的具体使用上，上级财政部门要根据所辖地区的实际收入与经济发展现状及财政状况分配恰当的不同梯度的专用资金比例，及时支付，以确保有相对充足的资金用于该项工作的落实，而不是用于其他目的，对于年久失修的设施要及时进行统计、修缮，必要时进行优化，以确保国家财政奖补政策的全面贯彻和有效落实。在设施的具体管护操作方面，应提前对区域内现存设施进行分类管理，对于部分中小型设施和简易设施的管护工作可以由当地村民承担管理责任，而一些大型项目和复杂设施的管护工作则交由市场，通过招标引资等手段把相应管护工作委托给第三方主体，发挥其技术和专业能力优势。最后，在设施管护的绩效监管和评估方面，要事先确定好管护各方的权利及责任，通过随机抽查和定期检查相结合的方式来评估，以确保每一个建成的符合民生的项目都能够充分发挥其应有的效用。

建议二：继续扩大政策投入总量

第一，在国家投入方面。国家作为公共产品供给的主体，应逐步提高奖补标准以增加财政资金投入总量，对经济发展水平不同的地区实行相应

① 刘孟山、李洪珍、杨运生等：《一事一议财政奖补应协调好四个关系》，《唐山师范学院学报》2001 年第 3 期。

的奖补标准，要使财政资金在村级公益事业建设资金中占主导地位，保证资金的充足，为后续的建设管理提供切实的保障。① 并且，在具体政策执行中，要综合运用"普惠制"与"特惠制"相结合的方式，兼顾公平与效率，量体裁衣，以各地经济发展水平及财政能力为基础来制定奖补资金的划分比例，将财政投入向经济落后地区，尤其是地理条件恶劣、经济水平靠后的特困区域倾斜。各级财政还要树立集中力量办大事的观念，将多项涉农财政资金进行高效整合，确保大型项目建设，以适应不断增长的项目建设投入需求。

第二，在村民投入方面。各地政府应保持筹资上限的灵活性，上级相关部门首先要按地域禀赋、人力资源、经济水平等多项指标对所辖区域进行详细的分类，在所划分的区域范围内，以经济和公众的公益事业需求层次为参考，采用不同级别、灵活的筹资上限标准。在投劳折资标准的设定上，要通过实际的调研数据分析劳动力资源的具体价格，实事求是设置投劳折资比例，以加强村民自身在财政奖补政策上的投入能力。② 此外，各区域经济发展现状和人力资源特征也在影响筹资筹劳活动的推进和相关政策安排。对劳动力资源匮乏的地区，基层组织要及时足额完成这项工作，就应该做好招标工作来雇用其他地区劳动力和专业施工组织，唯有如此才能使建设的质量和速度不受影响。对于经济水平落后而劳动力充裕的区域，要抓住人口优势，调动本地资源，雇用本地劳动力。这一方面可以将剩余闲置的劳动力充分利用起来，创造新的价值，另一方面可以增加村民的收入来源，间接加快当地经济发展速度。

第三，在村集体投入方面。高水平的村集体经济是村级公益事业得以成功建设的重要基础，各村集体应明确自身优势，认真分析相关政策，持续发展自身能力，创新发展新模式以探索多个经济增长点，力求从整体上促进集体经济快速增值。首先，各村级组织应明确定位，根据当地独特优势，给引进企业、当地村民兴办的特色产品加工企业和特色旅游等服务业以优惠帮扶政策，鼓励村民和村集体一道壮大经济实力。其次，各地基层

---

① 曹海林：《村级公益事业投入机制创新的社会动因及实践策略》，《农村经济》2011 年第 12 期。
② 杨亦民、刘馨怡：《村级公益事业建设投入现状与机制创新研究——以湖南省为例》，《经济研究参考》2013 年第 35 期。

政府应强化企业间、企业与政府间的沟通交流，在交流中把握投资者的需求，创造条件吸引更多投资者，如签订产期生产销售合同。最后，要积极借鉴学习不同地区的招商引资经验、先进发展模式，向村民普及知识经验，倡导积极参与和配合。

第四，在社会捐赠赞助方面。捐赠投入机制的系统化可以保障投入来源的稳定，因此需要不断完善社会主体捐赠赞助相关机制，获取更多的社会投入来源，使社会投入成为社会普遍推崇的常态化操作，最终目的在于村级公益事业实施实效可以与预期的建设成效趋向一致。首先，有必要加强财政奖补政策的对外宣传。各级政府要认识到宣传是帮助外来人或外来企业了解政策，宣传既要获得不同主体对政策的关注和熟悉，还要使其知晓政策实施的重大意义。其次，鼓励更多的相关主体通过有效的方式成为村级公益事业建设的一分子，当然，政府部门要搭建良好的参与平台。为吸引外界主体参与，各地政府要积极创建捐赠通道，结合当地需要创新多种捐赠途径，结合各类优惠政策来吸引企业以技术、资金、人才等入股农村基础设施建设。最后，捐赠财物的监管机制的完善始终在路上。接收捐赠的单位或部门，应主动接受社会和公众的监督，主动公开捐赠财物的明细。同时，相关部门要积极构建和完善多元监管机制，确保所捐财物的使用高效合理，无挪动、贪污等现象。

建议三：构建及完善全程的监管机制

首先，实现村民监督的常态化。财政奖补政策通过"一事一议"的方式来践行，可以在一定程度上实践民主政治，为村民进行自我管理搭建实践平台。因此，在"一事一议"财政奖补活动中，加强村民自身的能力对于政策活动开展是关键，其中关键的两大能力包括自我管理、自我督查能力。各村级组织要根据本地实际逐步组建相关的财务负责团队，主要职能在于监管本村的项目建设的资金使用、账目出入等流程活动。需要指出的是，项目资金的来往要经由财务团队审核通过才能生效。同时，当地村民代表要积极主动地承担好自己的职责，为村民利益着想，通过参与项目建设全程，代表们一方面可以监督"一事一议"财政奖补资金的使用，同时项目建设质量也可以得到基本保障，从长期来看也能够对财政奖补政策执行情况有深入了解，利于后期监管的常态化、长效化。

其次，发挥各级主管部门的审核监督作用。财政奖补政策的形成过程是将村和基金提出的项目报县，由县级有关部门审查。同时，对于各层级主管部门来说，职能不同，所以审核范围和重点也各有不同。镇级主管部门的审核涉及上报材料的合理性、合规性和真实性检查，还要以访谈形式和村民进行交流，征求民众的内心真实想法。县级主管部门主要负责对当地各镇所提供的项目材料进行严格审核，对上报数量进行适当调整，为了实现该地区财政奖励和活动的发展，可以制订整体计划。

再次，建立并完善专项检查监督制度。从省到县市的主管部门都要对"一事一议"财政奖补政策开展专项检查，包括定期和不定期检查，以严格监管保证项目质量。各部门可以根据检查的内容涉及的范围大小决定是否进行联合检查或统一检查，确保"一事一议"财政奖补政策活动无恶意增加村民负担、公款私用、偷工减料等问题。然后，各部门参考群众意见，群策群力制定解决问题的可行性方案。同时，对于违反政策程序和滥用资金的基层权力机关的财政奖补和活动，应当采取具体的处罚措施，确保偏离的活动能够恢复正常，并应对负责具体活动的人员的责任进行追究。

最后，要逐步实现监管机制多元化。在现有监管机制内引进村民、政府相关部门、合规的社会团体等多元主体，建立村代表监督队伍，尊重质疑权，在设施原材料和资金使用环节加大规范化管理。[①] 上级财政部门和审计部门应当在监督奖励基金的"报销制度"上各尽其责，仔细查核其对账情况，定期开展基层核查，使财政奖补政策的会计数据及时得到更新和核准，不得伪造账目和挪用资金。[②] 完善政策执行的相关监管机制，提高财政奖补资金的使用价值，专款专用，以获取村民的信任和肯定。在政策执行过程中，应及时公布项目招标、物资购买和使用、财务报表等信息，并予以监督。

建议四：加强政策宣传以鼓励多方参与

第一，在政策宣传方面。在财政奖补政策宣传方式的选择与利用上，各级相关部门要融合手机、书刊、电视、网络等不同传播媒介，做到资源的优势互补。由于村民受教育程度不同，年龄也有一定的差异，因此，为

---

① 陈晓华：《加强监管 密切协作 深入做好一事一议财政奖补工作》，《农村经营管理》2010 年第 5 期。
② 汪恭礼：《完善一事一议财政奖补政策的建议》，《中国财政》2012 年第 24 期。

了能够让村民更加全面深入地理解相关政策意义和流程，要多采用通俗的方式以便于他们更好地接受，从而提高他们对政策的认同程度。在政策宣传时机的选择上，村干部应了解本村村民的农忙和外出务工的时间段，据此来对政策宣传进行安排，方便村民集中以达到较好宣传效果。还可以结合各地受欢迎的文艺形式，把政策宣传编排成群众感兴趣的文艺节目进行汇演，使一些中老年村民也能较好理解财政奖补政策的具体内涵、流程和参与意义。

第二，在政策参与方面。首先，参与程序要合式合规。规范的政策实施程序是政策目的实现的途径保障，财政奖补政策的村民参与方式也要因地制宜，根据政策指示与各地资源条件的差异制定简洁高效的程序设定。在建立财政奖补政策参与渠道方面，村民的实际需要和便利性是决定村民是否参与的核心要素。充分利用电话、手机和网络等普及性的方法，结合农村的生产特点和生活习性，使村民可以高效地参与到政策的实施过程当中，并通过搭建财政奖补政策平台，以现代化方式展现基层的民主政治，最终实现民主政治在基层的发展。其次，鼓励各方积极参与。地方政府应以多元宣传方式提升财政奖补政策的社会认知度，扩大其社会影响范围，以多元的方式调动社会各种力量积极参与到村级公益事业的建设当中，让他们在资金投入和项目监督中贡献各自的资源优势，积极投身村级公益事业建设，在外部环境上创造积极向上的财政奖补政策实施条件。

5.4 村民对"一事一议"财政奖补的政策认同

政策认同是一种有关认可和满意度的心理评价，它的测量对象主要是政策执行者和政策接受者，主要包括政策的认知、情感、预期和评估等要素。从现有成果来看，大多数研究者对财政奖补政策主要抓住了三个方面。一是政策内容评价。如政策基数难以协调、奖补比例失范、奖补机制不完善等。二是政策在执行的过程中现存问题和解决措施。如在实施过程中，交易成本不可控、资本项目管理不严格、政策宣传不到位等。三是影响政策实施的制约因素。如地理条件、经济发展水平、当地政府的"协调能力"等。但总体而言，现有研究依循"由上而下"政策执行分析路径的理论探讨较多，鲜有依循"由下而上"分析路径的经验观察，而讨论村民对当前财政奖补政策的满意度则是以"自下而上"式的分析框架为基础。

5.4.1 村民对"一事一议"财政奖补政策认同的描述性分析

通过表5-9可以发现，第一，村民对财政奖补政策整体认同度均值为2.15，表明村民对财政奖补政策的整体认同度评价处于中等水平。FA镇对财政奖补政策的普遍实施效果较为明显，改善了其基础设施水平，同时也发挥了财政奖补资金在建设村级公益事业中起到的"四两拨千斤"的作用。该政策得到了该镇村民的基本认可，但仍然存在一定的提升空间。第二，在政策认知方面，村民对财政奖补政策和资金使用的了解程度较低；认为政策的作用较小，同时对政府出台更多奖励政策拥有一定信心。第三，在政策参与方面，村民政策参与意愿程度较高，但政策参与反馈途径比较单一，将影响村民的政策参与效果。第四，在政策实施效果方面，村民认为项目建设与以往相比有所增加，但增量有限；设施建成后的无人管护现象比较明显，设施缺乏有效管护；基础设施建设仅能够满足最基本的生活需要，仍需不断扩大设施建设数量及范围。

表5-9 变量定义及描述统计

变量名称		变量定义	均值	标准差
因变量				
村民对财政奖补政策认同度（Y）		不认同=1，一般认同=2，很认同=3	2.15	0.465
自变量				
控制变量	性别（X_1）	女=0，男=1	0.39	0.489
	年龄（X_2）	实际年龄（岁）	49.56	12.773
	受教育程度（X_3）	没上过学=1，小学=2，初中=3，高中=4，大专及以上=5	2.88	0.917
政策认知维度	政策的了解程度（X_4）	很不了解=1，不太了解=2，一般=3，比较了解=4，非常了解=5	2.56	1.066
	资金使用了解程度（X_5）	很不了解=1，不太了解=2，一般=3，比较了解=4，非常了解=5	2.42	1.055
	政策作用评价（X_6）	很小=1，一般=2，很大=3	1.76	0.679
	对政府出台更多奖励政策的信心（X_7）	非常没信心=1，不太有信心=2，一般=3，比较有信心=4，非常有信心=5	3.67	1.100

续表

变量名称		变量定义	均值	标准差
政策参与维度	政策参与意愿程度（X_8）	很不愿意 = 1，不太愿意 = 2，一般 = 3，比较愿意 = 4，非常愿意 = 5	3.61	1.028
	政策参与反馈途径（X_9）	无有效参与途径 = 1，参与途径单一 = 2，参与途径多样 = 3	2.07	0.691
政策实效维度	项目建设增加情况	减少许多 = 1，基本没增加 = 2，有增加 = 3，增加许多 = 4	3.05	0.776
	设施建成后无人管护现象（X_{11}）	很明显 = 1，比较明显 = 2，一般 = 3，不太明显 = 4，很不明显 = 5	2.90	1.062
	基础设施满足需要程度（X_{12}）	不能满足 = 1，不太能满足 = 2，一般 = 3，基本能满足 = 4，完全能满足 = 5	3.14	1.187

5.4.2 影响村民对财政奖补政策认同度的因素分析

因变量"村民对财政奖补政策的认同度"是定序测量的一个元素，本次研究中将它视作定距变量，与其他自变量结合构成多元线性回归方程。多元回归分析的目的就是分析一个因变量与数个自变量之间存在何种线性关系，并从线性关系中揭示多个自变量与一个因变量之间的数量关系，同时剖析自变量对因变量的影响程度。此处的基本表达式如下：

$$Y = \beta_1 x_1 + \beta_2 x_2 + \cdots + \beta_{12} x_{12} + a$$

其中，a 为常数，是解释变量，x_1，x_2，$\cdots$，x_{12} 是影响村民对财政奖补政策认可的影响因素，β_1，β_2，$\cdots$，β_{12} 回归系数则表示解释变量对其估计值的影响程度和方向。回归结果中的调整 R^2 表示回归模型的解释力，F 表示回归模型整体系数的显著性检验。

为了检验每个维度变量的影响，该回归分析采用逐步纳入的方法。在模型一纳入控制变量（调整 $R^2 = 0.056$），然后添加政策认知维度（调整 $R^2 = 0.124$）和政策参与维度（调整 $R^2 = 0.159$）、政策实效维度（调整 $R^2 = 0.217$），形成 4 个模型（见表 5 - 10）。最终结果显示模型的整体调整 R^2 为 0.217，F 值以 1% 的显著性水平通过测试。这表明政策认知维度、政策参与维度、政策实效维度均对村民的财政奖补政策认同有显著影响。

表 5 – 10   村民对财政奖补政策认同度的多元线性回归分析

	自变量	模型一	模型二	模型三	模型四
控制变量	性别	0.152 ***	0.124 ***	0.119 ***	0.093 ***
	年龄	− 0.051	− 0.028	− 0.034	− 0.012
	受教育程度	0.023 ***	0.021 ***	0.019 ***	0.017 ***
政策认知维度	政策的了解程度		0.157 ***	0.128 ***	0.136 ***
	资金使用了解程度		0.082 ***	0.372 ***	0.332 ***
	政策作用评价		0.035 ***	0.029 ***	0.021 ***
	更多奖励政策信心		0.013	0.008	0.006
政策参与	政策参与意愿程度			0.106 **	0.087 **
	政策参与反馈途径			0.072	0.061
政策实效维度	项目建设增加情况				0.129 ***
	设施建成后管护				0.108 ***
	基础设施满足程度				0.073 ***
	常数项	2.963 ***	2.781 ***	2.822 ***	2.764 ***
	调整 R^2	0.056	0.124	0.159	0.217
	ΔR^2	0.029	0.083	0.021	0.026
	F	27.356 ***	48.865 **	45.318 ***	41.524 ***

注：*、**、***分别表示变量在 10%、5% 和 1% 水平上显著。

一是政策认知维度。模型二检验了政策认知维度的作用。我们在模型一的基础上，纳入政策认知维度后，发现调整 R^2 由 0.056 提升到 0.124，且 F 值在 1% 水平上通过显著性检验，表明政策认知维度对村民在财政奖补政策认同度上的影响较为明显。

第一，村民对财政奖补政策的熟识程度与 1% 的水平呈现较为显著的正相关关系。这表明，村民越了解财政奖补政策的内容与执行程序，就越认同该政策。在村民通过一定渠道了解财政奖补政策的目的、意义和政策实施后，他们将提高对政策的认同感，并能够积极地参与到政策的实施过程中，并更多地行使权利和义务，因此，对财政奖补政策的认可度更高。

第二，项目资金使用情况的了解程度在 5% 水平上显著正相关，说明村民对项目资金使用的了解程度越深入，就越认同财政奖补政策。调查中发现，村民对项目资金的公款私用、村干部贪污等现象较为担忧，村民对村干部的不信任问题较严重，所以项目资金使用的阳光公开，可使村民能够清楚所筹资金的各类使用明细，进而提高村民对财政奖补政策的认同度。

第三，对政策作用大小的评价在 1% 的水平上呈现显著的正相关。村民对财政奖补政策的认同程度可以通过对其作用大小的评价直接体现出来，由于奖补标准不断提高和奖补覆盖范围不断扩大，与村民生产生活相关的基础设施得到较大改善，逐步接近村民对财政奖补政策的心理预期，从而导致政策作用评价与认同度正相关。

第四，村民对政府未来出台更多奖励政策的信心程度没有通过显著性检验，表明该解释变量对村民的认同度评价无显著影响。可能由于村民更关注当下的政策实施效果，更重视的是公共基础设施等实体设施的建设，从而导致村民对政府未来的政策期望对当下政策的认同度评价影响不明显。

二是政策参与维度。模型三在模型二的基础上纳入了政策参与维度，发现调整 R^2 由 0.124 上升为 0.159，F 值通过显著性检验，表明政策参与维度也显著地影响了村民对财政奖补政策的认同度。

第一，财政奖补政策参与意愿程度在 5% 的水平上显著正相关，这表明参与政策积极性高的村民对政策的认同度也高。显而易见的是，村民是村级公益事业的建设主体，财政奖补政策的受益者也是村民，村民理应有更大的热情参与其中。[①] 保持政策参与途径通畅，政策参与自主性高，村民在政策实施过程中的主体地位得到发挥，村民将更加认可财政奖补政策。

第二，政策参与反馈途径对村民评价财政奖补政策认同度影响不显著。可能由于 72.7% 的村民政策参与反馈途径是直接找村干部和村民代表，政策参与反馈途径比较单一，导致对村民的认同度评价影响不显著。调查中也了解到，除非遇到一些村组织无法解决的极端情况，村民碍于乡情和熟人社会关系，一般也不愿意越级报告或者通过媒体来解决问题。

三是政策实效维度。在模型四中继续增加了政策实效维度，发现调整 R^2 由 0.159 上升为 0.217，F 值通过显著性检验，表明政策参与维度也显著

---

① 曹海林：《村级公益事业投入机制创新的社会动因及实践策略》，《农村经济》2011 年第 12 期。

影响了村民对财政奖补政策的认同度。

第一，项目建设增加情况在 1% 的水平上显著正相关，这表明村里项目建设与过去相比有所增加时，村民对财政奖补政策的认同度会更高。与过去相比，随着村里公益项目建设不断增加，村民的生产生活与村容村貌都出现了显著变化，生产生活变得更加便利，所以农户的政策认同度更高。

第二，设施建成后管护现象在 1% 的水平上显著正相关，符合模型四的假设。调查中村干部也指出当地道路、桥梁的完好率基本在 40% ~ 70%，这也突显了当前农村公共基础设施建成后管理与维护薄弱的现状。项目建成后管护机制配套完善，资金人员安排得当，设施的效用功能得到最大化发挥，会使村民对财政奖补政策的认同度更高。

第三，基础设施满足程度在 1% 的水平上显著正相关，表明对基础设施满足度高的村民对财政奖补政策认同度也比较高。目前，村民对基础设施的需求仍然基于最基本的生产和生活设施，这主要体现在出行、灌溉等基础设施的需求上，满足了这些需求，就会赢得更多村民的认可，因为这毕竟涉及生产生活最直接的便利。[①] 所以随着财政奖补政策的不断推进，农村的基础干道、小型农田水利等基础设施得到很大程度的增加和完善，这能够增加村民对财政奖补政策的认可。

此外，村民的基本特征对村民对财政奖补政策的评价也有一定的影响。基本特征不同的村民拥有不同的生活经历与思维方式，这些特征对政策的理解程度、执行感受以及参与意愿均有影响，进而影响其对政策认同度评价。具体来看，在年龄方面，年轻人大都有过在城市求学或工作的经历，对城市与农村的公益事业差距感受较大，而当前财政奖补政策无法迅速缩小城乡公益事业差距，他们对政策的认同度与年长者相比较低。在受教育程度方面，受过高等教育的村民对政策有更好的理解，对政策的参与度和积极性也越来越高。在性别方面，性别在政策评价上的影响不显著可能是由当前村级公益事业建设落后、村民对基本公共产品的需求仍得不到满足而导致的。

---

① 朱玉春、乔文、王芳：《农民对农村公共品供给满意度实证分析——基于陕西省 32 个乡镇的调查数据》，《农业经济问题》2010 年第 1 期。

5.4.3　提高村民对财政奖补政策认同度的政策建议

村民对财政奖补政策认同度的评价处于中等水平，仍有较大提升空间。不难看出，村民对财政奖补政策认同度评价的影响因素主要来自政策的了解程度、资金使用了解程度、政策作用评价、政策参与意愿程度、项目建设增加情况、设施建成后管护和基础设施满足程度。村民对财政奖补政策的认同度基本不受更多奖励政策信心和政策参与反馈途径的影响。此外，村民对财政奖补政策的认同度与他们的年龄和受教育水平密切相关。据此，要提高村民对财政奖补政策的认同度，进一步激活农业农村发展内生动力，应从政策宣传、政策参与、资金投入以及项目管护等方面入手，根据各地的实际情况，以更加灵活的方式推进财政奖补政策的落地。

一是增强政策宣传影响力，强化政策执行的透明度。在财政奖补政策实施的早期阶段，各级部门应充分利用广播、报纸、电视、互联网等媒体，发挥舆论正面引导作用，让村民了解财政奖补政策的意义和作用，提高村民对财政奖补政策的理解，从而营造良好氛围，让村民在较高认同度基础上积极支持财政奖补政策，也使政策的实施更加顺畅。在政策执行过程中，确保财政奖补政策的实施过程向公众开放，村庄应通过公告栏及时宣布资金使用和其他事项，提高村民对资金使用的认识，使村民更放心地投入自己的资金。同时，上级部门对项目建设资金要做好全面监管，严格审计，统筹财政奖补资金的分配，避免出现低效滥用、截留克扣等不良行径。

二是进一步丰富参与渠道，调动各方参与热情。在财政奖补政策实施过程中，要采取措施激发当地大户、企业等社会主体积极性，鼓励和引导村民充分发挥民主管理和监督作用，共同建设多元主体参与其中的投入机制和有效的监管制度，为建设村级公益事业共同费心出力。同时，保持财政奖励和补贴政策的参与畅通，使参与渠道多样化，便捷高效，充分利用电话、网络等便捷方式。与此同时，结合村民的生产和生活安排，可以真正有效地发挥村民政策参与的作用。

三是加强设施管护，完善配套机制。研究表明，村级公益项目是建管分别占三份、七份，因此，设施建成后的管理和维护非常重要，应逐步建立和完善设施管理和保护机制。第一，各级政府要明确划分财政支持范围和力度，确保管护资金到位；第二，在管理和保护方面，将项目设施进行分类和管理，将村民以及第三方纳入管护的队伍中，降低管护成本，提高管护效果；第三，有关部门要明确各方权利和责任，定期检查管理和保护成果，确保财政奖励和补贴项目"逐一建设"，提高财政奖励和补贴的实施效果。

四是进一步加快基础设施建设，回应村民的实际诉求。目前，村民对基础设施的需求尚未得到很好的满足，因此，农村公益事业的建设仍应以公共基础设施为主要投入。农田水利、道路和桥梁等基础设施对村民的生产和生活影响最大，应成为财政奖补的优先领域。面对在当前村级公益建设中筹集资金和筹集劳力的种种困境，要采取措施逐步增加村级公益事业中财政奖补的资金比例，增加资金的投入额度，使政府在农村基础设施建设中的主体引导地位得到进一步加强。同时，基础设施建设的选择和次序要结合各地实际情况，采用灵活多样的方式民主议事，改善上下机制的结合，有效表达村民对公共产品的迫切和真实需求。

5.5 "一事一议"财政奖补政策的基层实践效果

国家的财政奖补政策在苏皖六镇的实施过程中产生了哪些效应，对当地农村公益事业建设的发展有何作用，对基层民主政治进程的推动有何益处，财政奖补资金能否有效发挥激励作用，这些问题都是我们在苏皖六镇调研中所重点关注的。在整个调研走访的过程中，根据当地政府提供的档案资料和调查问卷的统计数据，我们发现了财政奖补政策的实施一般情况下促进了当地的公共设施建设、村级项目的资金投入以及基层民主建设。同时政策实施过程中也存在村民对政策缺乏了解、奖补项目存在结构性矛盾、村民参与意愿程度不一、施工规模有限、筹资不足、筹劳乏力、设施管理不善、施工不平衡等问题。分析财政奖补政策效应的影响因素，有利于优化政策执行策略，改善筹资和筹劳方式，完善管理和保护机制，加强基础设施建设，提出改进政策效果的对策。

5.5.1 实施财政奖补政策的成果

苏皖六镇遵循中央、省级、市级政府的相关部署要求，加强组织领导，坚持民主评议，认真组织实施项目，有效地促进了一批直接使村民受益的村级公益项目的建设，因此，赢得了广大基层村民的衷心支持，同时，给人民增加政策红利的效应也十分显著。财政奖补政策在苏皖六镇表现出了一系列良好势头，具体归纳如下。

5.5.1.1　政策普遍推行，受益群体广泛

财政奖补政策的目的是缓解村级公益事业建设的投资困境，以民办公助的形式加快建设和发展村级公共基础设施。与此同时，随着全国政策的推进和实施，以及基层政府、干部和村民的一致认可，已经初步形成了共建村级公益事业的良好氛围。调研中发现，财政奖补政策在苏皖六镇都得到普遍实施，各镇按照中央及各省市的政策要求，根据当地的实际情况，积极地实施财政奖励和补贴政策。例如，江苏 FA 镇有 33 个村，共有家庭 3.06 万户，总的农业人口为 8.3 万。查阅相关资料可知，2013 年，该镇参与"一事一议"筹资筹劳的人口为 7.62 万人，劳动力为 3.07 万人，合计换算成人民币 347.76 万元。其中，"一事一议"筹资 152.4 万元，每人平均 20 元；劳动力日数为 24.42 万个，人均劳动力成本为 8 个工作日，每个工日 8 元，因此折算总额为 195.36 万元。筹集的资金和劳动力主要用于农田基础建设、公路桥梁建设、绿化等集体公益事业。① 并且，调研注意到，该镇村庄中的公共基础设施普及率提高迅速。据统计数据了解，FA 镇 2013 年在该村建设了 247 公里水泥路，建成了 582.5 公里砂石路。另外，河道疏浚、桥梁建设、闸站维护、垃圾池建设也在不断进行。

国家出台的财政奖补政策在安徽的 XA 镇也得以顺利实施，其中在 2012 年就已开展资金总额达 219.96 万元的项目。并且，村民筹资与各级财政奖补的比例近 1∶2，村民自筹的资金计划为 75.54 万元，各级财政奖补资金计划为 118.9 万元。该镇于 2012～2013 年新建通村水泥路 20.9 公里，极大地改善了 XA 镇的交通状况，为方便了老百姓的生产生活创造了有利条件。

安徽省青阳县的 ZB 镇与 YT 镇基本按照每年每村一个项目的进程，逐

---

① 《富安镇一事一议、筹资筹劳情况》，http://www.dongtai.gov.cn/xxgk/jcms_files/jcms1/web75/site/art/2013/9/17/art_6901_22105.html，最后访问日期：2013 年 9 月 9 日。

步开展"一事一议"财政奖补政策，项目建设主要围绕村里的道路硬化、桥梁修缮等基础设施建设。ZB 镇于 2012 年在下辖的 4 个村各修一条道路，项目建设的资金主要来源于村民筹资与财政奖补，其中，村民筹集资金共计 14 万元，财政奖补资金 46.7 万元，将劳动力折算为 80 万元。2012 年，YT 镇的"一事一议"财政奖补政策主要落实在其下辖的 9 个村的村内道路建设、村民饮水工程和小型农田水利建设上，村民共筹集资金 29.16 万元，财政奖补资金 97.23 万元，村庄集体资金 22.41 万元，劳动力折资 145.38 万元，村民集体资金 22.41 万元，其他 1.3 万元，预计项目实施受益人数过万。2011～2013 年 YT 镇"一事一议"工程决算投资情况如图 5-2 所示。

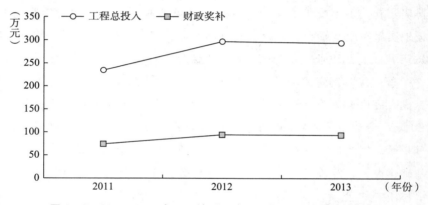

图 5-2　2011～2013 年 YT 镇"一事一议"工程决算资金情况

财政奖补政策在 ZB 镇也取得了比较显著的成效。自政策推行以来，ZB 镇基本按照每年每村一个项目的进度开展，各村积极开展商讨、筹资筹劳、项目落地等活动，因而促进财政奖补政策的规模也相对较大。为改善困扰当地村民的饮水问题，ZB 镇于 2012 年建成了 3000 米的引水管。同时，给所辖 4 个村的 3.62 公里道路进行道路硬化，给村民生产生活带来了福利，同时也为当地旅游业的蓬勃发展创造了新一轮的商机，极大地拓宽了村民的发展渠道，也让更多外地游客走进小镇、了解小镇。

此外，QD 镇和 ZZ 镇也取得了显著的成效。2014 年，QD 镇加大了对农村公益事业的投入，经查阅数据了解到其资金总投入达到 1000 万元，还用财政资金约 200 万元投资兴建 9 座农桥。村级公益事业建设有 3 项获得财政奖补，总投资 138 万元，其中财政奖补 80 万元；村级财政转移支付资金总额89.99万元，各类农业补贴则为4778.9万元。在 ZZ 镇23个村的"经济竞争"排名表中，齐心村的增长非常明显，表现也十分亮眼。自2009年以来，该村已投资建设了2900平方米的集体宿舍楼，15430平方米的标准厂房。此外，该村还投资1386万元，建成了21000平方米的经营性物业资源。截至目前，齐心村拥有近2万平方米的标准厂房和集体宿舍楼，物业资产达1800万元，这些属于村庄自身的不动产每年为村里带来250万元的物业收入，并且呈现逐年增加的趋势，村庄经济改善十分明显。与此同时，该村的发展是综合考量的，不是为了发展经济而发展，比如村庄的物业经济发展符合村庄制定的"居住于内，产业对外"的总体规划。村级公益事业的有效实施给农村的生产生活带来耳目一新的变化，让村民切实体会到了财政奖补政策实施的好处。

5.5.1.2　村民参与政策的热情高，基层民主政治得到加强

关于财政奖补政策的"一事一议"完全是基于村民自愿的前提，帮助其更好地建立公益事业，使村民能够完成他们想要做但却因各种限制做不到的事。财政奖补资金让村民只出部分资金和劳力就可以把与生产生活直接相关的公共基础设施修建好，这减少了很多的阻碍，使村民参与财政奖补政策实施越来越成为自觉的行为。在调研苏皖六镇中，发现一些村民对当地的公益事业建设比某些村级干部更加热心。他们急切希望与自身相关的基础设施得到快速改善，因此各镇村民财政奖补政策参与积极性较高。

与此同时，财政奖补政策在执行过程中，配套了比较完善的政策流程体系，其中的议事大会、筹资筹劳活动、民主监督、项目实施等活动，为农村的民主政治建设搭建了一个非常好的平台。以安徽省 ZB 镇为例，通过村干部的介绍了解到，村里每年要举行一到四次村民会议。村民通过参加会议、审议，提出意见和其他活动，让村干部有机会更频繁地与村民沟通，村民与村干部的关系也变得更加紧密，慢慢地基层组织的凝聚力也不断增强。在实施财政奖补政策的过程中，村民有更多的机会表达自己的想法，参与基层管理，以民主的方式实现自己的利益，一系列的活动让村民的民主意识得到提高，民主的能力得到提升，村民的自觉性也能

得到提高。① 与此同时，民主活动的增加也使干群关系紧密相连，可以看出，财政奖补政策的实施解决了村干部与村民互不相干的局面，沟通建立起两者紧密的联系，促进了基层民主政治的发展。

5.5.1.3 资金投入渠道多样化，财政奖补的引导效应显现

财政奖补政策是一种结合奖励和补贴的方法，各级财政按一定比例进行匹配。在当前的村级公益事业建设中，对村民的投资投劳给予一定比例的奖励，以激励更多村民主动参与到农村建设中，也鼓励其他的社会主体参与其中，共同努力来改变农村基础设施已无法适应当前经济社会发展的现状，以达到缓解当前城市与农村在公益事业建设上的二元结构局面。自苏皖六镇实施财政奖补政策以来，公益事业建设的投资规模逐年增加。以苏北的 FA 镇为例，2011 年全镇建设项目总投资为 244.7 万元，2013 年投资增至 326.28 万元。同时，财政奖补资金的引导效应也非常明显，极大地调动了村民、村集体和社会捐赠的积极性，激起了建设村级公益事业的强烈热情。当然，除了村民筹资、财政奖补资金，各地政府还根据自身的经济财务状况将政府资金与其他支农资金有效整合，集中各项获得的资金形成合力，用以建好村级公益事业。在 2012 年建设投入资金中，FA 镇村集体募集资金 12.4 万元，社会捐赠 3.2 万元，配套农业资金使用 6.8 万元；ZB 镇则整合其他农业支持资金 5.5 万元，社会捐赠 1.5 万元。综上表明，乡镇公益建设的资金来源日益多样化，并且，财政奖补政策在引导各方力量汇聚资源的效应十分有效。

从苏皖六镇调研情况来看，财政奖补政策的资金引导作用非常明显，它将村民、村集体和社会捐赠的积极性推向了村级公益事业的建设。并且，与"一事一议"财政奖补政策实施之前相比，项目建设资金的总体规模显著增加。在 2012 年建设基金中，YT 镇共筹集资金 22.4 万元，XA 镇整合其他资金 23.5 万元。这一切再一次表明，在财政奖补资金的指导下，公益性建设基金的投入渠道多元化。除了村民筹资、财政奖补资金外，各地政府都根据自身的经济财务状况和其他支农资金的有效整合，集中各项

① 张颖举：《一事一议财政奖补政策效应分析与建议——以黑龙江省为例》，《行政与法》2010 年第 3 期。

资金以建好公益事业工程项目。图 5 - 3 以 XA 镇为例，表明了各地方政府为了加快村级公益事业建设，积极扩大资金来源，确保资金供应的充足，同时实现多元化资金投入，共同加快建设村级公益事业。

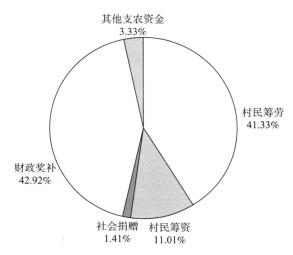

其他支农资金
3.33%

村民筹劳
41.33%

财政奖补
42.92%

社会捐赠
1.41%

村民筹资
11.01%

图 5 - 3　2012 年 XA 镇项目资金来源结构比重

5.5.1.4　基础设施得到改善，村民满意度较高

随着"一事一议"财政奖补政策的开展，苏皖六镇都根据当地实际情况和村民需要积极投入到村级基础设施的建设中，与过去相比，各村的基础设施建设得到了显著改善。根据各镇的档案资料，发现苏北 FA 镇在 2012 年就建成了村里 247 公里的水泥路和 582.5 公里的砂石路。并且，计划到 2015 年的重点项目规划中要新建村内道路 357.3 公里，村内河道疏通、桥梁修建、闸站维修和建设垃圾池等基础设施建设是 FA 镇着力关注和重点投入的建设升级项目领域。2012 年，安徽省 YT 镇建成了两座蓄水池和 3000 米的导水管，改善了当地村民的饮用水条件。此外，整修的 3800 米的道路加宽和硬化工程为村民带来了极大的便利。另外，2012 年 ZB 镇四个村庄的 3.62 公里道路硬化项目为旅游业带来了商机，实现了村民便利外出和游客进村旅游的双赢。

在实地调查问卷中，使用了李克特量表法衡量村民对财政奖补政策的总体满意度，并直接给出三个层次的选择，分别为"不满""基本满意"

"非常满意"，让村民自主选择他们对当前财政奖补政策的整体评价。其中苏皖六镇村民整体满意度评价见表5－11。从表中数据可以看出，近60%的苏皖六镇村民对财政奖补政策的整体满意度评价比较高，表明财政奖补政策实施效果明显，村级基础设施得到一定的增加和改善，奖补资金也确实很好地发挥了"四两拨千斤"的奇效。同时，30%～40%的不满意评价也说明了苏皖六镇村民对公共产品的需求与政策实施效果之间的矛盾，由于政策覆盖范围有限、财政奖补比例偏低等原因，村级基础设施建设还不能完全满足村民需求。调研中也发现村级公益事业建设仍然存在项目建设资金不足、政策实施程序不规范、设施建成后管护不力等问题，需要在接下来的工作中不断完善和改进。

表 5－11　苏皖六镇村民对财政奖补政策的整体满意度情况

调研地点	不满意	基本满意	很满意
FA 镇	34.4%	41.7%	23.9%
XA 镇	30.6%	37.5%	21.9%
ZB 镇	41.1%	38.8%	20.1%
YT 镇	29.5%	40.7%	29.8%
QD 镇	31.2%	39.8%	29.0%
ZZ 镇	35.6%	39.2%	25.2%

5.5.2　实施财政奖补政策存在的问题

财政奖补政策在苏皖六镇的实施中遇到了一些共同的问题。与此同时，由于苏皖六镇的地理环境、经济发展水平和人口构成的差异，实施过程中的财政奖补政策问题也不尽相同，更不能一概而论。

首先，村民在财政奖补政策的理解上有待提高。"一事一议"财政奖补政策是一项直接支持"三农"的政策，连接村民群众的政策，因此，村民必须真正了解政策的实质，从情感上以及行动上支持该项政策落地生效。据调查，苏皖六镇都存在宣传发动不到位的问题，主要反映在村民群众不了解财政奖补的相关政策。从调查数据我们可以了解到，苏皖六镇村民对财政奖补政策的了解程度都有一定的匮乏性。以苏南的 QD 镇和 ZZ 镇为例，两个镇的村民对"一事一议"财政奖补相关政策的了解程度严重不足，接近 58% 的民众对财政奖补的补助办法、资金使用以及筹资筹劳标准很不了解，而这恰恰属于财政奖补政策的核心内容，如果不改善现状，将严重影响广大村民参与建设村级公益事业的积极性，同时，也会对公益性设施建成后所带来的价值存有疑虑，满意度也将大大降低。此外，村内的党员及群众代表也对奖补政策一知半解，不能系统地为村民做详尽指导，可谓雪上加霜。这种村民群众对政策不了解、村民代表对政策没吃透的现象使财政奖补政策的执行障碍重重，村民群众的切身利益也得不到有效保障。

表 5 - 12　村民对财政奖补政策了解情况

	很不了解	比较了解	非常了解
修路建桥等公益活动政策	54.1%	30.6%	15.3%
公共设施奖励补助办法	58.4%	33.2%	8.4%
修路建桥的资金使用	62.8%	27.5%	9.7%
财政奖补筹资筹劳标准	65.5%	28.2%	6.3%

数据来源：苏皖六镇 450 家农户调查问卷。

其次，奖补项目与村民真实意愿存在非对称性的矛盾。"一事一议"财政奖补政策的初衷是弥补村民迫切需要的公共设施建设，并鼓励村民参与投资投劳，以满足村民对公共服务设施建设的基本需要，还可以在筹资筹劳的过程中不断培育村民的参政意识与公民精神。然而，事与愿违，在财政奖补政策具体执行的过程中，民意往往遭到阻拦，民众呼声不断，但决策部门了解不到，设施建设逐渐取决于县领导、村干部的主观臆断，设施种类、数量、布局与民意相悖，公共设施的使用率不高，造成财政资源的浪费。在实地调研过程中，调查人员以乡村道路、农田水利设施、村容村貌、饮水安全和治安联防为内容向村民征询意见，其中饮水安全和治安联防成为村民反映最为强烈的公益项目，占样本总量的 55%（见图 5 - 4）。饮水安全是村民普遍关注的问题，而这与现存的道路建设、村容村貌的奖补偏向相差，容易造成设施过剩与不足并存的问题。

再次，财政奖补投入差异较大。由于地区和地区、村民和村民之间的负担能力差异较大，所以，只是用相对统一标准化的奖补来规范农村集体公益事业的建设困难重重。即使是 2/3 以上村民同意进行的农村集体公益

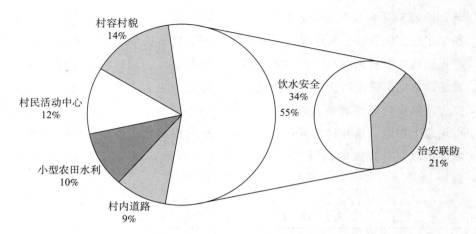

图 5 - 4 苏皖六镇村民对公益事业项目的需求程度

数据来源：苏皖六镇 450 家农户调查问卷。

建设项目也可能成为村民不满的一部分，因为村级公益事业涉及村民切身的利益，尤其在遇到直接影响村民利益的情况下，不满意、阻挠成为常态。同时，我们在实地调查中可以发现，同一村庄内也存在经济条件差异较大的村民，在 QD 镇隐读村，相对富裕的村民不再只是满足纯产生基础功能的公益项目，而是提出了一些商业性质的准公共产品的需求，并愿意承担大型建设项目的筹款责任，承担大比例的资金投入，而在较贫困的家庭中，村民的意愿仍然集中在修复农田水利和解决交通问题上，但是受贫困影响，筹集资金的能力和意愿不强。

同时，村际经济实力的高低成为影响公益事业建设村民参与的因素之一。在经济较发达的江苏省 ZZ 镇齐心村，由于多年的建设和政府投资，生产和生活条件相对完善，并与经济发展已经形成了积极的互动。但是出现的一个现象是，村民为公益事业建设筹集资金的意愿不强，热情低落，对提供农村公共产品的积极性明显不足。在调查中了解到，很多人认为，由于本身基础较少，所以无论如何，他们不依靠项目建设来发财，因此参与解决问题和筹款的程度并不高。反观其他相对贫困的村庄，群众热切期待通过公益项目开辟繁荣之路，大幅改善生产和生活条件，也期待消除地方发展的基本障碍，因而表现出的参与审议的主动性和积极性非常高。表现比较典型的就是江苏的 FA 镇与安徽 ZB 镇，由于两个镇基础设施建设存在共性，即基础薄弱，而可使用的资金总量不充足，两镇的财政奖补项目建设主要集中在投资时间短、资金用量小的小型项目上，如乡村道路硬化和小型的农田水利。据 FA 镇相关人员介绍，由于本身资金总额有限，所以一些所需资金较大、投资期较长的建设项目必须暂停。ZB 镇的村级公路硬化工程则以每村每年约 1 公里的速度进行，进度十分缓慢，很大程度上影响了当地村民对所需公共产品的需求。

最后，基础设施建设进度、类型等存在严重的不平衡且后续管护问题突出。调查发现，苏皖六镇在村道路桥梁、饮用水工程、农田水利等基础设施建设上差异较大，很多基础设施建设规模和发展速度不均衡。例如有些城镇大部分村庄基本实现了水泥路的户户通、家家进，改善了饮水工程、卫生设施、广播设施等。因此，村民对当地地方政府和财政激励措施的评价较高，比如苏南几个镇。相比之下，在一些村庄，虽然村里的主要道路已经基本建成了水泥路，但这些路通到每个家庭的事项尚未被提上议事日程。特别是一些生活在丘陵地区的村民仍然面临交通不便等问题，饮水问题也是部分地区大难题，如安徽的多个镇都或多或少存在以上问题。

同时，基础设施的管护也问题重重。苏皖六镇基础设施建设中的"重建设、轻管理维护"的问题日益突出，调研数据显示，近 75% 的村民认为当地的基础设施缺乏有效的管理和维护。因此，各地基础设施的管理和保护问题逐步显现，并且越来越成为村民关注的问题，因为这涉及村民生产生活的便利。例如，有 FA 镇的工作人员曾统计，该镇现有水泥路 247 公里，完好率 87.8%；村级碎石路面积 582.5 公里，优良率为 46.8%；有 986 座桥梁，其中 60% 处于良好状态，基础设施需要紧急修复和更新。同时，由于缺乏对基础设施有效的后续管理，设施的效用未得到充分利用，造成大量人员和财产的浪费，更加催生村民对公益项目建设的不满情绪和抵制心理，导致工作推进难度增加。

此外，苏皖六镇的财政奖补政策还面临筹资筹劳难以足额完成的困境。尽管筹款和筹劳活动已经在各个乡镇普遍开展，但由于经济发展水平和人口状况不同，筹资和筹劳的进程发展存在不同程度的困难。例如，在 ZB 镇，由于山地和丘陵等特殊原因，一定程度带来发展的落后，家庭年收入并不可观，即使每人每年只资助 15 元，筹款工作仍有困难。在 FA 镇，由于农村青年的外出务工比例很大，留守的老人和儿童受到身体限制，他们对劳动的热情很低，很难开展工作。以上情况导致在项目进村落地中，不是资金不足就是劳动力缺失，阻碍工程的推进。

5.5.3 影响财政奖励政策执行效果的因素

从总体上来说，苏皖六镇实施财政奖补政策确实为当地村级公益事业的建设注入了强有力的催化剂，村庄的公共基础设施改善较为明显，在改善村民生产生活的同时，也极大地促进了基层民主政治的发展。与此同时，各地政策的实施也暴露出一些问题，基于此，我们需要找到根本原因，及时调整、治理。针对实施财政奖补政策的有效性及其存在的问题，我们从两个方面分析其影响因素。

5.5.3.1 政策成效的影响因素

一是以"民办公助"的形式有效地加快了村级公益事业建设的步伐。财政奖补政策的出台旨在缓解早期"一事一议"的执行困境，以财政奖补的形式促进村级公益事业的发展，表现为官方搭台，民众唱戏。因此，全国政策的普遍实施得到了基层政府和村民的积极响应，也形成了合力，在一定程度上开创了村级公益事业的良好局面。① 由于财政奖补政策的范围主要包括与村民生产和生活密切相关的基础设施建设，所以，随着苏皖六镇积极实施财政奖补政策，全镇辖区内的村级公益事业均得到了很大改善，特别是村民迫切需要的道路、农田水利、卫生等基础设施的持续改善，提升了村民的生活满意度，让村民切实体会到了财政奖补政策在供给、支持公共产品方面的实在好处。

二是政策实施的过程为民主政治的建设发展提供了有效的平台。各级政府的财政奖补政策是在尊重村民意愿的前提下，帮助村民建设公益事业，做村民想做但做不了的事，只要村民提供一部分资金和劳动力，就可以建设道路和桥梁等基础设施，提供了急需的农村公共产品，满足了现实需要。因此，这在很大程度上激发了村民参与其中的积极性，参与热情空前高涨。同时，财政奖补政策的实施有一个完整的过程体系，包括审议、决策、筹款、民主监督和项目实施、反馈等活动，是一个良性循环的逻辑

---

① 张少春：《大力推进村级公益事业建设一事一议财政奖补试点工作》，《中国财政》2010年第 9 期。

体系。因此，村民乐意并自觉参与实施财政奖补政策的平台活动，这有利于在过程中强化村民的民主权利意识，了解主体义务。这一举措无疑让村民作为权利主体享受了基层管理的机会，助推基层民主政治建设进程。

三是财政奖补基金指导着多元化投资。财政奖补政策实行奖励和补贴并驾齐驱的方式，为村级公益事业范围内的村民筹款提供一定的补偿资金。通过一系列的引导，鼓励村民投资投劳，也鼓励各方积极参与建设农村公益事业，以此改变农村公共基础设施落后的局面，缓解目前城乡公益性建设的二元结构的发展现状。根据政策要求，地方政府扮演着较为主动的搭台角色，积极宣传政策的意义和作用，鼓励村民参与筹款和筹资活动；积极与外界联系，吸引社会各界人士和非政府组织的资金捐赠与物质帮助；有效整合各种与"三农"有关的资金，以最合适的方式提高各种财政资金利用效度。通过上述努力和尝试，村级公益建设的资金来源不断扩大，因此，项目建设投资持续增长。

5.5.3.2　政策实施存在问题的根源

第一，制度安排与政策执行环境脱节。政策宣传的效果和村民了解政策程度紧密相关，政策宣传的效果影响了村民对财政奖补政策的意义和作用的认识，它直接影响了村民政策参与的积极性，与此同时，政策宣传的效果也受到政策宣传方式和村民文化素质的影响。目前，"一事一议"财政奖补政策的向前推进是困难的，并且在大多数情况下仍可以看到形式大于实质，并没有很好地契合政策的初衷，"政策受阻，制度失效"非常明显。追溯原因，发现缺乏对中国农村发展基本模式的判断，导致制度安排与现实环境脱节，尤其针对乡村的政策执行环境在一定程度上存在误判。改革开放后，我国城乡之间的变化是非常明显的，表现为农村公共产品供需差距不断扩大，农业政策环境不确定，阶层分化显著，还有空心村现象。项目的实施需要人的参与，并且需要具备较高素质的人员实践，但农村现实却为项目的基层实践大打折扣，矛盾凸显。[1]"一事一议"确定了价值目标、运行方法和覆盖范围，然而，"三农"问题所处的环境复杂多变，

---

[1]　蒋满霖：《我国农村公共产品供给与农民负担研究》，《南京农业大学学报》（社会科学版）2003 年第 2 期。

呈现多元化、不稳定和内生性的特征，因此制度很难做到周全，进而影响实际执行过程中的可操作性，而这和系统设计初衷严重相违。从政策宣传角度上分析，村级公益事业建设的公开程度依旧不足，村民对政策宣传和参与监督的必要性呼声较高（见表 5 – 13）。此外，从人口比例上看，调研中发现各镇村民以妇女、老人及儿童为主，以 ZZ 镇为例，在调查样本中，男性占 47.33%，女性占 52.67%；年龄在 18～50 岁的占 48%，50 岁以上的占 52%；受教育程度在初中及以下的占 79.67%。可见，农村留守儿童、老人以及妇女成为农村主要人口支撑力量，由于这些村民年龄较大或较小，受教育程度较低，对宣传的政策的理解浮于表面，这给当地村干部的政策宣传带来一定的挑战，它还对政策深入推进的进程带来了某些挑战和障碍。

表 5 – 13   苏皖六镇村民对政策宣传和参与监督必要性的态度

	非常必要	比较必要	不太必要	很不必要
对村民进行宣传动员	45.3%	38.7%	9.3%	6.7%
村民参与监督管理	48.0%	39.3%	8.7%	4.0%

第二，村民意愿上传存在制度漏洞。从制度运作程序的角度看，理论上构建的"自下而上"的需求表达机制是强有力的，同时，"自上而下"决策机制的规定也同样很强，因此，经总结，在实际操作过程中，发现存在以下五点严重影响决策拍板的因素：一是各级领导干部的知识水平和品性道德；二是监督力的强度；三是各级政府决定其项目和目标的选择偏好；四是基于部门或者自身的财务状况考量，很多情况下会直接影响决策；五是各政府部门的利益分工和妥协的结果。这些因素都会否定或部分否定村民实际需要的反映，导致供需失衡，村民的满意度降低。并且，从长远来看，由于缺乏对村民决策自主权的保护，将对村民参与审议和民主管理的意愿下降产生更加不利影响。实际工作中，在相当多的地方，乡镇政府进行盲目指导和发布强制性声明，个别村干部有较强任意性，以个人意志取代集体想法，为了眼前或个人利益自然地牺牲集体的利益，政府部门甚至也没有很好地研究"一事一议"财政奖补政策，因此，"从上到下，从外到内"的政策实施模式仍然盛行，少数人的选择偏好和意志强行代表

了群众的"集体选择"。由于议事规则不健全，不可避免地带来公众"靠脚"投票的现象，其实质是民主决策的参与自主权难以充分发挥，政策实践效果较差。[①] 另外，即使村民在施工前的意愿通过了村民大会或村民代表大会的讨论和决议，他们也得到了充分的表达和保证，但是，这与将群众意见上升为政府意志还是存在很大差距的，在村民表达了自己的意愿后，层层上报、层层把关、层层审批，且不说政策的真实性有无受到影响，单就时间的耗费已经消磨了村民积极性。并且，如果政府决策部门认为群众的意志不符合政府对即将出台的公共政策的心理预期，且与区域长期发展计划不一致等，可能会导致村民决策的落空。与此同时，目前还缺乏法规来规范和约束实际困境，地方民主决策参与者的自主性和参与机会在短期内依旧得不到保证。

第三，村庄间经济水平差异很大。"一事一议"财政奖补是农村公益事业建设的基础资金的渠道之一，其资金实力雄厚，同时，也因为该政策能够调动乡村的各种资源，动员村民等力量，因此也成为建设和完善基层民主制度的手段。调研过程中发现，苏皖各镇的筹资和筹劳工作开展都存在不同程度的困难，很难达到预期的结果。例如，ZB 镇的经济发展水平相对较低，因此筹款活动给他们的生活带来了一些经济压力，筹款进程自然缓慢。FA 镇的困境之一是当地人口构成。FA 镇 50 岁以上的村民占46.1%，而男性仅占 37.8%。结果表明，在 FA 镇的大多数农村，当年轻人和中年人外出打工时，留守人口老龄化现象明显，劳动力流失严重，筹劳工作难以顺利开展。

财政奖补政策在村际的投入差异使得政策执行的深度不足，作为一项支农政策，中央根据全国农村的平均状况预设奖补细则，政令从下发至地方，总会有些许的"不适应"。[②] 这种"不适应"在苏南地区更为明显，较中国其他农村地区，苏南部分乡镇城乡一体化和经济发展水平都很高，村级公益事业设施建设也进展迅速，但也有一些村经济水平相对较低。以ZZ 镇齐心村为例，村内道路已修缮完毕，基础设施建设较为齐全，村民几

---

① 曲延春：《农村公共产品供给与公共财政的建立》，《山东社会科学》2008 年第 5 期。

② 安瑾瑾：《村级公益事业一事一议财政奖补制度建设研究》，硕士学位论文，山东农业大学，2012，第 23 ~ 25 页。

乎不参与投资投劳，原因在于资金大多出自村集体收入，这些收入主要包括企业捐助和土地租金。而村内企业数量相对较少的龙降桥村则更为重视党群议事会的作用，并将财政奖补作为村级公共服务设施建设的资金保障。可见，财政奖补投入差异较大的根源在于村级经济实力的差距，而这一差距导致的财政奖补政策执行深度的不同给农村民主建设带来一定影响，也便出现了我们调研中发现的龙降桥村村民对村内事务较为了解并积极参与，而齐心村村民大多都不予理睬的情况。

第四，资金和人员无保障导致管护问题凸显。虽然中央及地方已建立相应的制度安排，但设施建成后续管护问题日益凸显，主要是因为管护资金有限，管护人员薄弱。在对苏皖六镇的调查中发现，项目完成后管理和保护面临的最大问题是缺乏管理和保护资金。例如，在财政奖励基金中，ZB 镇的管理和维护资金标准为农业人口人均 2 元。XA 镇的管理和保护基金标准是农业人口人均 1 元，其他资金基本上由乡镇集体财政承担。由于各地集体经济发展不平衡，乡镇集体经济能力有限，无法投入更多资金用于项目设施的管理和保护。

在管理和维护人员的安排中，苏皖六镇的大部分村庄都是招聘当地村民作为设施的管理和保护人员。由于青壮年大都外出务工且管护工作报酬比较低，管护人员以留守中老年人为主，出现管护队伍不稳定、责任心不强等问题，只有接近考核或设施发生较大故障时，管护人员才会积极承担起一定的管护责任。同时，由于管理人员的身体素质和专业技能有限，村级公共设施管理办法是在最基本的清洁和检查的基础上进行的，因此，他们没有能力提供更专业的设施管护工作，实际上，管护问题依旧存在。

第五，财政奖补机制导致基础设施建设的不平衡。苏皖六镇由于经济发展程度的差异，导致每年的财政奖补差异很大，基础设施建设不平衡现象显著。从调查中我们发现，各地财政奖补资金额度存在较大差异，经济情况较好的 FA 镇投入资金多，奖补资金也多；经济水平较低的 ZB 镇投入资金少，奖补资金也少。这是因为财政奖补奖金是根据当地村民筹集的资金劳动力折算总额按比例分配的。概括起来就是，多筹多奖，少筹少奖，这样看似科学合理的规定却可能导致各地建设不平衡的问题。同时，由于中央和省级财政奖补基金实际上是基于地方政府的"政策配合能力"，财政奖补政策的发展程度受当地政府财政资源的影响。① 各地村镇集体的财力大小差异，导致筹资基数大小差异，从而导致加上奖补资金后的建设资金总额差异，最后容易导致各地基础建设的"马太效应"：发达地区筹资多，奖补多，公益事业办得越好越快；在落后地区，募集资金较少，奖励较少，公益事业建设的步伐越来越慢。

5.3.4　加强财政奖补政策实施效果的政策建议

通过对苏皖六镇的实地调查以及后期研究的整理和数据分析，研究小组初步了解了苏皖六镇的"一事一议"财政奖补政策的实施情况。通过数据分析得出了现象的原因与脉络，结合从互联网收集到的现实资料，我们得出以下结论：从总体情况观察，苏皖六镇在实施"一事一议"财政奖补政策中确实取得了良好的效果。表现为农村公益事业设施、环境得到革新与完善，村民生活水平得到很大提高。但是，在政策实施过程中，苏皖地区也存在一些问题和实施困境，其中有共性问题，也有独有的个性问题，我们认为应从以下几个方面予以改善，以促进财政奖补政策得到更好实施。

一是加强对基层干部和村民的多方面培训。财政奖补制度运行中的重要两极为政府和村集体的机构、制度素质，村民群众的个人素质。从政府和村社的机构、制度素质来看，有必要从内到外、从上到下转变政府无所不能的统治者形象，全能型的政府已经过时，协调城乡发展的思想观念成为主流，负责任的政府应该首先以正确的政绩观和绩效观作为政府行为的先导，认可群众自我管理能力，提高组织、领导、团结村民群体的能力。同时，增强控制整体建设的能力，更重要的是它的自我控制能力，在没有强迫、偏好，信任和自由放任的理念指导下扮演好角色。村社的机构素质由村干部的个人素质控制。从项目选择、质量解决、资金管理、项目质量等方面，我们将加强村干部"公平公正"的处事风格，更重要的是，通过相关的制度规定，加强对村干部行为和集体意识的监督和管理，防止其获得权力后恣意妄为。村民个人素质的提高主要基于保障个人权益，引导、

---

① 杜辉：《村级公益事业建设一事一议、财政奖补的执行偏差与矫正》，《贵州社会科学》2012 年第 3 期。

支持村民通过合理合法的手段实现个人的利益诉求。① 通过宣传和政策解释，村民可以充分了解、接受和使用财政奖补制度进行审议，这可以利用一些村规民约约束影响村民的行为。打破宗族姓氏的一些不利因素，照顾多数人的利益，降低私利，切实行使民主权利。同时，要对拥有土地、苗木等所有权的村庄群众制定适当的补偿政策，搭建协调沟通机制或平台，将利益冲突化解在机制内。在公共产品建设实施过程中，土地问题要提前做好规划，一旦出现占用或破坏必然给工作的良性推进造成阻力，不利于营造和谐有序的农村社会氛围。

二是继续完善财政奖励和补贴制度。"一事一议"财政奖补政策中基础设施的建设应以为村民谋福利为宗旨，要加强项目资金监管，提升村民对基层组织的信任。要加强项目实施监管、阳光公开操作，避免贪污、挪用等行为的发生，让村民切实感受到财政奖补政策实施的公开、公平与实惠。各村可以由村民代表形成监督小组，对财政奖补项目实施进行全程监督，对村里资金使用违法违规的行为要及时制止。同时，各镇村应及时定期公布项目筹集以及补偿的各类资金，包括项目使用资金和财政奖励资金等细节，自觉接受监督。

在运作的流程上，有必要改进规划、筹款、报告、审批、建设、反馈和村民审议监督的相关制度。同时，按照"同等重视建设和管理维护"的原则，建立项目管理和保护制度，明确公益性设施的责任主体。同时，要切实将管理和保护资金落实到位，探索和建立有利于农村公共设施运行和维护的长效机制。具体而言，在审议的阶段，应该讨论什么，不应该讨论什么，讨论谁，如何讨论，必须有具体规定；在项目申报、审批、宣传、建设和建后施工管理和保护方面，必须制定具体的程序；开放村务监督渠道，实施财务披露制度，广纳民意，反馈于民；应明确规定奖励条件和政府补助水平以及各级资金分配比例；违规行为如何处罚也应予以明确；在资金的管理层面，省、市等上级有关部门可以引入资金管理办法，建立资金分配和拨付限制机制，灵活设置结算方式，推进公益事业建设。县级综合配套办公室应定期或不定期对乡镇工程建设进行及时的技术指导和专业

---

① 彭长生：《"一事一议"将何去何从——后农业税时代村级公共品供给的制度变迁与机制创新》，《农村经济》2011 年第 10 期。

的专项监督。县的职能部门必须负责签署已通过验收的相关项目，确保项目建设的安全性、可持续性等，责任到人。此外，应建立更加直接、完善的监督检查机制，强化内部监督，如村民民主财务管理队伍和质量监督队伍的自我监督，借助群众舆论确保公众监督权，外部的中介机构、审计检查、政府监管等可以将程序运行规范透明成为可能，在资金使用和项目质量监管上可以发挥独特的作用，确保村民民主决策的顺利实施以及项目的顺利落地。①

同时，强化村干部的自身公仆意识教育，杜绝公权私用、公款吃喝等现象，赢取村民对基层组织及干部的信任。村干部应与村民加强交流与沟通，及时有效地听取村民的意见与建议，对村民的反对意见要认真听取和调查，及时回应并给予满意答复。要增强信任和理解，让有些地区村民与村干部的"水与油"的关系向"水与鱼"的关系转变，这样才有利于各项工作的开展，村民才会对各项工作积极配合，财政奖补政策的实施才能事半功倍。

三是根据当地情况制定筹资筹劳标准和奖励标准。基于当前各地经济发展水平不断提升的现状，有条件的地区可以在遵循村民意愿的前提下适当上调筹资上限标准，适应当地条件，满足当地经济发展和公益事业建设的需要。可以对不同收入水平的村民进行分类管理，实现差异化的筹资筹劳，实现尽可能的公平。对于经济能力较弱的老人、贫困农户免于筹资。并且，财政奖补政策的奖励标准也应根据当地条件量身定制。苏皖六镇的经济发展水平与农村公益事业的现实条件有很大差异，各地方政府可以根据国家及各省市主管部门发布的文件要求，实行"普特制度"相结合，根据每个地方的实际情况制定奖励标准，满足各镇的期待。

根据各地经济发展的实际水平，给予地方有关部门更加灵活的权力调整，为村民筹集资金以及劳动力涉及的三个方面做好突破。研究并尝试改变已经实施多年的中央政府针对村民筹资筹劳配额的规定，逐步将这一权力下放给地方政府。根据各地方政府的整体经济水平，地方政府为当地设计合理的筹额，并以此作为大多数地区的指南，当然遇到特殊情况时，也

---

① 项继权、李晓鹏：《"一事一议财政奖补"：我国农村公共物品供给的新机制》，《江苏行政学院学报》2014 年第 2 期。

可以围绕该指南进行合理的波动调整。这种权力的下放应该反映"三种灵活性",这与以前的政策考虑不一致。"第一种灵活性"是指城乡经济相对发达的地区,县乡政府和村集体有足够的经济实力。因此,可以尝试逐步减少村民筹集资金的配额,甚至可以取消村民筹集劳动力和资金,鼓励基层政府增加资金,调整政府分配政策,增加政府的投资额度,实现政府主导的制度设计。[①]"第二种灵活性"是指村民群众拥有更好的经济条件并且积极参与的地区。通过政府等有关部门的指导,村民群众也通过民主会议的商议妥协,从而形成符合当地自身的投资筹劳的标准范围,不仅限于政府规定的现行限额。当然,这一灵活性的实现要更加严格地实施村民民主管理制度,保证村民个人意见充分体现,要防止形成"大多数人的暴政",漠视少数群体的意见,并且还要防止村民会议被长期拖延。"第三种灵活性"是指基层县乡政府的总体财政资源和村民群众的整体经济水平较差的地区。在集中贫困地区,取消对村民群众筹集资金和筹集劳动力的要求,改由省市政府为主要的投入主体,实行前期政府主导,并逐步在乡村培育村民自觉参与的新形式。

四是健全管护方式,完善配套机制。针对村级公益项目,社会上存在一种说法,叫"三分建设,七分管护",所以,基础设施建成后的管理和维护尤为重要。[②] 各级政府应加强对项目管理和保护的理解,明确基于筹资筹劳的设施管理和保护范围。从调研实际来看,确定村委会的管理和保护状况,并根据项目设施的特点制定相应的管理和保护标准。同时,建立和完善包含村民、专业团队和社会力量的多元管理方式。对于设施的管理和保护应逐步建立和完善配套机制,在管理和保护方面,项目设施是分类管理的,一些小项目可以由当地村民管理,通过市场化等手段,雇用专业技术人员对相关社会实体进行外包和委托管理和保护工作。在管护资金上,要明确各级财政的分配比例,确保资金的充足及有效利用。在评估设施管理和保护的有效性时,有关部门应明确界定当事人的权利和责任,并定期检查管理和保护的结果,以便明确奖惩。各级政府应确保财政奖励和

---

① 谢洲:《农村公共品供给一事一议财政奖补制度研究——以重庆市为例》,博士学位论文,西南大学,2012,第92~93页。

② 梁昊:《一事一议财政奖补项目后续管护机制研究》,《财政研究》2013年第6期。

补贴项目的完成和充分利用，以便充分实现财政奖补政策的效用。

五是推进基础设施建设进一步落实，解决农村公共服务不到位问题。目前，村民对村级公共设施的需求仍然基于与生产相关的基础设施，但差异也很明显，发达的镇村公共产品供给较为充足，落后的镇村则是严重短缺。与此同时，基础设施的建设难度与投入大小也大不相同，需要各地方政府根据自身条件科学合理地做好基础设施建设规划，将与村民生产生活密切相关的道路桥梁、农田水利等基础设施建设放在财政奖补政策的优先位置，然后把这些基础设施基本建立后再根据村民需求建设其他更高层次的公益事业。

针对各地基础设施建设不平衡的问题，中央财政应适度调整资金划拨比例，对于经济欠发达地区提供政策上的优惠与支持，尤其是经济水平明显落后、地理环境复杂、农业人口比例大的地区。鉴于这些方面的现实情况考量，应增加政府财政奖补投入的比例，并将财政奖补资金的比例逐步增加到整个村级公益事业的资金比例，尤其是资金支持上，使政府有更强的能力扮演好主导者角色，让政府主体地位得到加强。① 同时，应扩大财政奖补覆盖范围，逐渐缩小地区间村级公益事业的差距，以实现农村基本公共服务基本均等化。面对基础设施建设仍然存在投入资金不足等问题，还需要各地方政府发挥自身已有优势，加快区域内经济发展，让老百姓和村镇集体都富裕起来，这样就有了快速发展村级公益事业的经济能力，从而村民投入的积极性也将得到很大的提高。

---

① 黄维健、吴孔凡、梁昊：《安徽省一事一议财政奖补工作情况及建议》，《中国财政》，2012 年第 8 期。

第6章　村级公益事业建设激励机制的建立路径及政策安排

6.1　村级公益事业投入的实现机制

6.1.1　突出政府供给的主导作用

一直以来实行的财政奖补机制——村民筹一点，社会帮一点，政府补一点，已经无法从根本上解决农村基础设施羸弱的历史问题。在对苏皖六镇的调研实践中我们发现，这种投入模式直接导致了村级公益事业建设资金无法筹集到位的窘境，且暴露了长期以来政府城乡投入政策制度实施不到位的制度瘤疾。因此，发挥政府的供给主导作用迫在眉睫。

一是建立城乡一体化投入制度。农村公益事业投入应大体比照城市公益事业建设投入制度，弱化对村民及村集体筹资筹劳的依赖程度，持续加大政府投入，突出其主导作用。在制度设计层面，农村居民与城市居民都应配备满足基本生活文化需求的政府服务。城乡一体化投入制度可以有效淡化长久以来城乡二元分割发展政策带来的消极影响，将城市反哺农村，工商反哺农业的良性循环发展国策落到实处。

二是优化政府投入内部结构。由于现行分税制模式的约束，县级财政的税收分配远低于中央及省市级政府。其劣势地位在苏皖六镇调研之中暴露无遗。以安徽省 ZB 镇为例，受集体内部结构、投入机制不完善等因素影响，目前在资金投入方面，镇级财政处于相对弱势地位，即便自 2010 年后，该镇财政收入逐年增多，但总体占比仍然较低，对于地方公益事业的建设尚未起到实质性作用。县镇政府应扮演好公共产品主要供给者的角色，并结合地域特色逐步调整投入结构及力度，契合当地基础性公益事业的建设发展。加大政府财政投入力度的同时，政府应有更多财政自主分配的权力，自行通过供需调节投入结构，打破原有中央财政切割化，资金结构不合理且分散的壁垒。鉴于上级政府资金存量有限，基层政府需要在建设中提供一定份额的配套资金，这种标准化的实施方案忽视了区域间实际经济发展水平，往往容易形成极端化局面，加剧区域间的不均衡性，更有甚者部分地区要求村民进行平摊，不仅降低了他们的参与热情，更加重了村民负担。在调研中我们发现，经济发展水平与这种现象呈反比关系，所以，基层政府应在准确把握当地实际情况的基础上制定具有地方性特色的实施方案，对于经济较为落后的地区给予适当的政策倾斜，加大支持力度。

三是建立健全政府投入绩效考核体系。在新时代下，全能型政府模式已然无法解决现阶段问题，因此，地方政府首先需要审时度势，划清职责界限，以村民需求为导向，以创造舒适、便捷的生产生活条件为目标，不断强化自身社会服务功能。其次，加强基础设施建设，一则要全面贯彻环保工作，维护农村地区的社会稳定；二则乡镇级政府应根据上级政策，全面规划、合理分配，在此基础上要求各村委会依照具体安排进行职责分工，具体到人，并采取责任追究制，每位基层干部对其项目负责并承担失责后果。目前，在压力型体制下地方政府将 GDP 指数作为彰显政绩的唯一标准，迫使基层官员往往注重经济发展而忽视社会建设，尽管党中央多次强调要树立科学的政绩观，逐渐弱化对经济指标的评估，但是在贯彻落实中效果不佳。所以更应该逐步将村民农户的满意度和认同度、社会效益实现程度等以较大的比例纳入政府投入的绩效考核指标之中，以科学、严谨、合理的绩效考核体系进一步约束政府官员的公务行为，并将对乡镇政府公益事业投入的监督落到实处，倡导正确的绩效观和政绩观。

四是整合多渠道投入资金。支农资金分散等现实问题造成政府财政投入的整体支持力度难以提升。农田水利设施管护、道路交通建设、地质风貌维护等方面的建设投入都应与"一事一议"财政奖补相结合。在建设本村镇的同时，还应关注到贫困地区集中连片开发扶贫，将各类资金进行有效整合，凸显财政投入的主导型优势，进而引导各类资源优势互补。

6.1.2 放宽村民自筹的限制条件

政府部门在地方发展中不仅肩负推动经济进步的责任，还需要承担各项社会开支，在这些重担下，经济水平高的地区仍可勉强维继，但对于财政收入低的政府往往没有施展空间。另外在扭曲的政绩观下，地方官员常忽视基础设施建设，更有甚者为了吸引外商关注、获取投资机会，直接挤占了生活设施等方面的建设资金，此类现象在基层地区尤为凸显。随着农村经济的稳步提升，村民的需求日渐多元化、个性化，供需矛盾愈发激烈，当下，地方财政盈余资金与社会资金是乡村地区自筹资金的主要组成部分，在供需失衡的困境下非政府主体开始发挥自身作用。各基层政府应因地制宜，采取弹性筹资上限，而这是建立在上级部门对其辖区进行细致调查的基础之上的，对不同情况的区域匹配浮动化的筹资标准，以满足该地区民众的实际需求。在筹资筹劳的贯彻过程中，要从当地经济发展情况、人口需求出发，灵活进行政策安排，以发挥自身优势。针对劳动力严重缺乏的区域，农村组织要及时完成筹劳工作，按流程做好招投标工作，雇用其他劳动力以弥补自身短板，确保设施建设速度；对于经济实力差但劳动力充足的地区，要发挥其优势，在消化自身劳动力资源的基础上化解就业危机，大幅提升村民收入。通过对苏皖六镇的调查分析我们发现，资金是村级公益事业建设的关键，且稳定的资金来源是村级公益事业建设并良性运转的前提，因此完善投入机制，在开拓资金来源方面，放宽村民自筹的限制条件是关键一步。乡镇政府作为最了解本地实际经济发展水平的重要角色，在村民筹资筹劳的比例层面拥有权威性的发言权。政府应逐步下放给乡镇区域更多的调整自主权，倡导乡镇政府自行设立有浓厚地域色彩的、符合村民意愿的、合理合法的村民自筹标准。

在具备一定经济实力、城乡经济发展态势好的乡镇区域，政府应将村民筹资筹劳的投入模式逐步消解，从降低限额开始，后过渡到取消筹劳，最后取消筹资，倡导乡镇政府公益事业投入比例的逐步提升和分配结构的优化升级，真正突出政府供给的主导作用。

在一些地理条件优越、经济发达的地区，通常个体农户们都有着较高的村级事务参与度。因此，乡镇政府可以给予村集体较大的自由度和自主权，让村民群众通过召开村委会等进行民主博弈的方式，决定筹资筹劳的限额细则。政府应在此过程中积极引导，营造公开、透明、阳光的民主管理局面，让每一位村民都可以将自己的意见和建议充分表达，最终形成一个具有高认同度、高满意度和高适用性的资劳限额标准。

相反，在经济不发达，县镇政府财力薄弱，村民群众生活水平较低、自主性差的贫困地区，可以给予较低的资劳标准，只劳不资甚至不劳不资政策优待。公共产品的供给及公益事业的建设方面，由县镇级政府承担主要投入。

除了村民自筹之外，社会捐赠等其他渠道的资金的进入为村级公益事业的建设注入了新的活力。政府的鼓励和支持政策是保证捐赠资金持续投入的重要支撑。以 ZB 镇为例，其建设资金主要来源于村民筹资筹劳、财政奖补、村集体投入、社会捐赠以及其他渠道五个部分，近年来它们所占比例略有不同，但依照资金份额大小排列我们可以发现，社会捐赠的资金投入在逐年上升，并逐步取代村集体的资金投入。

以 ZB 镇为观察起点，放眼近些年社会慈善事业蓬勃发展，公众参与度极大提高，这都与政府给以正确的筹资政策方向紧密相关。这股力量的壮大需要政府切合时代发展的政策措施推波助澜。对于无偿进入的社会捐赠和企业投资，应给予足够的精神奖励和社会宣传，在当地具有发展前景的投资项目之中给予优待和特惠，吸引更多社会资本关注，壮大乡镇公益事业投入资金的队伍，由此形成良性循环互动的公益事业社会投资圈。

6.1.3　提高自主决策的效力作用

在经济发展方面，唯有政府财力和村民收入同步提高才能真正提高自主服务功能的发挥水平。在对安徽省 ZB 镇的调研中我们发现，目前 ZB 镇村集体经济的收入来源主要有经营收入、投资回报等部分，但由于村集体经济的发展不平衡、村民素质参差不齐、发展起点差距较大等，村镇经济发展受到较大阻碍，村级公益事业的投入长期处于停滞状态。村民经济基础的薄弱也限制其自身素质的提升和村集体自身服务功能的充分发挥。村民自主决策的缺乏根本上要依靠政府财权分配和财税征收制度的改革。政府的改革完善与否，直接关系着在村级公益事业上政府财政资金投入的调控能力。财政资金的顺畅涌流可以在很大程度上减轻村民自筹压力，并为村民提供更多的就业岗位，以增加个人收入。

在素质提升方面，政府和村民作为公益事业建设中的两大利益相关体，其人员素质的优劣直接关系到公益事业的建设好坏。在政府及村集体当中，首要就应摈弃原有政府包揽包办、"全都管"的旧时行政做派，善于放手权力给予村民自我管理、自我决策的机会。由于群体的特殊性，大部分村民的文化程度相对较低，所以想让村民自己放手管、放心管，最根本还是要依靠政府机构的积极宣传、正确引导和有效监督，鼓励激发村民自我管理的意识和欲望，并在决策的适当环节给予指导并加以监督。长此以往，政府只需要扮演好宏观调控和监督指导的角色，强化村民个人及村集体的自主决策能力，真正实现信任不放任、引导不代替的良性互动局面。与此同时，政府官员应从道德品性、学识水平、工作态度及能力等各方面全面提升自我修养，以树立全新的面貌和积极向上的状态应对在城乡统筹发展中的资金调配、村民自主管理、公益项目开发等各类问题。政府人员正确的绩效观和政绩观也可引导政府高层制定更多有区域适用性的利好补偿性政策，为村民谋福利、谋发展。① 在财政奖补制度中要注重结合当地的特色，积极通过引导、示范等手段，提高村民对政策、制度的接受能力，进而激发他们的参与热情，这都有助于建设效率和效果的提高。有了政府的引导和支持，对于村民来说，转变观念培养自主意识是提高个体素质的关键。多数村民仍保留着旧有的只管好自己的落后观念，抵触参与到集体的活动中来，以为政府会包干一切，甚至有的村民利用宗姓势力拉拢其余村民加入小团体，拒绝自我管理、民主决策。因此，由多数开智明理的村民组成的委员会应在这其中起到政策宣传"小喇叭"的作用。通过明明白白的政策讲解，诚恳认真的宣传劝导，让持反对意见的村民能够充分理解、接受政府的民主政策，并在全村庄营造参事议事的和谐民主氛围，让全体村民都可以破除陈旧观念，与邻里乡亲形成利益共同体的身份认同感，由此实现涉及村集体利益的重大事项公示公开，鼓励村民进行全过程参与，以此提升村民的个人认同感和对村镇的归属感。

在制度完善方面，主要包括公益事业实施建设前期的合理规划、民主意见的征集以及建设过程之中和完工之后的监督制度条件。一项村级公益事业的建设势必需要大量的实地调研和群众意见采集，并结合多方因素进

---

① 蔡国新：《江苏村级公益事业投入的有效实践》，《江苏农村经济》2011 年第 12 期。

行科学规划和论证。村民大会或村民代表大会就为村民们对各项公益事业建设实施的看法与意见提供了通畅有效的表达途径。一项公益项目的顺利实施除了村民们的认同度和满意度之外，由政府组织的专家小组的科学规划也显得至关重要。这种融入专家客观角度和专业分析的评审制度也为每一项村级公益事业提供了科学的制度保障。同时，一套行之有效的监督检查机制应贯穿公益事业从初建到完善的始终。村民的自我监督、社会的舆论监督以及审计部门的外部监督等都是监督检查机制的主要模式。对于村民及村集体来说，发挥自身的主观能动性，处处多留心，就可以将监督检查的触角伸及村民参事议事、公益事业建设的方方面面。而舆论监督则要依靠媒体的力量，利用全新的传播媒介向社会公众展示项目建设进程及结果，让全民有机会可选择地参与到全国各个乡镇的公益事业项目中来。政府机构则要扮演好外部监督的重要角色，可以通过相应部门或外包中介机构等，从资金链的使用到建设进度和质量等方面来对公益事业进行监督。

6.1.4　拓展奖补制度的适用范围

当前，农村社会经济快速变化和发展，为了适应这种变化，一些政策限制应当被适当放开，奖补制度的适用范围需要进一步完善和拓展。

一是在具体的支持项目上，要因地制宜，以当地特色为基础，鼓励和支持村民大胆投身于形式各异、重点突出的公益事业项目，防止受到原有支持项目的束缚与局限。对于村镇项目实践中涌现的新类型、新需求要认真调研与分析，要实时关注奖补政策适用范围的变化，借鉴吸收全国各地以及历史上不同阶段的成功实践和具体项目，以作攻玉之石。例如，在经济压力小、较为富裕的乡村，我们应当将重点放在环保、水污染防治、绿化美化、基础设施建设等方面；在村民聚居点应紧密结合乡村振兴和新农村建设的实践，力求促进水、电网的进一步发展完善，推动排污管道、乡村面貌、新社区服务中心用房以及相关设备等公益事业建设；在经济欠发达地区，则应着力解决"最后一公里"等村民最迫切需要解决的现实问题，不搞形式主义和面子工程。

二是在公益事业支持的范围上，更应关注公益事业建设发展完善的整体性，摈弃过去"单人独马"单一建设的设计思路。通过苏皖六镇的调研我们发现，奖补制度的实行仍然摆脱不了奖补资金有限的现实困境，往往村里所获资金不足以一对多，只能对单一项目实行专供。而实践证明，这种资金分配方式的过度集中导致了多领域公益事业建设的停滞和落后。整体思维在事业建设中的运用至关重要。近年来的中央扶贫工作会议多次强调，在社会各界共同参与扶贫的大背景之下，注重连片开发、利益共享是扶贫工作的重中之重。合理分配资金运用方面，带动村民将视角转换，把工作重点和重心放在村镇多方面公益事业的建设方面，或扩大建设地域范围的公共产品建设，以整体性思维保障公益事业的稳步发展。

三是要重视对村集体经济发展的支持。经济基础决定上层建筑，具备充足的建设资金是公益事业发展的重要前提，各村集体应对自身条件进行准确界定，并将其与上级政策紧密结合，探索、开创属于自己的经济增速点，间接性地促进村经济的提升。一是精准定位，根据当地特色，发展地方性加工业、服务业，利用优惠政策激励个人或企业参与其中；二是区域间加强交流与合作，将成功经验进行分享，这将有利于为同类型企业搭建平台，以吸引外商投资者入驻当地；三是大胆引进国内、国外先进发展模式，不怕失败敢于尝试，努力引导村民转变思想观念，主动转变当地传统发展模式，实现集体经济的高效增长。从苏皖六镇近些年村级公益事业财政奖补施行我们可以看出，必然要正视"输血还是造血"的两难之境。从江苏省 FA 镇和 ZZ 镇我们可以很容易发现，其区域经济的快速发展主要依赖于当地的特色茧丝绸和蚕丝等产业。以此为产业发展原点在农村地区辐射开来，从而形成多种类多领域的产业发展集群，实现农村经济的循环发展。由此可见，村集体经济的蓬勃发展与村民对当地产业的自我积累、自我创造、自我发展密不可分。因此，对于公共产品的奖补制度更需要注重受到村集体经济大量投入的公益事业建设，将村民收入的高低直接与公共产品建设密切联系起来，充分调动村民能动性。

四是拓展奖补制度的适用范围。通过调研我们发现，苏皖六镇中的专业合作社、农企等非传统项目承担主体都在以积极的姿态参与村级公益事业的建设和完善。这些非传统承担主体已经与当地村民结成密不可分的经济联系体和利益相关体，双方都需要政府实现公共产品的有效供给和投入。传统的奖补制度已然无法与新形势下的农村发展相匹配，必须要通过补齐项目承担主体、拓宽适用范围来实现对专业合作社、农村企业等的财政奖补激励。在此过程之中，应当注意的是，要在拓宽财政奖补范围的同时，明晰产权所有及利益分配，防止出现互相推诿、权责不清的现象产生。

6.1.5　多种激励渠道结合推进村级公益事业投入

在调研中我们发现 XA 镇充分利用政策、财政、声望、其他资金渠道等多种途径，激励了当地公益事业的发展。因此村级公益事业要依靠多渠道、多角度的激励投入路径。

一是政策激励。以 ZZ 镇公益事业方面的道路架设为例，"公办民助""民办公助"的政策从根本上实现了村镇之间的"路路通"，为当地经济发展创造了更通畅便捷的道路平台。在道路建设及后期管护期间，政策实行权责分明，规定行政路段专人专责，不得推诿。村民均自发让出施工便道，并以村社为集体形成治安巡逻分队，保障道路施工和管护的顺利推行。除了重新建设道路之外，针对旧有村内道路路边改造的奖补政策也在实行，根据道路走向及改造等级给予相应的补贴。

二是其他资金渠道激励。资金投入渠道的多元是公共产品投入"开源"的重要支撑。在 XA 镇的乡村公路建设之中，XA 镇政府善于转换思路，在公路建设的同时，将沿途所经区域与道路建设综合开发，以整体性视角利用道路自身属性和地缘优势将道路周边土地开拓升值。如将道路周边植树造林形成林带，以公开拍卖的形式出让林地使用经营权。道路及周边土地升值之后，利用其升值空间填补建设资金的空白。这种以路拓地、以地生财再用财养路的经济循环圈成为当地乡镇政府公益事业建设的主要后备力量和融资途径。XA 镇 2012 年土地置换资金高达 400万元，林地出让利润 80 余万元，以此开发的村级公路 20 多公里。同时，社会中有一定经济实力的企业家们自发动员捐资公益的行为政府仍应大力鼓励。XA 镇近年来接受各渠道捐资 160 多万元，均投入到村级公益事业项目当中。

三是声望激励。各地乡镇通过功德碑等形式进行声望激励。以 XA 镇为例，"紫薇路"功德碑的设立就是基于紫薇公司的 80 万元道路建设投资，共建成村级水泥道路 3 公里；XA 镇原高考状元、当地杰出人才回镇，筹资 40 万元建"状元桥"；等等。

6.2 现有激励措施实施效果及困境

2000 年后，根据中央出台的农村税费改革试点方案，各省在此基础上推行更为细致的实施办法，明确要求村级公益事业必须由村民共同商讨决定，通过"一事一议"筹集资金。历经数年的摸索与检验可见，激励措施不仅能够适应新时代的发展需求，还具备很大的可行性，通过对苏皖六镇调研情况的总结，发现六镇村民参与村级公益活动的激励措施是多角度、多层次的，各自具有不同的实际效果，但同时也存在众多实施障碍，具体总结如下。

6.2.1 现有激励措施实施效果

6.2.1.1 村民参与积极度提高

后农业税时期，公益项目成功与否的关键在于资金、劳动力的储备情况，此外还在于能否充分激活农村内生活力，调动村民的积极性，保障法律赋予其的参与权不受侵害。以 XA 镇为例，2013 年，XA 镇新生村 TJJ 等15 位村民自发组织成立合法合规的公益项目督促社，为当地募集资金 89.3 万元，翻修了村内路面，修建了依山圩区，管护了早已损坏的水利设施，改善了当地基础设施的现状。TJJ 的事迹得到镇政府的高度认可，在接下来的几个月，镇政府将其成功经验推广至各乡村，短短半年时间，当地共修建道路 10 万公里，投入资金 60 余万元。XA 镇在向上级进行总结报告时，将"TJJ 现象"表述为主动探索、不怕失败、积极创新的代名词，将其作为典范进行表彰。截至 2014 年 3 月，XA 镇 75% 以上的行政村建立了公益项目督促社，当地文、体、卫等基础设施数量得到了明显增加。所以，村民对于政策、制度的接受能力提升，参与活力被激发，基层干部、普通民众的创造力实现了放大，公益事业建设效率和效果也随之而来实现了质的提升。

6.2.1.2 村民投入村级公益事业领域集中

就现状而言，村民投入领域范围较广，有道路交通、"小农水"、村容村貌等项目。通过对调查问卷的数据分析，我们得出资金投入大多集中于道路及水利设施建设方面，这两方面也正是村民最为迫切、最需要建设的领域。范围集中是村民共同选择的结果，也是符合基层群众意愿的。

6.2.1.3　自筹资金明显提高

财政盈余资金和社会资金是当下乡村地区自筹资金的主要组成部分，在供需失衡的困境下，非政府主体另辟蹊径，在整个供应流程中扮演着重要角色。近几年来，苏皖六镇群众自筹凸显了重要地位，针对部分政府的职能缺位问题，群众自筹资金能够有效化解供需失调间的矛盾，村级公益准公共产品的性质必须在政社之间探寻最佳平衡点，力求实现公益事业的健康发展。

6.2.1.4　财政奖补政策尚未充分发挥激励效应

财政奖补政策使资金筹措渠道丰富化，促进建设资金存量大幅提升，但调查过程中发现村民仍对该政策存有疑问。一是奖补比例较低。50% 以上标准的制定忽略了乡村地区建设中的实际困难，在开展过程中难以发挥有效作用。在 XA 镇实地走访时，我们发现该镇公共设施存在总量不足、设施老化、管护困难等问题，加之其复杂地形，村民收入水平普遍较低。由于处于半山半圩区地形，村民收入水平低，按 2012 年 60% 的奖补标准有点 "蜻蜓点水"，相对于建设现状以及政策激发的提高生活品质的需求，仍是冰山一角。二是奖补基数有误。财政奖补以筹资筹劳总额为基础实行比例分配，看似符合多筹多得、少筹少得的实施原则，但由于诸多条件限制，基数份额的大小决定了奖补资金的多少，在很大程度上限制了政策效应。在调研中发现，由于 XA 镇工业发展水平不高，经济相对落后，加之地形导致住户分散，有的山区人口也很少，相应地筹资筹劳较为困难，资金量也较少，所获得的奖补资金自然也较少，而山区投入成本往往比较高，因而，村级公益事业也将受到更多阻碍。同时，不以工程实际建设金额为奖补基数势必会导致资金链断裂，缩小政策适用范围，即使是村民亟须的重大项目也难以得到保障，硬着头皮开展工作反而会适得其反，加重村民负担。当前 "一事一议" 财政奖补资金主要来源于各级政府的补助资金。然而，"联动效应" 背后更深层次的原因，在于资金配套体制不完善，使原本应当落实的政策落空。由此恶性循环，配套资金也无法由基层财政落实。税费改革告别了村提留时代，从表面上看似乎限制了村委会的收入，在实质层面上却是破坏了村级机构存在的物质基础。相关调查中显示，税费改革后村委会级别的收入平均减少78%，导致村委会供应村级公益事业的职能受到限制，难以有效开展工作，发挥其应有的作用。上级财政资金并非全然能够落实到位，由于监管机制不完善，财政资金在分配落实的过程中容易被基层主体套取，由此引发道德危机。

6.2.2 激励措施的实施困境

6.2.2.1 激励措施的实施质量不高

第一，基层干部不作为。当下政府部分人员在观念上存在偏差，整体年龄结构不合理，平均年龄偏高，无法及时消化新思想、新观念，素质水平参差不齐，严重制约了激励措施的实际效果。政策预期效果能否实现关键在于细节的把控，而这一环节的执行者则是基层干部。在调研中我们发现部分人员将"一事一议"理解为村民自己的事，面对群众的咨询、疑惑置之不理。但相关法规明确规定："村委会主要职能在于管理村级公共事务，并主动接受村民会议和村民代表会议的监督。"[①] 村民依法可以对基层干部的工作进行监督，然而实际效果却难以令人满意。作为被监督者，村委会未根据规定定期召开村"两会"，甚至偶尔私自改动召开时间、议题等，引起村民的严重不满。当前，虽然针对村内事务采取"四议两公"的工作方法，但由于基层干部的强势地位，村民往往不敢去核实实际情况，村民监督名存实亡。通过调研发现，XA镇部分村存在拉票、买票等行为，甚至利用职务之便给予部分村民一些便利，用利益收买村民，弱化他们的监督力度。此外，在村务公开方面，村领导常利用部分公开或者降低频率等方式，淡化村民对于事实的渴求，村务公开日渐沦为摆设，难以发挥监督作用。因此，倘若对于村级干部不加以约束与限制，乡村地区干部最终会沦为玩忽职守、腐败贪婪等负面行为的代名词，造成干群关系恶化的不利局面。

---

① 《中华人民共和国村民委员会组织法》。

第二，村民参与意识淡薄。由于多数农村青壮年劳动力外出务工，村内多为老年人群体，客观上导致村级公益事业参与人数较低、参与意愿不足。另外，基层地区总体文化水平较低，对于村内事务往往依赖于村干部或乡村能人，这也使"供非所需"现象凸显。透过现象看本质，在种种问题背后实际是唯 GDP 至上的政绩观在作祟，因此需要基层政府重视这一问题，努力提高激励措施的实施效果。

6.2.2.2 激励措施的实施过程不完善

激励措施的推进过程由多方面组成。首先在资金投入层面，需要各级政府、企业、村民等多元主体的共同参与，项目建设中需要基层各职能部门协调配合，共同合作，并主动接受各方监督，在完工后积极履行管护责任。在苏皖六镇实地调查中，研究发现各地普遍存在操作不规范、流程混乱等问题，监管部门更是以是否有村民上访作为评判标准，即便是违规操作他们也不进行修正与纠察，建设中隐匿的各类问题被漠视，监督审查力度逐渐被淡化，久而久之，村民上访成为监督唯一渠道，即使面对 XA 镇村民上访反映实际情况，相关部门也采取冷漠态度，不给予关注与重视。同时，受声望激励的影响，该镇部分有钱人好大喜功。以上种种现象折射出激励措施实施过程的不完善性，亟待解决。

6.2.2.3 激励措施贯彻执行力度不够

受地理条件所限，安徽省农村内部结构复杂，布局分散，加之留守农村的人员多为老年人，参与热情较低，难以对公益事业形成一个全面且深刻的认识，从而造成当地居民对激励措施的制定与实施产生误解。

公共产品供给流程不规范常滋生"搭便车"行为，在乡村地区尤为明显。多数村民由于自身缺乏责任意识与集体荣誉感，认为翻修道路等本就属于政府的职责范围，无须参与其中；另外受制于个人收入水平，他们也不愿出资投入基础设施建设，总寄希望于他人，而自己在不付出任何代价的前提下坐享其成，享受便利。这可以说明村民作为理性经济人乐于选择性价比最高的方式实现最终目的，导致部分村民趋向于采取"搭便车"代替自发筹资，但该行为又容易造成资金不足并引发一系列负面效应，进而加大筹资难度，制约激励措施的贯彻执行。此外，高频的"政策失利"让

XA 镇部分村民丧失建设信心，通过调研数据也显示出当地缺少参与动力与投入热情，种种问题都成为激励措施顺利推行的现实阻碍。

6.2.3　困境根源分析

6.2.3.1　激励措施的设计存在不合理

XA 镇凭借上级的优惠政策，大力推行村级公益事业激励措施，即便如此，实际建设情况也不尽如人意，激励村民参与的预期目标尚未达成，多数规划项目处于搁置状态。因此我们探究其困境根源发现，不合理的激励措施设计阻碍了其发展。尽管财政奖补政策等的实施确实调动了一部分富商乡绅、企业老总捐助村级公益项目的主动性，为村级公益事业的建设奠定了坚实基础，但在目前的建设体系下，公共产品的供应种类、数量、途径都依赖于上级部门的指示，往往都未经过实际调查，而是凭借主观想法、个人揣测来断定村民的实际需求，即便在建设过程中发现问题，依旧强迫村民接受。长期以来，我国村级公益事业建设的种类和数量，主要由行政命令决定，而非在了解、分析农村地区实际需求的基础上作出，更有甚者为了个人政治前途、考核需要，修建"面子工程"，显然这种单向度决策体制缺乏科学性与可行性，本质上是政府偏好取代村民需求的过程，是个人需求被逐渐漠视的过程，使政治和经济利益成为决策的关键因素[1]。所以，多数情况下政府部门的决策无法准确、全面地代表群众需求，引发供需结构失衡、数量失调。

调查显示，苏皖六镇及其他多数乡镇都存在一种以宗族为形式的内部利益集团现象，这些宗族村民经常在投票过程中形成暂时同盟。因此，村民既是供给者，又是最终受益者，但作为主要"买单者"，他们投入动机不强，往往是单方面被动接受的群体，甚至像"局外人"。这主要原因在于政策设计过程中未能将村民的价值偏好纳入其中。另外，在考核压力与利益驱使下，以 XA 镇为代表的政府部门逐渐演化为垄断机构，其价值导向与行为目标早已偏离村民需求，不可避免地引发激励措施的设计缺陷。

---

[1]　张季、任东梅：《取消农业税后农村公共产品供给问题探析》，《地方财政研究》2009 年第 5 期。

6.2.3.2　镇政府在激励措施中提供的监管与服务功能不足

农村地区是我国改革开放的第一线，然而在多年的发展中其经济水平远不及城市地区，尤其在市场经济方面，仍处于转轨期。进入新时期后，基层政府的资源调控力日渐增强，影响力不断扩大，逐步成为市场主体，但是其并没有履行相应职责，在实践中常以组织者、验收者自居。随着农村改革进程的不断推进，公共服务职能的作用日渐提升，基层政府却以谋求社会稳定和个人政绩为目标，机械地执行中央政府的相关政策，当缺少有力的外部监督时，基层政府倾向于维护眼下蝇头小利而违背上级指令，从而追求地方利益的最大化。另一方面，基层官员往往出于"升迁"目的，刻意追求政绩，导致供需失衡、盲目投资等现象凸显，却对一些关乎村民实际需求的项目置之不理，使农村供给效率低下，经常会出现供给不足和供给过剩同时存在的局面。

地方政府角色定位模糊，职能界定混乱，由于外部监督力量的缺失，基层地区的权力往往较为集中，对于"应该做什么，不应该做什么"尚未形成明确认识，失职、渎职现象频发；另外，农村公共产品供给领域竞争性要素流失，造成产品质量差、水平低，村民的正常需求难以得到保障。目前，公益事业的资金由内外两部分构成，在单向度的落实过程中不仅产生了监督缺失，还引发过度监督问题，对于某些过细的规定不一定符合项目的实际情形，造成了新的浪费。在跟 YT 镇政府公务员进行交流时，他们明确表示资金使用及奖补情况会定期进行公开、告知村民，但在实际调查中发现政府部门未能形成固定的公开时间及内容，随意性较大，对于收支不明的内容也无法给予村民明确的答复。在繁多的实施环节中，公益事业投入资金严重缩水，大部分资金被内部消耗，实际投入建设的数额有限，无法真正做到"金"尽其用。

即使是财政监督，也会存在问题。一方面财政监督方式单一化，重突击、轻日常，尚未建立行之有效的、多元化的监督渠道；另一方面，财政公开内容有限，公开程度较低，无法满足上级要求。总之，内部资金收支情况随意性较大，外部资金难以实现有效监管，两者共同导致村级公益事业建设资金被滥用和挪用的现象频频出现，使用效率低。

除去资金层面，综合苏皖六镇的调研状况，实现监督根本的农村法制体系建设工作开展十分缓慢，因此该举措的有效性大打折扣，同时相关立法以及执法的质量尚有提升空间。上述问题的存在造成激励措施难以顺利推行，公平性、透明度等方面备受质疑，直接导致规划、审批等环节的不完善。在资金管理方面，其涉及面广，程序链复杂，需要财政部门对每一笔支出进行严格管控；在监管方面，及时监督、惩治有力、认真履责是确保项目顺利开展的必要条件，但在实践过程中往往事与愿违。

此外，根据调研数据得出，"资金支撑""惠民政策""技术培训"是村民最为迫切需要的公益项目，从侧面也反映出三者是制约村民参与建设、投入资金的关键点。原本应当承担服务职责的基层社会组织自身弊端日渐显现：管理体系混乱、专业性低、本土化色彩淡薄等，难以满足现代市场、村民的现实需求，为此需要政府部门进行方向指引，规范并支持其建设活动，保障社会组织的健康发展。

6.2.3.3 村民自身因素

村民的每项行动都是在权衡利弊后审慎做出的，调研中我们清晰地认识到，激励措施是具备双向功能的，既可以对村民进行正向促进，也能够起到逆向作用，行之有效的措施应当兼顾政府与群众的共同目标，规范村民行为，将正向作用极大化，最终达成集体目标。作为理性经济人的村民，往往以利益为行动取向，当受到利好刺激时，他们的决策依靠其信息储备量或过往经验，多数情况下，往往由文化素质决定。

随着外部环境的急速变化，市场下的农业经济使村民在家庭收入方面产生了较大差异。我们将苏皖六镇的村民情况投射到村民整体，主要包括以下三类：第一类，勉强维系温饱的村民，他们的第一要务在于为自己的家庭提供稳定的生活来源，当他们面对激励措施时，多选择不投入或只投入某些与自我关联紧密的项目；第二类，达到小康阶段的村民，这一群体以利益最大化、性价比最高作为自身的行动准则，在审慎考虑多元因素后方作出决策，所以当他们面对激励措施时一般会采取积极态度，但坚守个人利益红线；第三类，生活富裕的村民，这些村民早已不再担心温饱问题，多数人开始追求生活品质，因此他们乐于参与村内事务，主动投入部分资金，从而提升总体的生活档次。

投入回报率是村民最为关心的问题，也是制约他们主动投入的关键因素，面对回报的不确定性，多数村民心存疑虑，更有甚者开始抵制公益项目并大肆阻碍其他村民参与。当然每位村民的承受能力是有限的，尤其对于勉强维系温饱的弱势群体，因此应当量入而出，如果每个个体都秉持趋利避害的原则，持观望态度，企图坐享其成，只会造成公益项目进展缓慢，难以为村民提供良好的便利条件。另外在 XA 镇调查中发现，险恶的地形条件造成山区居民难以获得外部信息，使得他们难以认识到建设公益事业的重要性，其通常认为如参与投入，则实际上是被迫参与了分摊，因此往往拒绝参与。

当然，村民自身因素还包括其社会偏好的多样化，具体表现为积极利他偏好群体、合作互利偏好群体、自发利己偏好群体等。在面对激励措施时，以上三个群体所做出反应的积极性是依次递减的，说明不同的偏好会影响激励措施的实际效用。

6.2.3.4　长久以来重建轻管意识诱导

农村公共产品（道路、教育）效用的显现具有一定的时滞性，难以在短时间内展现出来，当下部分地区盲目追求数量，忽视后期对于设施的管护与维系。在这种"重建设、轻管护"的运行模式下，多数公共产品无法保持长期的有效运行，难以发挥其最大功效，使用寿命极大缩减，以致在新旧供给交替时期难以保证村民的基本需求，陷入尴尬境地。

针对这种情况，调研组进行了后期管护问题的专项调查，结果显示多数村民认为基层政府的确缺少后期的有效管理与定期维护工作，少数村民甚至表示从未了解过管护政策，民间更是流传着类似"路修好了，就没人管了"的话语。该地某村为了响应上级政策，曾开展过美化村风村貌的专项活动，在人口聚集地旁修建垃圾处理池，但在建成后长期无人管理，反而导致村内环境恶化，严重影响到附近居民的正常生活。从这一案例可以看出，这一行为的出发点是为了造福群众，但就因为缺乏专业性的后期管护工作，反而给居民增加了额外的负担，适得其反。

在村级公益事业建设推进中，部分官员的政绩观出现了偏差。主要表现为对项目建设过分重视，一味追求项目数量，热衷于拉项目、跑资金、搞建设。调研中发现，在苏皖六镇村级公共设施整体建设过程中，为树立典型、推广经验，会重点发展部分村社，被发展的重点村社会集中力量进行设施的规划与建设。与集中精力搞建设相反，面对后期管护问题，村干部则采取漠然态度，忽视该项工作的重要性，一味追求公益建设的种类以及规模。此外，部分干部群众对项目管护的重要性认识也存在偏差，认为设施管护能做多少是多少，没有硬性规定，不需要树立典型、推广经验，存在严重的懈怠思想。[1]

多年重建设、轻管护的固化思维，导致公共设施后期管理工作难以有效开展，即便是在前期建设时，也未吸纳基层群众的实际诉求，供非所需现象凸显，这不仅造成财政资金的大量浪费，也直接挤占后期专项资金，长此以往，村民的管护意识被逐渐削弱，使基层政府和村民之间的公共设施供需矛盾成为一种恶性循环，不利于村级公益事业激励机制的长效发展。此外，村集体更加关心项目的进展情况，将多数精力、财力投入其中，从而难以顾及后期管护工作，多数情况下将其视为项目申请、项目建设的书面材料而已，不能起到实际的作用。总而言之，重建轻管意识影响着公益事业激励机制的每个环节，成为公益事业建设和机制创新的一大障碍。

6.3 激励机制建立健全的主要途径

6.3.1 构建多元主体投入体系

6.3.1.1 国家投入方面

充足的财政资金、通畅的资金来源渠道是保障村级公益事业激励机制建设的关键因素。但在实地考察中，农村地区呈现"政府财政投入比例低、基数少"的特征，以 XA 镇为例，奖补标准仅为 60%，无法改善当下实际现状、凸显财政主体地位的现实需求，导致激励机制难以发挥预期作用，严重弱化机制效果。另外，财政资金区域分布不均也是农村地区另一大顽疾，对于经济较为发达的 XA 镇，年均财政奖补资金 110 万元，而经济发展缓慢的 ZB 镇的资金投入额仅为 45 万元。

---

[1] 勉县农村综合改革领导小组办公室：《勉县"一事一议"财政奖补项目工程后期管护情况调查》，《西部财会》2013 年第 1 期。

基于此，国家作为公共产品供给的主体，首先应当逐步提高奖补标准以增加财政资金投入量，采用弹性奖补标准，将金额与当地经济发展水平挂钩，进而凸显财政资金主体地位；其次，将"普惠制"与"特惠制"紧密结合，合理确定资金配套比例，主动向贫困地区倾斜，给予其更多的关注与支持，尤其是地理位置偏僻的农村；最后，县乡两级政府要出台相关政策措施，即运用市场化手段参与其中，成立公益事业专项基金，此外，将可利用资金进行系统整合，加快大型项目的建设进程，以匹配日渐增多的基层需求。

6.3.1.2　村民投入方面

村民在此过程中作为直接受益者，各地政府理应按照各地情况进行合理分类，便于对不同区域采取差异化浮动补贴标准，进而调整政策内容中的不合理部分。但在政策贯彻落实的过程中出现了实践偏差，对于苏皖六镇均采用"一刀切"的方式，按照每人每年 15 元的上限标准来执行，不仅没有达到激励村民的预期目标，反而变相增加了村民负担，进而出现众多公益事业搁置的现象。

所以，基层政府要正视各地经济发展水平不一的事实，在充分调研的前提下确定动态化的筹资上限标准，以此加强村民自身在激励机制上的投入能力。另外，在筹资筹劳的贯彻过程中，要从当地经济发展情况、人口需求出发，灵活进行政策安排，以发挥自身优势。针对劳动力严重缺乏的区域，农村组织要及时完成筹劳工作，按流程做好招投标工作，雇用其他劳动力以弥补自身短板，确保设施建设速度；对于经济实力差但劳动力充足的地区，要发挥其优势，在消化自身劳动力资源的基础上化解就业危机，大幅提升村民收入。

6.3.1.3　村集体投入方面

良好的基层经济水平是激励机制逐步完善的物质保障，但受制于我国农村可用资金存量基数低的现状，尚未充分发挥激励机制的促进作用。以安徽省 YT 镇为例，从 2011～2013 年村级公益事业建设资金投入结构来看，村集体的投入比例三年均低于 10%，并伴有少量下降趋势，依附财政投入程度日益加强。此外各村镇集体经济能力具有明显的差异性，在管护资金方面，安徽省 ZB 镇的标准是农业人口人均 2 元，而 XA 镇则为农业人口人均 1 元。

在环境倒逼下，各村集体应对自身条件进行准确界定，并将其与上级政策紧密结合，探索、开创属于自己的经济增速点，间接性地促进村集体经济的提升。一是精准定位，根据当地特色，发展地方性加工业、服务业，利用优惠政策激励个人或企业参与其中；二是区域间加强交流与合作，将成功经验进行分享，这将有利于为同类型企业搭建平台，吸引外部投资者入驻当地；三是大胆引进国内、国外先进发展模式，不怕失败，敢于尝试，努力引导村民转变思想观念，主动转变当地传统发展模式，实现集体经济的高效增长；四是农村各级组织（官方或非政府组织）要善于在国家优惠政策的允许范围内，将有限的存量资金用于群众需求最强烈的领域。

6.3.1.4 社会捐赠赞助方面

社会捐赠少、资源动员不足是制约我国农村地区激励机制建设的重要原因，在对苏皖六镇的调研中，我们发现当前社会捐赠的资金来源很少，企业和企业家的社会责任意识仍有待提高，只有少数经济水平较高的地区会有专业大户的捐赠，所占比例微乎其微，难以形成气候。在经济水平较低的地区，甚至没有社会的捐赠。利用社会捐赠手段，激活社会内生动力是减轻基层财政压力的关键一环。因此，首先需要建立社会捐助体系，基于个人或集体一定的优惠政策，以便吸引更多资本投入，为其提供稳定的投入来源。其次，结合当地需要创新多种捐赠途径，结合各类优惠政策鼓励社会主体以多种方式参与到村级公益事业中来。最后，应不断完善社会捐赠的监管机制，受赠方定期公开相关收支情况，主动接受并配合外部主体的监督与质询，以确保所捐财物的使用高效合理，无挪动、贪污等现象。

6.3.2 设计多方位、多角度的激励机制

6.3.2.1 利用税金减免、金融支持政策，增强社会资本的主动性

自古以来，税收政策是调节利益关系的重要工具，但当下对于捐赠企

业的优惠力度仍旧较小，仅仅体现在所得税上，很少涉及其他税种。为了减轻财政负担，广泛吸纳社会资源参与村级公益事业建设，苏皖六镇在结合各地实际情况的基础上对税收优惠政策做出不同程度的调整：一是增扩税金优惠范围；二是加大企业捐款和投资建设的政策倾斜性，以此刺激企业的参与热情。

针对村级公共产品供给，需要打通私人资本进入该领域的绿色通道，为其提供低息、贴息贷款，补贴等金融政策。在农村道路建设方面，XA 镇利用"民办公助"政策，给予村内自主修建道路的个体一定的资金补助，对于首次兴修道路的村落，给予 1 万元鼓励，对于石子路翻修为水泥路的以 5 万元/公里进行奖补，对水泥路改建成柏油路的以 3 万元/公里进行补贴。在这种支持性金融政策的刺激下，村级融资壁垒逐渐消解，多元投入结构日渐形成。

6.3.2.2　建立多种形式的激励制度

受主客观因素影响，苏皖六镇不同程度上都陷入激励措施实施困境，总体表现为：激励措施的实施质量不高、环节不完善、执行力低下等。首先，为了能够保障公益事业的长效推进，要增设以官方机构为主体、民间组织（NGO、私人企业等）积极参与为基础的多角度的激励机制，进而为充分利用社会资源创造良好的外部环境，这也是基层地区突破发展动力不足困境的策略选择。

其次，从制度保障角度出发，要求政府要十分重视基层社保体系的建设，为此需要从以下几点做起：一是针对丧失劳动力的村民给予一定的现金补贴，以保障其正常生活；二是设立建房补助款，激励那些无固定住所的村民修建新宅，满足他们最基本的居住需求；三是推广义务教育，免除农村地区学杂费等，并下发专项的教育津贴。

最后，虽然我国已然能够确保基层群众的基本生活需求，但受制于社保体系的缺陷，仍有少数地区难以达到最低标准，所以仍需我们厘清政府支持与农村发展间正确的逻辑关系，在借鉴其他地区成功经验的基础上扩大补贴范围，提高补贴标准，不断完善我国农村地区的社保制度。

6.3.2.3　拓宽村级事业建设融资渠道

多渠道的融资路径是保障公共产品平稳供给的重要手段，目前我国主要有财政支持、外界捐助、国际贷款等方式，其中主要依赖上级财政部门的转移支付，此外捐助作为一种由非政府组织完成的融资方式，不仅能够满足村民的基本需求，还有利于培育公共精神。

农村作为我国经济欠发达的区域，这一国情迫使我们探寻多元化发展道路。根据调研数据得出，"资金支撑""惠民政策""技术培训"是村民最为迫切需要的公益项目，从侧面也反映出这三者是制约村民参与建设、投入资金的关键点，XA 镇创新性地将修路与土地开发相结合，提出以路招商、以地生财、以地养路的融资方式，进而在一定程度上清除了部分阻碍性因素。此外，使用外交手段寻求国际援助也是融资方式的重要组成部分，政府可为其开设绿色通道，以发挥激励机制的预期效果。

6.3.2.4　明确村民激励原则

第一，公平公正的原则。公平公正、自愿投入作为建设的首要原则，其设立初衷在于消除该过程中的歧视政策，对于所有村民应享受的待遇一视同仁，致力于实现激励措施的透明化与民主化，从根源上保证机制的公平性。

第二，物质与精神激励并行准则。考虑到我国农村地区生产生活水平较低的现状，在制定激励措施时应时刻谨记物质奖励是精神奖励的基础这一准则，凸显现阶段物质因素的关键性。对于村民而言，他们具备上进心并积极寻求认可，迫切希望可以通过自身技能提升现有生活水平，缩小收入差距；另外针对性聚焦乡村能人，研究发现农村范围内的个人声誉及名望是促进他们参与其中的最初动力。此外，通过广播宣传、荣誉奖章等手段给予贡献巨大的普通村民一定的褒奖，也不失为一种高效的激励手段。

第三，总体目标与村民目标相一致原则。村民作为独立个体是具备自身个性化需求与预设目标的，但与集体性目标不尽相同，如何在顺利达成总体目标的基础上有效地给予村民激励，这是目前需要解决的重要问题，为此，需要基层干部积极宣传一致性原则，通过自身过硬的综合素质与灵活的处事方式服务村民，在潜移默化中将其目标纳入总目标之中。

第四，有效激励原则。村民作为理性经济人，每项行动都是在权衡利弊后审慎做出的，调研中我们清晰地认识到，激励措施是具备双向功能的，既可以对村民进行正向促进，也能够起到逆向作用，行之有效的措施应当兼顾政府与群众的共同目标，规范村民行为，将正向作用极大化，转变部分村民坐享其成、漠视对待的扭曲观念，最终达成集体目标。

村落是一个社区行政范围，村民则是其主要组成部分，理应承担村内建设的各项职责，考虑到村民作为独立个体难以完成覆盖面广、难度系数大的公益事业建设，基层政府必须积极引导大家相互协作、优势互补，而高效的激励措施不仅可以规范个体行为，还能够将部分与总体的目标进行有效整合。

6.3.3　加大监督力度，保持激励机制的有序性

6.3.3.1　实现村民监督的常态化

在激励机制的推动下，村民们做了以前想做但无法做的事，这极大地点燃了村民的参与热情，积极性空前高涨。在苏皖六镇的问卷调查中，90%以上的村民表示愿意参与村级公益事业建设。这不仅提升了建设完成效率，也使监督力度加大。据 ZB 镇的村干部介绍，他们每年都会定期召开村民大会，就项目建设的各环节进行意见表决。

因此，增强村民的自我督查、需求表达能力是构建好激励机制的必要前提，村委会还要建立专业性的财务团队，全面负责项目建设资金的使用情况，任何支出都需要在财务团队的审核批准下方可生效，同时利用村民代表的榜样作用，鼓励普通民众参与项目建设，逐步实现村民监督的常态化、日常化。

6.3.3.2　建立健全专项检查监督制度

以 XA 镇奖补政策的贯彻落实为例，部分村庄存在政府干部利用个人地位，给予他人特殊关照的现象，而村民迫于权力威胁，往往不敢去核实真实情况，致使村民监督日渐形同虚设，使该地区贪污受贿等丑恶行为趋于常态。鉴于此，要层层加强监管力度，定期或不定期进行奖补政策专项检查，开展跨部门、多部门的联合检查，收集基层群众的真实意见与建

议，及时遏制挪用专款、偷工减料等问题的发生。最后，在发现违规行为的基础上，结合群众意见，在倾听民意、群策群力的前提下，追究相关干部的失职责任并给予相应处罚，以此确保偏离的活动能够回归正轨。

6.3.3.3 逐步构建多元监管机制

村级公益事业的监督机制作为确保激励机制规范有序运行的配套机制，是一项非常复杂的系统工程，我们力图从实践中的各环节抓起，实现全程监控。造成激励机制低效的主要原因在于乡村地区仍为单一监管主体，且监管手段缺乏可操作性。在 XA 镇实地调查中发现，政策落实存在流程繁琐、项目建设违规等问题，面对村民的检举，监管部门未能及时给予回馈与进行遏制，导致村民利益被忽视。

在基层矛盾日益激化的背景下，镇级主管部门要明确自身工作重点，严格审核上报材料，对于其真实性、合规性进行考评，保证资金使用效率，力图实现政府与群众的双向信赖。最后，发挥村民们的集体性作用，作为奖补政策落实中的一个重要部分，务必将其纳入监管机制之中，通过成立村级代表监管小组，授予他们提出疑问的权力，进而形成双向度的"质询—解答"体系，及时矫正错误倾向①。

6.4 政策活力激励村级公益事业参与

6.4.1 出台倾斜性的公共财政政策

6.4.1.1 加大财政投入力度，凸显激励联动优势

放眼全球，各国对于农业发展均秉持支持原则，其中发达国家长期保持着较高的资金投入比例，占总体支出的 30% ～50%，对于农业的快速发展起着重要作用。此外，还要积极引入社会力量进入农业发展场域。日本政府在农田基础设施投入方面远远高于我国，资金数额占比高达 90%，反

---

① 陈晓华：《加强监管 密切协作 深入做好一事一议财政奖补工作》，《农村经营管理》2010 年第 5 期。

观我国农村现状，普遍存在设施老旧、基础薄弱等弊病，供不应求现象凸显，农民需求并未得到充分满足，并且单纯依靠村民个人的力量尚不足以摆脱现有困境，因此各级政府需加大财政支农力度，规范资金使用流程，充分发挥政府部门的主体作用。

综观各领域资金投入比，村级绿化、桥梁等项目所占的比例较大，约为总投入的 80%，是财政资金的主要投入点，其他领域资金注入量都很少。安徽省青阳县的 ZB 镇与 YT 镇主要针对村道路硬化、桥梁修缮等基础设施建设进行投入。ZB 镇于 2012 年就下辖的 4 个村的道路建设项目补贴资金 46.7 万元。2012 年，YT 镇在村民饮水工程和小型农田水利建设上投入财政资金 97.23 万元。

需要我们注意的是，各级政府因层级差别，其侧重点也各不相同，需要依照公共产品的受益范围确定各自职责。例如，美国农村地区的小型基础设施交由农场主自主建设，规模较大者则依赖于政府部门负责；印度建立了以潘查亚特为中心的特色供给体系，在明确分工的基础上赋予其高度自主权，以保障供给效率。

因此我们要以划分政府职责范围为出发点，重构各主体间的互动互联关系，避免职能混乱、权责不清的现象产生，从根源上解决"越位""缺位"等问题。最终通过上述辐射性行为策略，实现激励的联动优势，凸显财政优势地位，优化基础性资源的合理空间配置。

6.4.1.2　逐步优化资金投入支出结构

村级公益事业建设是一个影响力强、覆盖面广、参与组织众多的综合性项目，辅之以我国农村地区的经济、地理、文化的差异，导致村民的需求各异。为了更好地发挥"财政支农"的作用，应对我国农村地区现有公益事业情况进行调查，真实了解区域间的差异性及村民需求，从而积极调整资金投入结构。合理的财政投入支出结构是市场经济的客观要求和必然产物，指要在当地财力可承受的限度内，通过运用经济手段在村民需求强与基层资金存量少之间寻找一个最佳平衡点。2014 年，QD 镇加大投入力度，据统计，全镇建设投入高达 1000 万元。2014 年，该镇兴建农桥 9 座，财政总投资达 198 万元；同年 QD 镇共有 3 个财政资金补贴项目，总投入 138 万元，各类涉农补贴发放 478.79 万元。此外，QD 镇管理当局更注重运行管理，通过村社分账管理、独立建账管理等方式严格规范投入资金使用程序。

从而我们可以得出在支出结构中应对正外部性强、成果可共享的项目给予适当倾斜的结论，但这一决策的落实仅仅依靠政府一方是远远不够的，民间组织、村民个人需要参与其中，贡献自己的一分力量。此外还要鼓励企业以公益事业建设回报家乡，引导村民以劳务合作、富民合作等形式参与分享村级经济发展，丰富村级金融环境，持续支农，进而改变旧有投入支出结构。

6.4.1.3　制定差异性的地方资金配套方案

农村地区发展水平的差异性是实施地方资金配套方案的现实基础。本次调研所选的苏皖六镇分别分布在江苏省中部和安徽省南部，各地整体经济水平同本省的平均经济水平相当，具有一定的代表性，但各镇的经济、地理等情况又有所差异，从而造成各地村级公益事业投入比例不尽相同，总体呈现经济发展水平与资金量成正比。

这就要求地方政府在上级支持乏力的前提下，补齐剩余资金缺口。然而，这种平均式的政策规定在实际运行中适得其反，进一步拉大了区域差距，更有甚者，偏远地区的镇级部门向村民摊牌，无疑增加了村民的生产生活压力，挫伤了干群关系，浇灭了建设热情。因此，应当根据当前各地实际情况，优化涉农专项资金的具体实施办法，把国家补贴资金真正应用到村民切实需要的项目中去，同时基层政府不要紧盯着投入数量的多少，关键在于使用效率的高低，在最大限度上展现宏观规划和精准投入的双向优势。

6.4.2　创新议事机制，激发村民参与积极性

6.4.2.1　完善议事制度，提升运行质量

"一事一议"作为我国推进村级公益事业建设的政策创新，各地区要在积极响应上级号召的基础上，因地制宜细化管理办法，加快地方性法规的出台速度。调研中发现，"一事一议"政策在苏皖六镇都得到不同程度的实施，其中以 FA 镇为例，该镇 2013 年参与统一筹劳人口共计 7.62 万，劳动力 3.07 万个，共计筹资 152.4 万元，当地居民的生活生产条件得到改

善。该政策顺利实施的关键原因在于以下两点。

一是根据农村发展现状，将奖补政策同城乡基础设施均等化目标相统一，避免"面子工程""重复性项目"充斥于乡村地区，不断优化"一事一议"项目设计。二是为议事政策扫清障碍，秉承主体受益原则，制定酬劳群体，界定参与范围，以此进一步完善议事方式。对于正外部性较强的项目，村委会应起引领性作用，积极召开村民大会，让大家实际感受到政府的关怀。针对偏远地区村庄数量多、规模小、布局散的特征，要扩大制度的辐射范围，让每个村民都能享受到完整的政策关心，力求突破现实困境。

6.4.2.2　激活参与主体热情，提高实践水平

在调研过程中，我们以调查问卷的方式收集了安徽三镇村民对于财政奖补政策的了解程度。调查结果表明村民对于政策的了解程度十分有限，大多只知道每年每户要出钱出力来修桥铺路，对政策的具体奖励补助办法、标准、筹资筹劳等知之甚少，近55%的村民对这些细节很不了解，严重影响到村民参与积极性，"议事"作用未能充分发挥。

基于此，我们应明确参与主体：一是政府，主要负责制定政策法规、给予上级支持或监督管理；二是村委会，政府与村民间的沟通桥梁；三是村民，直接参与者与效果评判者。

首先，任何一项政策的稳步推进都离不开政府组织的悉心指导，以调研对象 ZZ 镇为例，该镇政府在政策实施前就率先明确各部门实际工作责任，明晰权责边界，实行责任到人的工作部署方式。为了充分做好群众意见收集工作，ZZ 镇相关部门定期开展实地访谈，就不合理、不规范、不公开等情况及时给予通报，设置"干部黑名单、白名单"以此促进效率的最大化。

其次，村干部作为最熟悉村民需求、农村实况的人，应以为村民谋福利为宗旨，要加强项目实施监管、阳光公开操作，避免贪污、挪用等行为的发生，让村民切实感受到财政奖补政策实施的公开、公平与实惠。各村村委会可以由村民代表形成监督小组，对财政奖补项目实施进行全程监督，对违法违规使用村里资金的行为要及时制止。村里定期对项目所筹资金、工程使用资金、财政奖补资金等细节进行披露，张榜公示，主动接受社会监督，实现项目资金"阳光化"。最后，要增强信任和理解，让有些

地区村民与村干部的"水与油"的关系向"水与鱼"的关系转变。这样才有利于让村民参与其中，降低各项工作的开展难度。

6.4.2.3 实施全程监管，规范操作流程

农村地区"重投入建设，轻后期管护"作为当下最凸显的问题，也验证了完善监管体系的重要性。只有基于震慑力强的惩治手段，才能从根本上遏制腐败思想，赢取村民对基层政府的信任。

全方位的监管体系，并不是仅致力于加强某一阶段的惩处力度，首先，事前需加强审核监督。作为政策准入的第一步，需要严进严出，对于各行政村上报的补贴项目，认真核实各项材料，严防"挂羊头卖狗肉"现象的发生，在此过程中要跟村民加强交流与沟通，及时有效地听取村民的意见与建议，对村民的反对意见要认真听取和调查，及时回应并给予满意答复。

其次，事中加强民主监督。项目建设中期，是腐败现象多发时期，常出现截留资金、偷工减料等行为，村民作为项目直接受益者，有权对于项目方案的落实及事业质量发表个人意见。为了赢得村民的信任，基层政府应成立专项巡查组，实施二十四小时不间断巡视，对于奖补资金采取专款专用、专人管理的措施，将风险降到最低。

最后，事后加强验收检查监督。由于监管权被基层政府牢牢掌握，往往验收流于形式，在该阶段应引入第三方，增设多元评判标准，对于易验收的"硬服务"采取量化指标进行考核，对于"软服务"采取村民满意度进行考量，真正实现全程监管。

6.4.3 扩大政策宣传范围，优化运行环境

6.4.3.1 政策宣传方面

由于目前我国的农村大部分村民受教育程度相对比较低，村级公益事业政策宣传无法充分覆盖到农村各地区。在环境倒逼下，如何加大政策宣传力度，深化村民对于了解村级公益事业建设的重要性和紧迫性，是当下亟待解决的关键问题之一。

调研中发现，苏皖六镇一些村庄政策宣传渠道单一，基本是通过广播

及宣传单等传统方式进行宣传。但是，村民忙于劳作，没有闲暇过问，因此宣传效果十分有限，有些政策精神及上级安排是只对一些村干部、村民代表宣传，导致很多普通村民无法深入理解相关政策的作用及意义。

高效的宣传工作作为政策预期效果的实现前提条件，在整个事业建设的过程中起着不可忽视的关键作用，各级政府应正视该问题。在宣传时间点选取方面，应尽量选取有一定知识水平的青年村民在乡时间，可以根据农收规律妥善安排"政策下基层""干部下农村"等活动，以期实现预期目标。

在政策宣传载体方面，我们不应仅仅局限于"拉横幅、贴海报"等初级宣传阶段，要跟随当今数字化信息化时代的发展潮流，通过新媒体（微信等）手段，以接地气的方式面向不同年龄段村民、村庄、群体等进行宣传。近年来各地结合广受老百姓欢迎的文艺形式，把政策宣传编排成群众感兴趣的文艺节目进行汇演，使一些中老年村民也能较好理解村级公益政策的具体内涵、流程和参与意义。

6.4.3.2　政策参与方面

在村级公益事业相关政策参与方面，我们就"搭便车"行为对苏皖六镇村民进行调查，结果显示约87%的受访者认为村民拒绝投入参与的主要原因在于多数人抱有坐享其成的心态，企图不付出任何代价即可获取相应收益，这种公平感丧失的直接后果就是村民投入意愿的直线下降。为了能够有效避免"搭便车"行为的发生，实现政策的预期目标，必须构建良好的政策实施程序，根据政策安排与各地实际情况做出特定的程序性设定。首先，规范政策参与通道建设，坚持以村民需求为导向，利用自媒体等方式，结合村民实际时间安排，确保政策预期效应的顺利实现，并借助这样的发展平台实现基层民主的提升。

此外，鼓励各方积极参与。各级政府通过多元化渠道进行政策宣传，扩大社会影响力，吸引社会资本进入乡村场域，同时激发社会主体的参与热情，让他们各司其职、优势互补，在农村地区形成良好的社会氛围。

6.4.3.3　培养公益性捐赠的声誉制度和道德规范

道德作为民众约定俗成的社会规范，是最后的约束底线，其所影响的范围通常超出法律的规范作用，可视为对法律体系的补充，可以约束人的行为，矫正社会趋向。人们受传统文化的熏陶，始终秉持"修桥铺路，解囊行善"的道德准则。

在 XA 镇的实地调查中，该地采取声望激励手段，譬如 XA 镇新生村 3.1 公里的公路就是由当地企业家捐资修建的，并且在路旁设立功德碑，以此来营造当地良好的村民投入氛围。通过这种非物质激励手段，能够提高村民个人在村里的社会地位和声望，这类人群一般具有较高的乡村地位，多数为村干部、农民企业家等，他们与普通村民相比具备良好的文化素质，并在各自岗位上积累了较为丰富的领导经验，敢于、善于、乐于接受新事物，迎接新挑战，具有良好的群众基础，同时村民们也期望通过他们不懈的努力，能够有效改善当地条件，吸引政府关注，从而间接增加个人收入。

第7章 结语与反思：村级公益事业建设集体行动的公共性诉求与乡村共同体精神培育

反思村级公益事业建设集体行动从人民公社时期高度强制性的"卷入式参与"到后税费时代不稳定开展的历史与事实，我们不难发现，村级公益事业建设集体行动与乡村社会共同体的发展特质及乡村共同体精神的发育程度紧密相关。从历史的维度来看，我国的乡村社会共同体由来已久，中国传统乡村社会存在不同类型的共同体。①②③④ 然而，伴随着乡村快速转型，乡村现代性的成长消解了维系传统共同体赖以存在的基础，⑤ 导致不少乡村村民原子化、公共社区退化、社会关系网络紊乱等问题。自税费改革以来，许多村庄村级公益事业建设难以真正落实，党员积极性难发挥、村民代表会议难召开、公益事业无钱办等问题尤为突出，⑥ 落后乡村社会"散沙化"严重，⑦ 乡村社会的集体行动在很大程度上难以形成合力，乡村共同体濒临瓦解的境地。研究者逐渐意识到，中国村庄兼具地域共同体和精神共同体的双重性质，⑧ 现代乡村建设不仅要"形似"，而且要"神

---

① 项继权：《中国农村社区及共同体的转型与重建》，《华中师范大学学报》（人文社会科学版）2009 年第 3 期。
② 张思：《近代华北村落共同体的变迁》，商务印书馆，2005，第 15 页。
③ 刘祖云、孔德斌：《共同体视角下的新农村社区建设》，《学习与探索》2013 年第 8 期。
④ 胥永强：《论作为"生活共同体"的村庄》，《贵州民族大学学报》（哲学社会科学版）2015 年第 3 期。
⑤ 吴文勤：《共同体的消解：现代性成长的缺憾及其困境》，《中共南京市委党校学报》2011 年第 2 期。
⑥ 张茜：《在共同体视阈下寻找有效的村民自治单元》，《华南农业大学学报》（社会科学版）2014 年第 3 期。
⑦ 杜玉珍：《落后农村村民自治考察——以河南平原地区乡村为例》，《唐山师范学院学报》2015 年第 3 期。
⑧ 闫丽娟、孔庆龙：《村庄共同体的终结与乡土重建》，《甘肃社会科学》2017 年第 3 期。

似"，即拥有社区理论所强调的社区共同体精神。

中国绝大多数乡村社会正处在传统共同体精神逐渐消亡，而现代社区共同体精神尚未成型的社区精神过渡期。了解我国当前乡村共同体精神的培育现状，剖析乡村共同体精神培育中存在的现实困境，探索国家乡村振兴战略背景下现代乡村共同体精神培育发展的实践路径，无疑可为化解村级公益事业建设困境提供借鉴与指导。

7.1　村级公益事业建设集体行动乏力的深层缘由：乡村共同体精神的萎缩与断裂

村级公益事业建设集体行动的有序有效开展依赖于乡村共同体的现代性建构及乡村共同体精神的健康培育。在斐迪南·滕尼斯看来，共同体是基于自然意志形成的一种社会有机体，是一种持久的和真正的共同生活，主要是在自然群体（如家庭、宗族）或者历史形成的小规模联合体（如自然村落）以及思想联合体（如师徒关系等）里实现。[①] 滕尼斯认为，人类共同体有三大特征：共同的生活环境和生活方式，亲密性与共享，默认一致。[②] 在当代社区研究中，共同体理论大致有两种取向：少数学者把共同体作为一种社会联系来探讨，大部分学者认为共同体是一种集体形式的社会实体。[③] 中国学者大多属于后一种，把共同体视为一种社会局部实践，是"社会中的共同体"。[④] 社区共同体概念则应包含"社区"和"共同体"两词的基本内涵，既强调"社区"一词的地域性含义，[⑤] 又强调"共同体"概念中的群体认同感与归属感，以及对应的象征性社会文化意义。[⑥]

---

① 斐迪南·滕尼斯：《共同体与社会——纯粹社会学的基本概念》，林荣远译，商务印书馆，1999，前言第 ii ~ iii 页，第 52、53、62、71、76 页。
② 斐迪南·滕尼斯：《共同体与社会——纯粹社会学的基本概念》，林荣远译，商务印书馆，1999，前言第 ii ~ iii 页，第 52、53、62、71、76 页。
③ 谢安民、薛晓婧、余恺齐、高雯：《重建乡村共同体：从村民自治到社区自治》，《浙江社会科学》2017 年第 9 期。
④ 李荣山：《共同体的命运——从赫尔德到当代的变局》，《社会学研究》2015 年第 1 期。
⑤ 在中国城市一般指街道所辖的特定居民区，在乡村一般指村民委员会或相对独立的自然村落。
⑥ 杨志杰、钟凌艳：《台湾社区治理中的"社区共同体"意识培育经验及借鉴——成都老旧居住区的社区治理反思》，《现代城市研究》2017 年第 9 期。

而社区共同体精神则包括以下具体内涵：一是人们长期共同生活基础上产生的相似的生活方式、相近或共同的文化价值观念；二是一种集体意识，这种集体意识作为纽带将个体结合在一起，互相帮助和彼此信任，追求共同的价值目标；三是在个体层面表现为对社区强烈的认同感和归属感，内心有清晰的共同体边界；四是基于社会治理角度，社区共同体精神是社区治理的内在动力，可促进公共活动的正常开展、公共决策的顺利实施，进而有效实现公共诉求，保障社区的公共权益。①

村级公益事业建设集体行动"卷入式参与"是与乡村共同体培育及其运行机制的行政化甚或异化有着密切联系。中国传统乡村社会原本具有较好的自治传统和较强的共同体意识，以血缘和地缘关系为主要纽带，维护着共同的生存和安全，在共同体内人们相互信任、守望相助。但国家政权在乡村社会间的影响力在 1949～1978 年这 30 年间达到了发展高潮，人民公社化运动将所有村民纳入同一个社会体系之中，将"国家""公社""社员"三个主体联结起来，形成控制与依赖并存的环形关系网络，一定程度上消解了乡村原有的传统共同体意识，村级公益事业建设集体行动的内在机制必然受到冲击。

人民公社化运动结束之后，村民自治走上了中国乡村发展的历史舞台。按理说，村级公益事业建设集体行动的开展会有着持续的内生动力。然而，村民自治作为一种行动起初是村民自发的行为，是作为一种国家建构的制度。国家建构村民自治制度贯彻的是社会的生活原则，抛弃了村民所熟悉的传统共同体生活方式。② 从立法进程看，村民自治经历从"四个自我"到"四个民主"的发展阶段。相对而言，"自我"即社区自治取向，"民主"则代表着国家意志。前后转换实际上是村民自治的国家化过程，但这往往容易忽视村民的主体性与参与性。在当前的村级公益事业建设中，社区还仅仅是一个概念符号，实际工作部门的着力点放在硬件建设上，社区共同体精神培育被忽视，导致社区建设很大程度上成为政府的"独角戏"，居民参与积极性不高，对社区的认同感不强，陷入"共同体困

①　曹海林、石方军：《现代农村社区共同体精神的重塑与再造》，《社会科学研究》2017 年第 6 期。

②　谢安民、薛晓婧、余恺齐、高雯：《重建乡村共同体：从村民自治到社区自治》，《浙江社会科学》2017 年第 9 期。

境",① 社区共同体精神逐渐萎缩与断裂。毋庸置疑，社区共同体精神趋于萎缩与断裂是村级公益事业建设集体行动乏力的深层次缘由。

7.1.1 乡村共同体精神萎缩与断裂的外在表现

乡村改革以来，一个不容忽视的事实是，乡村共同体精神的萎缩与断裂在外在表现上呈现空心化、无序化和碎片化。首先，村庄数量锐减。根据国家统计局数据，1990 年全国共有村民委员会 743278 个，2000 年 734715 个，2014 年 585451 个，平均每年减少约 6576 个。② 行政村的消减速度还赶不上自然村的消失速度。自然村自 2000 年开始至 2010 年，由 363 万个下降至 271 万个，平均每天消失 80～100 个。③ 同时，青壮年劳动力转向城市，虽然不少地方出现劳动力回流的现象，但多数村庄空心化现状依旧较为严峻。《2016 年农民工监测调查报告》④ 显示，农民工总量已扩大至 28171 万，其中 80.9% 为 50 岁及以下农民工，80 后更是占据 49.7%。劳动力流失致使土地无人耕种，房屋无人居住，乡村治理形同虚设。不仅如此，大部分村庄发展无序，村级公益事业建设集体行动的内生动力严重不足。我国的村庄普遍缺乏规划，基础设施建设标准低，住房乱搭乱建，村庄外延随意扩张，各项建设仍处于一种自发状态。同时，村级公益事业建设体系不完善，形式单一，甚至连教、科、文、卫等基本公共服务都无法做到全面覆盖。如生活垃圾的乱堆乱放，不仅污染水土、空气，还给村民健康带来危害，由此引发的矛盾频发。再者，许多村庄社会结构松散，秩序混乱，个别乡村内部精英之间的权力博弈、利益争夺与话语权竞争普遍存在，"单一精英" 采取派系结盟的手段对抗跨界精英，精英群体之间缺乏共识与信任，村庄内部分层和派系结盟，村庄内部分裂，

---

① 陈友华、佴莉：《社区共同体困境与社区精神重塑》，《吉林大学》（社会科学学报）2016 年第 4 期。

② 闫丽娟、孔庆龙：《村庄共同体的终结与乡土重建》，《甘肃社会科学》2017 年第 3 期。

③ 冯骥才：《传统村落的困境与出路——兼谈传统村落是另一类文化遗产》，《民间文化论坛》2013 年第 1 期。

④ 《2016 年农民工监测调查报告》，国家统计局网站，http://www.stats.gov.cn/tjsj/zxfb/201704/t20170428_1489334.html，最后访问日期：2017 年 4 月 28 日。

乡村治理"碎片化"。①

7.1.2　乡村共同体精神萎缩与断裂的内生机理

如果说外在表现是乡村共同体精神萎缩与断裂引致的社会后果，那么，内生机理则是乡村共同体精神萎缩与断裂的社会缘由抑或内在表现，概括有三。一是基于传统伦理道德和信仰的共同文化价值规范流失。随着乡村市场经济的快速发展，村庄道德原则的生产、实践和传播均被市场主导，村庄自主生产价值的能力逐步被市场经济消解。② 应用在市场中的经济原则，如竞争等，若嵌套进社会人文的关系网络中，那么以金钱为主导的价值观就会左右人文生活，从而加大人文关系偏离正确轨道的风险。市场经济的这一套道德规范和价值取向通过改变村民的经济社会生活，逐渐深入村庄内部，取代或部分取代了村庄原有的道德原则。加上村民的职业分化和社会流动加速，生活方式多样化，社会价值观多元化，乡村社会面临道德解组、社会失范等危机，村民失去了统一的文化价值规范。二是村庄社会关联削弱，集体意识减弱，难以形成共同价值目标和达成一致行动。村庄社会关联是在村庄社会关系基础上，人与人之间关系所构成的行动能力。③ 在传统乡村社会中，村庄内部关联度高，有较强的一致行动能力。在人民公社时期，在国家行政的强力整合下，村庄内部关联仍然较强，依然具备很强的集体行动能力。当前，建立在公有制经济和意识形态政治基础上的社会关联已经弱化，社会原子化趋势加剧，大量个体处于散化无序状态，村庄内部成员信任度降低，集体意识大大降低，多数村庄内部难以形成共同价值目标和达成有效的一致行动。三是村民缺乏对村庄的认同感和归属感。村庄本就不仅仅是一个地域范畴的概念，还具有汇聚村民精神和价值的人文释义。"血缘"和"宗族"即赋予村民在乡村社会关系网络中的定位。改革开放以来，乡村由原本封闭、同质的"熟人社会"逐步转变为开放流动、异质性较强的"半熟人社会"，甚至"陌生人社

---

① 孔德斌：《精英分层、派系结盟与农村社区共同体文化建设——基于 J 省 H 社区的调研》，《行政论坛》2016 年第 6 期。

② 闫丽娟、孔庆龙：《村庄共同体的终结与乡土重建》，《甘肃社会科学》2017 年第 3 期。

③ 贺雪峰，仝志辉：《论村庄社会关联——兼论村庄秩序的社会基础》，《中国社会科学》2002 年第 3 期。

会"，人口流动常态化，人际关系冷漠化，即导致了认同感和归属感的弱化。

乡村共同体精神的萎缩与断裂致使乡村集体行动开展难以获得持续不断的内生动力，村级公益事业建设亟须乡村共同体精神的激励进而形成村民们共同参与公益事业建设的集体行动。

7.2　村级公益事业建设集体行动对社区共同体精神的公共性诉求

"治理有效"是党的十九大明确提出的实施乡村振兴战略的总要求之一，村级公益事业建设是乡村振兴的重要内容之一，如何激活村级公益事业建设集体行动的内生动力是当前乡村治理的主要议题。依据全球治理委员会的定义，治理是各种公共的或私人的个人和机构管理其共同事务的诸多方式的总和。① 在我国，治理是指在党领导下、由政府主导、吸纳社会组织等多方治理主体参与、对公共事务进行的治理活动。② 党的十九大报告提出"加强社区治理体系建设，推动社会治理重心向基层下移"，这为激发乡村治理活力，推动村级公益事业建设，实现国家治理体系和治理能力现代化提供了历史机遇。

7.2.1　村级公益事业建设集体行动的现代转向

如何激活村级公益建设集体行动的活力，归根结底是乡村治理的重要议题。我国的乡村治理大体历经新中国成立前的"县政绅治"模式、人民公社时期的"政社合一"模式③和1978年后的"乡政村治"模式。目前我国乡村治理结构总体上仍然是政府处于治理的中心，而社会组织、公众处于治理的边缘。如果治理过程不透明，不用法律武器武装治理行动策略，那么治理行动就无法深入人心，民众难以拥护和配合，"塔西佗陷阱"④ 便

---

① 全球治理委员会：《我们的全球伙伴关系》，牛津大学出版社，1995，第23页。
② 王浦劬：《国家治理、政府治理和社会治理的含义及其相互关系》，《国家行政学院学报》2014年第3期。
③ 蔡清伟：《中国农村社会管理模式的变迁——从解放初期到人民公社化运动》，《西南交通大学学报》（社会科学版）2013年第6期。
④ "塔西佗陷阱"得名于古罗马历史学家塔西佗，指当政府部门或某一组织失去公信力时，无论说真话还是假话、做好事还是坏事，都会被认为是说假话、做坏事。

会产生。乡村治理出现基层政权"悬浮化"、自治组织"行政化"①、治理内卷化②等村级公益事业建设集体行动面临的问题与困境，应通过治理现代化转型来改善和解决这些问题，以实现村级公益事业建设的快速发展。村级公益事业建设集体行动的现代转型可借鉴治理理论的系列主张，从理念、主体、过程、目标、途径五个现代性维度予以体现。

村级公益事业建设集体行动如何有序、高效开展？现代治理理论能够给予哪些理论启示？改革开放以来，国内乡村治理集中运用参与治理理论、多中心治理理论、协商治理理论等。协商治理和参与治理是公权力的主流运用理论，但是难以实现真正的协调和平等。而多中心治理则容易陷入"边缘化"的桎梏。合作治理与前三种治理理论的出发点不同，旨在为了实现共同目的或利益，其核心要义是国家公权部门不再是唯一主体，社会、公众等与国家公权部门平等、公平，共同为目标而努力。③ 在合作治理的过程中，政府起引导作用，各类治理主体平等、公正发挥各自作用。从现实环境和政策因素来看，村级公益事业建设转向合作治理是大势所趋，村级公益事业建设集体行动从"卷入式参与"到"权利型合作"更是必然选择。村级公益事业建设集体行动"权利型合作"不仅有利于形成共同的利益关联体，而且对构建乡村共同体有着明显优势。

村级公益事业建设集体行动的现代转向特别强调集体行动主体的多元化，治理主体多元化是乡村有效治理的基础，除政府外，治理主体还包括市场企业、各类社会组织和公民个体等。④ 村级公益事业建设集体行动需要发挥多主体的共谋作用，在法律制度的规范下，依靠沟通协商，形成符合村民集体利益的社会政策和共同行动，实现村级公益事业建设集体行动过程自主化与自觉化。

村级公益事业建设集体行动的价值指向是实现村级公益的共建共享，是谋求乡村治理的和谐秩序。对乡村社会而言，善治即实现"和谐的秩

---

① 胡平江：《地域相近：村民自治有效实现形式的空间基础》，《华中师范大学学报》（人文社会科学版）2014 年第 4 期。

② 贺雪峰：《论乡村治理内卷化——以河南省 K 镇调查为例》，《开放时代》2011 年第 2 期。

③ 王俊程、胡红霞：《中国乡村治理的理论阐释与现实建构》，《重庆社会科学》2018 年第 6 期。

④ 周晓丽、党秀云：《西方国家的社会治理：机制、理念及其启示》，《南京社会科学》2013 年第 10 期。

序"，① 就是"实现对乡村公共事务的有效管理，强调效率、公平和利益共享，实现乡村公共利益的最大化，而不是简单追求效率或照顾某一群体的特殊利益"。② 善治就是使公共利益最大化的社会管理过程，其本质特征是政府与公民对公共生活的合作管理，是政治国家与公民社会的一种新颖关系，是两者的最佳状态。③ 我国乡村经历了传统社会的"宗族治理"、新中国成立初期的"村庄行政化治理"、人民公社时期的"社队制治理"、村民自治时期的"村庄集体化治理"等不同的历史阶段，不同时期治理借助的组织载体不同。④ 当前，乡村市场经济快速发展，社会结构剧变，社会分化加剧，个人利益凸显，村庄集体组织日渐式微，以原有村庄集体组织为载体的村级公益事业建设已难以为继，村级公益事业建设集体行动亟待现代转型。从现实来看，打造以乡村共同体精神为纽带的集体行动是村级公益事业建设的发展方向。⑤

7.2.2 村级公益事业建设集体行动亟须社区共同体精神助推

从长远来看，培育社区共同体精神、重建乡村共同体对推动乡村治理现代化尤为重要。因为乡村社区治理不可能流于表面，只针对人口、环境等方面，更重要的是精神文化与社群意识的层面。⑥ 重塑社区共同体精神可以将日趋散沙化的村庄转变成具有凝聚力和发展活力的社区公共空间，对推动乡村治理主体多元化、促进乡村治理过程自主化和防范乡村治理内卷化都有积极作用。

（1）社区共同体精神可推动村级公益事业建设集体行动主体多元化

村级公益事业建设集体行动的开展是乡村社会自组织化的结果，乡村社会自组织化的水平和程度在很大程度上制约集体行动的开展。改革开放

---

① 邓大才：《走向善治之路：自治、法治与德治的选择与组合——以乡村治理体系为研究对象》，《社会科学研究》2018 年第 4 期。
② 向德平、苏海：《"社会治理"的理论内涵和实践路径》，《新疆师范大学学报》（哲学社会科学版）2014 年第 6 期。
③ 俞可平主编《治理与善治》，社会科学文献出版社，2000，第 8~9 页。
④ 李增元：《"社区化治理"：我国农村基层治理的现代转型》，《人文杂志》2014 年第 8 期。
⑤ 李增元：《"社区化治理"：我国农村基层治理的现代转型》，《人文杂志》2014 年第 8 期。
⑥ 吴青熹：《社会化媒体与社区治理难题的破解——基于社区共同体的分析视角》，《南京大学学报》（哲学·人文科学·社会科学）2017 年第 4 期。

以来，我国乡村社会逐步进入政府、市场、社会、个人等多元主体治理时期。从某种意义上讲，村级公益事业建设集体行动开展的关键在于是否能形成多元主体积极发挥作用的局面，多元主体通过参与、协商等方式，以一定的社会秩序，实现公共事务的治理。但是我国乡村社会自组织发展总体上不能满足村民自治的需求，呈现数量少、规模小、力量弱的特点，在乡村集体行动中发挥的作用比较有限。大部分乡村社会自组织挂靠在村委会名下，村民参与度低，自组织形同虚设。随着行政权力对农村直接干预的减少，村党支部和村委会两大政治权威在农村的支配地位会逐渐削弱，社会权威的地位会凸显。源自乡村共同体的社会权威在社会组织结构层面具有"承上启下"之效，在社会治理中可以解决诸多国家难以解决，家庭、个人无法解决的公共事务。所以培育社区共同体精神，重建共同体权威是村级公益事业建设集体行动有序、高效开展应当优先考虑的一个议题。

（2）社区共同体精神可促进村级公益事业建设集体行动的自主自觉

村级公益事业建设是村民自治的最基本事务。虽是"自治"，但是在政策导向问题上依然要接受国家领导。基层实际治理问题上可以自组织进行自主管理，自主治理。自组织理论在组织运行过程中提出三个方面的重要问题。首先是制度。谁来设计？谁来实行？其次是惩罚。如何惩罚？程度深浅？最后是监督。各主体间如何实现监督？① 乡村共同体，也就是我们常说的熟人社会，可以合理解决这三个方面的问题。乡村共同体精神能促成村民合作，形成自组织，可有效解决居民集体行动的难题，实现自主管理。村级公益事业建设集体行动逻辑在"陌生人社会"中会趋向"搭便车"或"不合作"，而在熟人共同体社会中，人们会自主相互约束非理性行为。所以，培育乡村共同体精神是解决这类问题有效手段。同时，乡村共同体中共同生产、生活、娱乐所形成的守望互助氛围可以赋予村民认同感、幸福感，可以给予村民情感的寄托甚至体现其生命意义。正是基于这种共同体意识，居民产生对社区的价值认同，从而自觉主动承担村级公益事业建设相应的权利和义务。

（3）社区共同体精神可有效防范村级公益事业建设集体行动内卷化

村级公益事业建设集体行动是全体村民参与，共同谋求公益的过程，

---

① 苏敬媛：《从治理到乡村治理：乡村治理理论的提出、内涵及模式》，《经济与社会发展》2010 年第 9 期。

更是社区资源合理分配的过程。在我国当前的乡村建设中，"精英俘获"问题受到学术界和政策界的重视。"精英俘获"指精英通过运用不平等的权力占据了所在地区的大部分资源，与社区底层群体形成鲜明对比，阻碍资源平等分配，阻碍公共利益最大化。地方精英不断俘获对地方发展具有高度重要性的资源，成为地方上掌握政治、经济和社会资源的资源综合体，演变成地方社会中的垄断性力量。① 如此一来，大部分输入农村的资源被地方势力吞噬，基层组织权威和合法性下降，最终演变成乡村治理内卷化问题。② "经纪人理论"认为，乡村治理内卷化是因为乡村精英（主要是权力精英）扮演了"赢利型经纪人"角色，用不平等权力占据多数国家资源，以权谋私。所以，解决乡村治理内卷化问题的关键在于如何使权力精英由"赢利型经纪人"转变为"保护型经纪人"，这一问题需要通过培育社区共同体精神来解决。社区共同体精神是居民共同的心理认同和取向。共同体精神是维系居民间关系的纽带，居民们形成的整体意识有助于相互间融合，更好地实现群体利益。因此，权力精英由"赢利型经纪人"转变为"保护型经纪人"，代表社区让来自不同职业、不同阶层居民的诉求相互协调，社区内各种资源便能得到合理整合与运用，从而有效防范村级公益事业建设集体行动内卷化的问题。

7.3 培育乡村共同体精神的现实困境

当前我国乡村转型取得了很大成效，村民群体文化素养和生活质量得到了有效提升，乡村社会整体上呈和谐之态，但社区共同体精神的发育尚显不足。

7.3.1 村民社会关系趋于松散，社区共同体精神的社会心理基础缺失

地缘、亲缘和业缘三大关系构成人类社会的基础关系网络。在当前乡

---

① 刘升：《精英俘获与扶贫资源资本化研究——基于河北南村的个案研究》，《南京农业大学学报》（社会科学版）2015 年第 5 期。

② 贺雪峰：《论乡村治理内卷化——以河南省 K 镇调查为例》，《开放时代》2011 年第 2 期。

村社会中，地缘关系、亲缘关系都开始松动甚至断裂，但没有形成完善的业缘关系。越来越多农村成员外出务工甚至举家搬迁，导致了地缘关系的部分断裂，邻里关系原本具有的守望互助功能减弱。由亲缘维系的宗族给予了农村生活价值的定位。多元价值观念的渗入使宗族分裂，宗族关系逐步让位给理性的经济利益关系。同时，随着市场经济的发育和产业分工的细化，原本高度同质的村民群体分化为从事多种产业的异质性群体，使农村治理的核心正在从"民生问题"向"民权问题"转变。① 在民生问题阶段，温饱是首要问题。而民权时代，公众将视野转向公权力，权力运用的过程中不同阶层的利益取向差异导致难以形成默认一致的共同体意识。同时，村民公共参与普遍不足，集体活动无法有效组织，村级公益事业建设问题难以解决，村民归属感减弱。在苏皖六镇实地调研中我们发现，多数村庄人口外流常态化，在需要召开村民会议或村民代表大会商讨村内重大公共事务时，即使村委会通过电话、亲戚传达等渠道获取外出村民的意见建议，但由于外出村民长期在外，一般也就随着大众的想法而决定了，参政水平大打折扣，对村级公益事业建设的建言甚少。

7.3.2　村民自治制度运行不畅，难以形成社区共同价值目标

村民自治经历数十年的实践，已碰上"天花板"②，或者说进入了发展"瓶颈"③。村民自治"行政化"问题也较为明显，村党组织领导权通常代替村委会自治权，乡镇政府通过村党组织将村委会变成从属的准政府机构。这反映了如果只是简单的制度上传下达，无法实现规则制定的初衷，甚至背道而驰。调研发现广泛的村民会议和村民代表会议都存在"发钱请村民参加"的情况，尽管村民大会的主题与村民息息相关，但村民的参与热情并不高。同时，普通村民所参与的公共事务层次不高，基本限制在文体娱乐、环境绿化等层面，而当涉及社区发展重大事务时，村民很难有充分的发言权。多数村庄的发展规划、村委会换届、工程项目招标等重大公共事务一般还是由村"两委"做出决策，再公告村民等待反馈。各种形式

① 刘祖云、孔德斌：《共同体视角下的新农村社区建设》，《学习与探索》2013 年第 8 期。
② 赵树凯：《从当前"村民自治"看政治改革》，《人民论坛》2014 年第 22 期。
③ 郎友兴、严志远：《政治话语下中国乡村治理的演进与未来的可能选择》，《中国党政干部论坛》2015 年第 7 期。

的居民会议、社区听证会、民主评议会、协调会等多带有动员性甚至强制性，村民参与并非出自内心的自觉，多是因为村干部的压力、人情面子或是从众行为等。

7.3.3 多数乡村小农经济仍然占主导地位，共同体经济利益纽带薄弱

家庭联产承包责任制可以有效解决农业生产经营的积极性问题，但小农经济天生就有"弱小""多重""难以独立"等特点，是一种限制性的生产结构，与市场经济发展极不适应，直接或间接影响当前乡村治理的现代化进程。村级公益事业建设需要集体行动才能解决，而集体行动需要以集体产权为基础，否则各项公共事务难以正常开展。集体经济给村庄发展注入长足活力，由此产生经济产品的共享是维持社区共同体精神的关键。而就目前来看，集体经济疲软、难以维系，从而影响到整个村庄经济社会网络的正常运行。从苏皖六镇调查中发现，部分村庄集体经济主要以土地出租转让为主，过去几年在没有向村民筹资的情况下，解决了家家通水泥路、桥梁翻新、修缮提水站等基础设施建设工程。但由于近来无地可卖，村集体资金缺乏，公益事业建设停滞不前。

7.3.4 社区公共空间发育不足，乡村共同体精神培育的载体缺乏

社区公共空间大体上可分为两个层面：一是人们可以自由进入并进行各种思想交流的公共场所，二是一些制度化组织和制度化活动形式。① 公共场所主要有三类：寺庙、教堂、宗祠、楼阁等文化古迹，山、河、树木等自然风物，学校、村部、博物馆、图书馆等现代场所。制度化组织和制度化活动形式包括企业和村民集会、乡村文艺活动。此外社区公共空间还包括基于互联网的新型公共空间。在这些公共场所和公共空间之中，拥有相同生活体验、面临相似现实问题的人们在本质上极易拥有同种心理共识，遵循同种价值规范，产生同种行为趋向。社区经济社会网络正是由此

---

① 曹海林：《乡村社会变迁中的村落公共空间——以苏北窑村为例考察村庄秩序重构的一项经验研究》，《中国农村观察》2005 年第 6 期。

形成，社区共同体精神在这张网络编织的过程中孕育而生。实地调查的苏皖六镇在两个层面的公共空间均比较缺乏，部分村庄虽然建设了村级公共文化活动中心、健身广场等设施，但是很少有居民使用，只在节庆活动或比赛时使用，或是迎接检查之用，利用率较为低下。

7.4　契合村级公益事业建设公共性诉求培育现代乡村共同体精神的实践进路

村级公益事业建设集体行动面临的现实困境亟须一个"有担当""有认同感""有价值"的乡村共同体来引导解决。共同体的塑造必须去除"理想化"，立足现实，且具有弹性和差异化，营造现代人能够接受的共同体关系。在当前国家实施乡村振兴战略背景下，建构性共同体是农村治理转型的一种现实选择，更是推进国家治理能力现代化的迫切要求。所谓"建构性"，就是将分散的、不完整的、不系统的状态重新进行整合和加工，力图构建起一个完整的"新"观念客体，起到一种"重构"或"重建"的作用。① 建构性共同体是依据现实基础整合政府、社会组织、社区、村民等多方力量，实现社区内外各种力量的多维良性互动，培育出新的共同体。

共同体思想的理论内容可划分为两个核心层面：关系层面与精神层面。关系层面主要包含共同体中的关系主体、关系媒介、关系结构三个方面内容，对应着社区治理结构的外化形态建设，具有为社区"塑形"的功效。精神层面主要描绘在共同体成员心灵深处形成的共同体精神，对应着社区精神内涵的塑造，具有为社区"塑神"的功效。② 我国乡村社区建设明显呈现对共同体思想的不完全应用，即倾向于应用关系层面的内容，而忽视了精神层面的内容。共同体理论的不完全应用，导致现实运用打着"共同体精神"的招牌，实则没有将共同体模式内化到社区公益建设之中。这种流于表面的"共同体模式"是社区关系网络脆弱的根源。共同体精神影响着成员间的关系和行为，甚至决定了共同体自身的牢固程度。因此，

① 唐礼勇、丁盛熔：《建构性共同体：新型农村社区治理的一种现实选择》，《领导之友》（理论版）2017 年第 9 期。

② 张圣：《共同体思想与社区公共精神的构建——中国社区建设的理论反思》，《福建行政学院学报》2017 年第 6 期。

需要培育共同体精神，从而将社区缺失的精神内涵塑造出来。培育与现代乡村社会相契合的社区共同体精神是一个系统工程，要契合村级公益事业建设集体行动现代转型的公共性诉求，多维度推进乡村共同体精神培育。

7.4.1 推动社区公共参与，奠定社区共同体精神的心理基础

乡村共同体是以熟人社会为基础的，熟悉才可能相互信任，相互信任才有安全感，有安全感才会和谐。可以通过开展体育运动、美食节等各种趣味娱乐活动，将人们从房子里吸引出来，进入公共空间，在创建熟人社会的基础上推动社区公共参与。社区参与包括"动员参与"和"主动参与"两种形式，从动员参与到主动参与的转变是社区精神形成的重要标志。① 因此，推进村级公益事业向广泛化、积极化、常态化、制度化转变是建设过程中的关键一步。通过开展制度化的公共活动，促进各群体融合交流，强化村级公益事业中乡村共同体意识和村民的身份认同，奠定村民共同参与村级公益事业建设的心理基础。

7.4.2 依托"新乡贤"激活内生自治力量，凝聚社区共同体精神价值目标

村级公益事业建设集体行动的开展需要乡村带头人的组织动员，乡村共同体精神培育的困境也在于缺乏乡村精英的引领。当代社会中，已经无所谓固有乡绅阶层的概念，而乡村自治的推进与发展则依赖于新的乡村精英的栽培与挖掘，在这一过程中，"新乡贤"正是不可或缺的力量。乡贤这一文化现象由中国传统社会的土壤所孕育，用来代指乡村中品德高尚、严于操守的人，他们因为社会经验丰富、敢于发声、勇于担责，具有较强的人格魅力和良好的社会资本，往往能成为村民的"意见领袖"和"代言人"。乡贤群体对于促进风习教化、村级公益事业发展有着不可替代的作用，乡村治理中的重要组成部分，即村民自治制度的完善则有赖于乡贤群体的模范作用以及积极参与。在村级公益事业建设中，乡贤群体的带头示范作用对于化解乡村政治格局中的结构性矛盾有着十分重大的意义，而村

---

① 王冬梅：《从小区到社区——"社区精神共同体"的意义重塑》，《学术月刊》2013 年第7 期。

级公益事业建设中的诸多矛盾的化解，也能够进一步降低政府管理的成本，从而弥合政府治理与村民自治之间的鸿沟，并通过"新乡贤"激发并凝聚乡村共同体精神价值目标。

7.4.3 壮大集体产权，编织社区共同体精神的利益纽带

村级公益事业建设需要一定实力的乡村经济的支撑，从古至今，中国的农民阶层一直是以利益为导向的群体，只有在切切实实的利益引导下，才能有效结成共同体，也才能开展有序、高效的集体行动。一般而言，利益主要是经济利益，经济利益又直接来源于产权，而产权的核心部分是所有权。[①] 集体所有权的产权结构能够完整地将群体利益统一起来，集体中个体利益的实现均有赖于集体利益的最大化。在实行社会主义市场经济之前，土地所有权由村民集体所有，个人利益被集体利益所吸收，但实行家庭联产承包责任制后，各户单干，共同体的经济基础就不存在了。当前，可以考虑以产权重构为基础探索乡村共同体重建。第二、三产业欠发达的村庄可以发展代理型集体经济——"集体（村'两委'）＋农业园区（集体农场或农业公司）＋农户"模式，村民将承包地交由村集体或村"两委"统一集中规模经营。对于具有生产产品和提供特色服务的社区，可以模仿现代公司中的股份制，通过整合农村资源与社会公共资产，大力发展村民企业，同时以家庭为单位，以各个家庭中的人数作为出资以及分配的依据，以此来享受权利、履行义务。村庄企业的所有权和经营权归村集体所有，村民推举产生村庄企业代理人负责企业的生产经营，企业收益由村庄集体管理和分配。苏皖六镇的实地调查也进一步说明，集体产权经济的发展日益成为乡村共同体精神的编织纽带，村级公益事业建设也因此获得更有力的经济支撑。

7.4.4 重构乡村社区公共空间，创造社区共同体精神培育的多元化载体

培育现代乡村共同体精神需要保护和重建乡村社区公共空间，让村

---

① 邓大才：《利益相关：村民自治有效实现形式的产权基础》，《华中师范大学学报》（人文社会科学版）2014 年第 4 期。

民在公共空间相互交流，以此促进彼此之间的联系。一是保护山川、河流、古木等自然风物，重建庙宇、祠堂等传统公共场所，有条件的村庄可以修建文化广场、纪念馆等现代设施，为社区提供新的公共空间。二是适当开展传统文化活动，如重阳敬老、端午龙舟、民间戏曲等集体性节庆活动，可以丰富居民的日常生活，提高生活品质，起到增强体质、和睦邻里和获得存在感等作用。三是利用现代信息技术，构建便于居民互动的网络空间（如 QQ 群等），通过这些平台共享信息、汇集民意，从而增强村民对农村公共事业发展的投入意愿。苏皖六镇调研发现，效果较好的公共活动有社区"道德讲堂"[1] 和具有地方特色的文艺活动，苏皖六镇的部分乡村都能结合农季和传统节日制定道德讲堂主题活动月计划，每年为村民免费送上高质量的地方戏演出。在多元化的乡村社区公共空间中，村民能够充分交流、平等协商，村级公益事业建设的共识更容易达成。

7.4.5 构建社区公共服务体系，强化社区共同体精神培育的社会支持

乡村共同体精神的培育和发展也离不开社区共同体获得的社会支持。"服务之路"是乡村共同体建设的必经之路。"服务"可以将分散的居民纳入同一个社区网络，通过"服务""交流""共享"建立社区共同体精神认同。从根本上说，历史和现实中的各类共同体都是基于共同的需要而形成的。社区服务体系是否能够满足人们共同或公共的需求，是一个共同体赖以存在的基础，也是形成认同感和归属感的条件。村级公益事业建设就是不断完善村民生产和生活所需的多种服务体系，提供多种服务产品，健全农村社区共同体建设的多元服务支撑。过去公共服务在提供方式上一般实行自上而下的行政指令性模式，容易引起农村公共产品供给与需求脱节，造成公共资源的配给和使用效益低下。[2] 未来需探索政府、社区、社会合作供给公共服务模式，实现资源优化配置，提高供给效率。另外，乡

---

[1] 社区"道德讲堂"坚持"身边人讲身边事，身边事教身边人"，运行机制不断完善、品牌影响不断扩大，已经成为农村社区精神文明建设的重要平台，主要内容包括社会公德建设、职业道德建设、家庭美德建设、个人品德建设等。

[2] 项继权：《农村社区建设：社会融合与治理转型》，《社会主义研究》2008 年第 2 期。

村社区也可以搭建社区志愿服务互助平台，开展常态化的扶贫助残、居家养老、法律服务、医疗保健服务等公益活动。社区公共服务为居民提供物质和情感支持，提供村民需要的服务和信息，是形成社区共同体精神的重要社会支持。

参考文献

21 世纪教育研究院：《农村教育向何处去——对农村教育撤点并校政策的评价与反思》，北京理工大学出版社，2013。

埃莉诺·奥斯特罗姆：《公共事务的治理之道》，余逊达、陈旭东译，上海译文出版社，2000。

安瑾瑾：《村级公益事业一事一议财政奖补制度建设研究》，硕士学位论文，山东农业大学，2012。

昂扬：《我国农村公共物品提供现状探讨》，《黑龙江对外经贸》2010 年第 4 期。

白南生、李靖、辛本胜：《村民对基础设施的需求强度和融资意愿——基于安徽凤阳农村居民的调查》，《农业经济问题》2007 年第 7 期。

保罗·康纳顿：《社会如何记忆》，纳日碧力戈译，上海人民出版社，2000。

彼德·布劳：《社会生活中的交换与权力》，张非、张黎勤译，华夏出版社，1988。

卞琦娟、朱红根、张宗毅：《农户新农保政策满意度影响因素分析——以江苏省为例》，《农村经济》2013 年第 12 期。

布坎南：《自由、市场和国家——20 世纪 80 年代的政治经济学》，吴良健、桑伍、曾获译，北京经济学院出版社，1988。

曹海林：《从"行政性整合"到"契约性整合"：农村基层社会管理战略的演进路径》，《江苏社会科学》2008 年第 5 期。

曹海林：《村级公益事业投入机制创新的社会动因及实践策略》，《农村经济》2011 年第 12 期。

曹海林：《村落公共空间与村庄秩序基础的生成——兼论改革前后乡村社会秩序的演变轨迹》，《人文杂志》2004 年第 6 期。

曹海林：《农田水利建设中地方政府的职能定位及强化》，《云南社会科学》
2013 年第 1 期。

曹普：《20 世纪 90 年代两次"重建"农村合作医疗的尝试与效果》，《党
史研究与教学》2009 年第 4 期。

曹普：《新中国农村合作医疗史》，福建人民出版社，2014。

查尔斯·林德布洛姆：《决策过程》，竺乾威、胡君芳译，上海译文出版
社，1988。

陈东、赵丽凤：《新型农村合作医疗的农户满意度调查与检验》，《农业技
术经济》2012 年第 10 期。

陈凤荣、赵兴泉、王景新：《村域发展管理研究》，中国社会科学出版社，
2011。

陈国庆：《一事一议存在的问题与对策建议》，《现代农业科技》2007 年第
16 期。

陈吉元等主编《中国农村社会经济变迁（1949—1989）》，山西经济出版
社，1993。

陈吉元、胡必亮主编《当代中国的村庄经济与村落文化》，山西经济出版
社，1996。

陈杰、刘伟平、余丽燕：《"一事一议"财政奖补制度绩效及评价研究——
以福建省为例》，《福建论坛》（人文社会科学版）2013 年第 9 期。

陈俊红、吴敬学、周连第：《北京市新农村建设与公共产品投资需求分
析》，《农业经济问题》2006 年第 7 期。

陈美球等：《农户耕地保护性投入意愿的实证分析》，《中国农村观察》
2008 年第 5 期。

陈朋、陈荣荣：《协商民主与农村公共产品供给的决策机制——浙江省泽
国镇协商民主实践的案例启示》，《南京农业大学学报》（社会科学
版）2009 年第 1 期。

陈庆云主编《公共政策分析》，北京大学出版社，2006。

陈潭、刘祖华：《迭演博弈、策略行动与村庄公共决策——一个村庄"一
事一议"的制度行动逻辑》，《中国农村观察》2009 年第 6 期。

陈锡文：《陈锡文解读新农村建设政策》，《中华建设》2006 年第 3 期。

陈晓华：《加强监管 密切协作 深入做好一事一议财政奖补工作》，《农

村经营管理》2010 年第 5 期。

成新轩、武琼:《政府在农村公共产品供给体制中的责任探究》,《乡镇经济》2009 年第 2 期。

程同顺:《当代中国农村政治发展研究》,天津人民出版社,2000。

储峰:《当代中国农民政治参与心理分析》,《党史研究与教学》2005 年第 1 期。

楚永生、丁子信:《增加农村公共物品的供给协调城乡经济发展》,《农业经济》2004 年第 8 期。

崔宝玉、张忠根:《农村公共产品农户供给行为的影响因素分析——基于嵌入性社会结构的理论分析框架》,《南京农业大学学报》(社会科学版)2009 年第 1 期。

戴维·布坎南、安德杰·赫钦斯盖:《组织行为学》,李丽等译,经济管理出版社,2011。

戴维·米勒、韦农·波格丹诺:《布莱克维尔政治学百科全书》,中国问题研究所、南亚发展研究中心、中国农村发展信托投资公司组织翻译,中国政法大学出版社,1992。

邓凯、吴平:《城乡统筹背景下村级公共品供给机制新探——基于成都试验区的调查分析》,《特区经济》2010 年第 8 期。

邓正来、J. C. 亚历山大编《国家与市民社会——一种社会理论的研究路径》,中央编译局,2002。

丁开杰、刘合光:《印度农村公共品供给体制研究》,《当代亚太》2006 年第 6 期。

董忠堂主编《建设社会主义新农村论纲》,人民日报出版社,2005。

杜辉:《村级公益事业建设一事一议、财政奖补的执行偏差与矫正》,《贵州社会科学》2012 年第 3 期。

杜伟伟:《新农村建设视阈下农村贫困人口的非现代性经济心理素质分析》,《现代经济信息》2011 年第 20 期。

杜希英:《解读中国近代化进程的一面镜子——读〈乡土心路八十年——中国近代化过程中农民意识的变迁〉》,《黄河科技大学学报》2012 年第 6 期。

杜欣、徐延辉:《论经济社会学的社会人假设》,《沈阳师范大学学报》

（社会科学版）2003 年第 5 期。

杜赞奇：《文化、权力与国家——1900—1942 年的华北农村》，王福明译，江苏人民出版社，1996。

段羡菊、周勉：《这项惠农政策为何基层满意度高——湖南一事一议财政奖补政策调查》，《中国财政》2012 年第 17 期。

方建中、邹红：《农村公共产品供给主体的结构与行为优化》，《江海学刊》2006 年第 6 期。

方江山：《发展党内民主的基本路径》，《重庆社会科学》2010 年第 8 期。

方江山：《非制度政治参与——以转型期中国农民为对象分析》，人民出版社，2000。

费孝通：《江村经济——中国农民的生活》，商务印书馆，2002。

费孝通：《乡土中国》，三联书店，1985。

费孝通著、张智楚编《走出江村》，人民日报出版社，1997。

冯进昆、李东菊：《国外农村公共产品供给的经验分析及借鉴》，《商业文化》2011 年第 12 期。

冯黎、陈玉萍、丁士军：《大病风险冲击下农户户内劳动供给的性别差异分析——来自四川贫困县的证据》，《妇女研究论丛》2009 年第 4 期。

弗雷德里克·赫兹伯格、伯纳德·莫斯纳、巴巴拉·斯奈德曼：《赫兹伯格的双因素理论》，张湛译，中国人民大学出版社，2009。

弗里德利希·冯·哈耶克：《法律、立法与自由》（第一卷），邓正来、张守东、李静冰译，中国大百科全书出版社，2000。

高春芽：《集体行动的多元逻辑：情绪、理性、身份与承认》，《上海行政学院学报》2011 年第 4 期。

高祥宝、董寒青编著《数据分析与 SPSS 应用》，清华大学出版社，2007。

葛深渭：《村级公益事业建设现状、问题与建设路径探索》，《中国集体经济》2012 年第 18 期。

官哲元：《集体行动逻辑视角下合作社原则的变迁》，《中国农村观察》2008 年第 5 期。

郭泽保：《政府在农村公共产品供给中的职能分析》，《中共福建省委党校学报》2005 年第 4 期。

郭正林：《当代中国农民政治参与的程度、动机及社会效应》，《社会学研究》2003 年第 3 期。

郭正林：《中国农村权力结构》，中国社会科学出版社，2005。

国务院农村综合改革工作小组办公室编《村级公益事业建设一事一议财政
　　奖补试点工作手册》，中国财政经济出版社，2010。

哈贝马斯：《公共领域的结构转型》，曹卫东等译，学林出版社，1999。

韩俊：《新农村建设四题》，《农村经济》2006 年第 1 期。

韩鹏云、刘祖云：《村级公益事业"一事一议"：历程、特征及路径创
　　新——基于制度变迁的分析范式》，《经济体制改革》2011 年第 5 期。

韩倩、居占杰：《完善农村公共产品供给机制的思考》，《南方农村》2010
　　年第 5 期。

韩兆柱、司林波：《论转型期地方政府职能转变与重新定位》，《学习论坛》
　　2007 年第 3 期。

贺雪峰：《国家与农村社会互动的路径选择——兼论国家与农村社会双强
　　关系的构建》，《浙江社会科学》1999 年第 4 期。

贺雪峰：《乡村治理与秩序——村治研究论集》，华中师范大学出版社，
　　2003。

贺雪峰、罗兴佐：《论农村公共物品供给中的均衡》，《经济学家》2006 年
　　第 1 期。

贺雪峰、罗兴佐：《农村公共品供给：税费改革前后的比较与评述》，《天
　　津行政学院学报》2008 年第 5 期。

洪银兴：《论地方政府的职能转型——以苏南模式的发展为例》，《经济学
　　动态》2005 年第 11 期。

胡华、刘毅：《农村公共产品问题文献综述》，《理论探讨》2006 年第 2 期。

胡锦涛：《在中央农村工作会议上的讲话》，载《十六大以来重要文献选
　　编》，中央文献出版社，2006。

扈中平：《人的全面发展——历史、现实与未来》，四川教育出版社，1988。

黄立华：《美国农村公共产品的供给及启示》，《北方经贸》2007 年第
　　1 期。

黄仁宇：《中国大历史》，三联书店，1997。

黄维健、吴孔凡、梁昊：《安徽省一事一议财政奖补工作情况及建议》，
　　《中国财政》2012 年第 8 期。

黄志冲：《农村公共产品供给机制创新研究》，《现代经济探讨》2000年第
　　10期。

黄宗智：《长江三角洲小农家庭与乡村发展》，中华书局，2000。

黄宗智：《华北的小农经济与社会变迁》，中华书局，2000。

J. M. 布坎南、R. A. 默斯格姆：《公共财政与公共选择：两种截然不同的
　　国家观》，类承曜译，中国财政经济出版社，2000。

J. 米格代尔：《农民、政治与革命——第三世界政治与社会变革的压力》，
　　李玉琪、袁宁译，中央编译出版社，1996。

吉登斯：《民族—国家与暴力》，胡宗泽、赵力涛译，三联书店，1998。

吉登斯：《社会的构成——结构化理论大纲》，李康、李猛译，三联书
　　店，1998。

吉尔伯特·罗兹曼主编《中国的现代化》，江苏人民出版社，2003。

贾宝林：《市场转型中地方政府角色的新变化及其原因分析》，《前沿》
　　2008年第4期。

姜春云：《实现农业和农村经济发展目标必须解决的若干重大问题》，载
　　《十四大以来重要文献选编》（中），人民出版社，1997。

金丽馥：《论农民负担沉重的体制与制度根源》，《江苏理工大学学报》
　　（社会科学版）2000年第3期。

居凤洲：《如何完善一事一议财政奖补制度》，《江苏农村经济》2010年第
　　6期。

康芒斯：《制度经济学》，于树生译，商务印书馆，1962。

康晓光：《权力的转移——转型时期中国权力格局的变迁》，浙江人民出版
　　社，1999。

孔凡河、蒋云根：《韩国"新村运动"对中国建设新农村的启示》，《东北
　　亚论坛》2006年第6期。

孔祥智、史冰清：《村民参加用水者协会意愿的影响因素分析——基于广
　　西横县的农户调查数据》，《中国农村经济》2008年第10期。

孔祥智、涂圣伟：《新农村建设中农户对公共物品的需求偏好及影响因素
　　研究——以农田水利设施为例》，《农业经济问题》2006年第10期。

匡远配、汪三贵：《日本农村公共产品供给特点及其对我国的启示》，《日
　　本研究》2005年第4期。

赖海榕：《乡村治理的国际比较——德国、匈牙利和印度经验对中国的启示》，《经济社会体制比较》2006年第1期。

雷晓康：《农村公共物品提供机制的内在矛盾及其解决思路》，《西北农林科技大学学报》（社会科学版）2003年第2期。

黎昭、宣振东、褚小辉：《一事一议财政奖补政策执行现状探析——以安徽省村级公益事业为例》，《财政监督》2013年第36期。

李德全：《三年来中国人民的卫生事业》，《中华医学杂志》1952年第10期。

李剑阁主编《中国新农村建设调查》，上海远东出版社，2007。

李静萍：《潮起潮落——农业学大寨运动回眸》，山西出版传媒集团、山西人民出版社，2012。

李丽纯：《法国农村社会转型对中国新农村建设的启示》，《世界农业》2006年第4期。

李茂盛、杨大虎：《农村税费改革回顾与思考——以山西省为例》，《当代中国史研究》2017年第6期。

李农：《中德两国农村公共产品供给制度比较研究》，《行政事业资产与财务》2010年第2期。

李培林：《村落的终结——羊城村的故事》，商务印书馆，2004。

李水山、许泳峰主编《韩国的农业与新村运动》，中国农业出版社，1995。

李铜山、陈允仓：《后农业税时代农民负担问题的调查与分析》，《中州学刊》2009年第1期。

李伟、燕星池、华凡凡：《基于因子分析的农村公共品需求满意度研究》，《统计与信息论坛》2014年第5期。

李享章：《经济激励理论的发展及对农业发展思路的启示》，《社会科学动态》1996年第12期。

李晓敏等：《贫困地区农户医疗服务需求影响因素分析——来自湖北省红安县的农户调查数据》，《农业技术经济》2009年第2期。

李晓云等：《农户农地城市流转意愿及其影响因素分析——以武汉市城乡交错区农户为例》，《长江流域资源与环境》2007年第4期。

李燕凌、曾福生、匡远配：《农村公共品供给管理国际经验借鉴》，《世界农业》2007年第9期。

李勇：《论农村公共产品供给中的政府责任》，《中共郑州市委党校学报》2011 年第 5 期。

连磊：《淮南市村级公益事业一事一议财政奖补政策研究》，硕士学位论文，安徽大学，2013。

梁昊：《一事一议财政奖补项目后续管护机制研究》，《财政研究》2013 年第 6 期。

梁红梅、丁建微：《对农村公共产品供给效率的再思考——从政府职责划分与支出分配视角的分析》，《中央财经大学学报》2009 年第 4 期。

梁君：《中国农村公共产品供给研究》，硕士学位论文，厦门大学，2007。

梁漱溟：《中国文化要义》，学林出版社，1987。

梁爽、姜楠、谷树忠：《城市水源地农户环境保护支付意愿及其影响因素分析——以首都水源地密云为例》，《中国农村经济》2005 年第 2 期。

廖红丰、尹效良：《国外农村公共产品供给的经验借鉴与启示》，《广东农业科学》2006 年第 4 期。

廖清成、刘克纾：《乡镇政府职能转变与农村公益事业发展》，《老区建设》2006 年第 12 期。

林青松、威廉·伯德主编《中国农村工业：结构、发展与改革》，经济科学出版社，1989。

林毅夫：《制度、技术与中国农业发展》，格致出版社、上海三联书店、上海人民出版社，2008。

凌志军：《历史不再徘徊——人民公社在中国的兴起和失败》，人民出版社，1996。

刘斌、张兆刚、霍功编著《中国三农问题报告——问题·现状·挑战·对策》，中国发展出版社，2004。

刘冠军、袁远、任翔：《湖南省“一事一议”制度试点工作的实践与思考》，《现代经济信息》2013 年第 15 期。

刘鸿渊：《农民收入现状：制度与思路》，《经济体制改革》2003 年第 5 期。

刘鸿渊、闫泓：《农村村级公共产品“一事一议”难题与破解》，《求实》2008 年第 8 期。

刘辉、陈思羽：《农户参与小型农田水利建设意愿影响因素的实证分析——基于对湖南粮食主产区 475 户农户的调查》，《中国农村观察》2012 年第 2 期。

刘继同：《由静态管理到动态管理：中国社会管理模式的战略转变》，《管理世界》2002 年第 10 期。

刘建平、龚东生：《乡村公共产品供给："一事一议"的效率与完善》，《华中科技大学学报》（社会科学版）2007 年第 2 期。

刘建平、何建军、刘文高：《农业税取消后农村公共品供给能力下降的现象及对策分析——基于湖北省部分地区的调查》，《中国行政管理》2006 年第 5 期。

刘孟山等：《一事一议财政奖补应协调好四个关系》，《唐山师范学院学报》2001 年第 3 期。

刘荣茂、马林靖：《农户农业生产性投资行为的影响因素分析——以南京市五县区为例的实证研究》，《农业经济问题》2006 年第 12 期。

刘伟：《难以产出的村落政治——对村民群体性活动的中观透视》，中国社会科学出版社，2009。

刘文忻、龚欣、张元鹏：《社会偏好的异质性、个人理性与合作捐献行为——基于公共品自愿捐献机制的实验研究》，《经济评论》2010 年第 5 期。

刘娅：《解体与重构：现代化进程中的"国家—乡村社会"》，中国社会科学出版社，2004。

刘一皋、王晓毅、姚洋：《村庄内外》，河北人民出版社，2002。

刘银喜：《农村公共产品供给的市场化研究》，《中国行政管理》2005 年第 3 期。

刘玉芝、杨爱民：《关于农村基层民主政治建设的思考》，《农村经济》2004 年第 9 期。

刘志仁：《日本推进农村城市化的经验》，《中国农村经济》2000 年第 3 期。

卢福营：《论村民自治运作中的公共参与》，《政治学研究》2004 年第 1 期。

陆学艺：《"三农"新论——当前中国农业、农村、农民问题研究》，社会科学文献出版社，2005。

陆学艺：《新一轮农村改革为什么这么难》，《人民论坛》2008 年第 1 期。

陆益龙：《引导性制度变迁与农村市场发展——安徽小岗村的经验分析》，《天津社会科学》2013 年第 1 期。

逯宇：《马斯洛需求理论和马克思社会发展三阶段论的比较》，《经济与社会发展》2007 年第 8 期。

罗国基、黄国华：《从农村公共产品供给看新农村建设》，《求实》2007 年第 10 期。

罗吉斯、伯德格：《乡村社会变迁》，王晓毅、王地宁译，浙江人民出版社，1988。

罗兴佐：《治水：国家介入与农民合作——荆门五村研究》，博士学位论文，华中师范大学，2005。

罗义云：《税费改革后村级治理的困境与出路》，《科学社会主义》2006 年第 2 期。

马宝成：《税费改革、"一事一议"与村级治理的困境》，《中国行政管理》2003 年第 9 期。

马斯洛：《人类动机的理论》，许金声等译，中国人民大学出版社，2007。

马贤磊：《现阶段农地产权制度对农户土壤保护性投资影响的实证分析——以丘陵地区水稻生产为例》，《中国农村经济》2009 年第 10 期。

迈克尔·麦金尼斯主编《多中心体制与地方公共经济》，毛寿龙译，上海三联书店，2000。

曼瑟尔·奥尔森：《集体行动的逻辑》，陈郁、郭宇峰、李崇新译，格致出版社、上海三联书店、上海人民出版社，2014。

毛丹：《一个村落共同体的变迁——关于尖山下村的单位化的观察与阐释》，学林出版社，2000。

毛丹、任强著，浙江省哲学社会科学规划办公室编《中国农村公共领域的生长——政治社会学视野里的村民自治诸问题》，中国社会科学出版社，2006。

秘文雅、骆祥茹：《国外农村公共产品供给经验分析及对我国的启示》，《天津经济》2009 年第 5 期。

闵琪：《从公共品需求到公共品供需均衡：理论与现实》，经济科学出版社，2011。

缪匡华：《公共选择理论视角下的公民参与研究》，《湖北经济学院学报》（人文社会科学版）2010 年第 3 期。

莫里斯·弗里德曼：《中国东南的宗族组织》，刘晓春译，上海人民出版社，2000。

莫里斯·哈布瓦赫：《论集体记忆》，毕然、郭金华译，上海世纪出版集团、上海人民出版社，2002。

倪远栋、刘晗、谢洲：《"一事一议"财政奖补制度探讨》，《现代商贸工业》2012年第7期。

农业部经管司（站）村级公益事业建设投入机制研究课题组：《创新村级公益事业建设投入机制研究》（上），《农村经营管理》2009年第3期。

农业部经管司（站）村级公益事业建设投入机制研究课题组：《创新村级公益事业建设投入机制研究》（下），《农村经营管理》2009年第4期。

潘嘉玮、周贤日：《村民自治与行政权的冲突》，中国人民大学出版社，2004。

彭勃：《乡村治理：国家介入与体制选择》，中国社会出版社，2002。

彭长生：《"一事一议"将何去何从——后农业税时代村级公共品供给的制度变迁与机制创新》，《农村经济》2011年第10期。

彭长生、孟令杰：《农村社区公共品合作供给的影响因素：基于集体行动的视角——以安徽省"村村通"工程为例》，《南京农业大学学报》（社会科学版）2007年第3期。

彭代彦、张卫东：《农村税费改革与村级组织运行》，《中国农村经济》2003年第12期。

浦兴祖主编《当代中国政治制度》，上海人民出版社，1990。

戚晓明：《当前经济欠发达地区村级组织运转经费问题探讨——以苏北H镇为例》，《南京农业大学学报》（社会科学版）2006年第3期。

齐美尔：《社会是如何可能的——齐美尔社会学文选》，林荣远编译，广西师范大学出版社，2002。

钱文荣、张忠明：《农民土地意愿经营规模影响因素实证研究——基于长江中下游区域的调查分析》，《农业经济问题》2007年第5期。

钱信忠：《依靠政策和科学，促进农村卫生事业的建设》，《中国农村医学》1982年第2期。

乔纳森·特纳：《社会学理论的结构》（上、下），邱泽奇等译，华夏出版社，2001。

秦晖、苏文：《田园诗与狂想曲——关中模式与前近代社会的再认识》，中央编译出版社，1996。

任浩编著《公共组织行为学》，同济大学出版社，2006。

荣敬本等：《从压力型体制向民主合作体制的转变——县乡两级政治体制改革》，中央编译出版社，1998。

盛荣：《印度村庄公共产品供给机制及其治理背景》，《南亚研究季刊》2007年第2期。

施坚雅：《中国农村的市场和社会结构》，史建云、徐秀丽译，中国社会科学出版社，1998。

石冈陶子：《日本农村的变迁》，《社会科学家》2005年第S1期。

石磊：《寻求"另类"发展的范式——韩国新村运动与中国乡村建设》，《社会学研究》2004年第4期。

史玲：《我国农村公共产品供给主体研究》，《中央财经大学学报》2005年第5期。

舒晓华：《浅谈科学发展观与社会主义新农村建设》，《华人时刊》（理论研究）2011年第1期。

斯蒂芬·P.罗宾斯：《组织行为学》，孙健敏、李原译，中国人民大学出版社，1997。

宋安平：《农村公共产品供给的四个着眼点》，《中南林业科技大学学报》（社会科学版）2008年第5期。

宋萌荣：《人的全面发展——理论分析与现实趋势》，中国社会科学出版社，2006。

宋平：《加强农村工作，深化农村改革》，载《十三大以来重要文献选编》（中），人民出版社，1991。

宋士云：《中国农村社会保障制度结构与变迁（1949—2002）》，人民出版社，2006。

苏力：《法治及其本土资源》，中国政法大学出版社，1996。

孙芳、冯开文：《农牧交错带农户继续退耕意愿影响因素的实证分析》，《农业技术经济》2008年第5期。

孙仕林、班喜春、韩志东：《完善一事一议财政奖补政策的建议》，《中国财政》2010年第12期。

塔尔柯特·帕森斯：《现代社会的结构与过程》，梁向阳译，光明日报出版社，1988。

陶学荣、史玲：《统筹城乡发展中的农村公共产品供给研究》，《财贸研究》
2005 年第 3 期。

天津市蓟县财政局农业科：《村级公益事业"一事一议"制度面临的问题
及对策》，《天津经济》2012 年第 3 期。

田纪云：《关于稳定农村基本政策的几个问题》，载《十三大以来重要文献
选编》（中），人民出版社，1991。

童星：《发展社会学与中国现代化》，社会科学文献出版社，2005。

汪恭礼：《完善一事一议财政奖补政策的建议》，《中国财政》2012 年第
24 期。

汪晖、陈燕谷主编《文化与公共性》，三联书店，1998。

汪熙、魏裴德主编《中国现代化问题——一个多方位的历史探索》，复旦
大学出版社，1994。

汪学军、高歌：《把好财政奖补"四个关口"》，《农村经营管理》2010 年
第 8 期。

王安才：《关于农村公益事业"一事一议"财政奖补的思考》，《地方财政
研究》2009 年第 5 期。

王彩丽：《浅谈当代中国的农民意识及其改造》，《湖北省社会主义学院学
报》2008 年第 5 期。

王国华、李克强：《农村公共产品供给与农民收入问题研究》，《财政研究》
2003 年第 1 期。

王沪宁：《当代中国村落家族文化——对中国社会现代化的一项探索》，上
海人民出版社，1991。

王济川、郭志刚：《Logistic 回归模型——方法与应用》，高等教育出版
社，2001。

王建新、李本强：《三农问题研究》，中共中央党校出版社，2004。

王俊霞、王静：《论"政府调控＋农民需求"的农村公共产品供给决策机
制的构建》，《西安财经学院学报》2011 年第 6 期。

王敏：《税费改革对农村公共财政的影响及对策——以广东省为例》，《税
务研究》2006 年第 7 期。

王铭铭：《村落视野中的文化与权力：闽台三村五论》，三联书店，1997。

王铭铭：《社会人类学与中国研究》，三联书店，1997。

王浦劬主编《政治学基础》，北京大学出版社，1995。

王绍光：《多元与统一——第三部门国际比较研究》，浙江人民出版社，1999。

王绍光：《学习机制与适应能力：中国农村合作医疗体制变迁的启示》，《中国社会科学》2008年第6期。

王松华：《地方政府农村公共产品供给存在的问题及对策研究》，硕士学位论文，湘潭大学，2007。

王为民、黄争鸣：《关于加大我国农村公共产品政府供给的思考》，《经济师》2003年第10期。

王卫星、黄维健：《一事一议财政奖补与农村公益事业建设机制研究》，《农村财政与财务》2012年第7期。

王伟林、黄贤金、陈志刚：《发达地区农户被征地意愿及其影响因素——基于苏州农户调查的实证研究》，《中国土地科学》2009年第4期。

王先明：《近代绅士——一个封建阶层的历史命运》，天津人民出版社，1997。

王相龙：《后税费时代的农村公共产品供给机制创新——基于政府、市场与村民自治组织的分工与合作》，《改革与开放》2010年第14期。

王颖：《新集体主义：乡村社会的再组织》，经济管理出版社，1996。

王振耀、白钢、王仲田主编《中国村民自治前沿》，中国社会科学出版社，2000。

韦小鸿、马倩美：《农业产业化进程中的农村公共产品供给研究》，《特区经济》2007年第11期。

卫龙宝、凌玲、阮建青：《村庄特征对村民参与农村公共产品供给的影响研究——基于集体行动理论》，《农村经济问题》2011年第5期。

温家宝：《全面推进以税费改革为重点的农村综合改革》，载《十六大以来重要文献选编》，中央文献出版社，2006。

温俊萍：《印度乡村公共品供给机制研究：公共治理的视角》，《南亚研究季刊》2008年第1期。

温铁军：《我们还需要乡村建设》，《开放时代》2005年第6期。

文叶飞、罗福成：《山村美了 百姓笑了——沿河土家族自治县实施村级

"一事一议"财政奖补工作扫描》,《当代贵州》2011 年第 21 期。

沃特·谢弗尔:《压力管理心理学》,方双虎译,中国人民大学出版社,2009。

吴春梅、翟军亮:《转型中的农村公共产品供给决策机制》,《求实》2010 年第 12 期。

吴大兵、华玲:《当前中国发展基层民主的途径探索》,《经济研究导刊》2010 年第 7 期。

吴建南、庄秋爽:《测量公众心中的绩效:顾客满意度指数在公共部门的分析应用》,《管理评论》2005 年第 5 期。

吴孔凡:《农村税费改革转型期面临的矛盾与出路》,《华中师范大学学报》（人文社会科学版）2007 年第 1 期。

吴木生:《潭头镇农村"一事一议"财政奖补工作问题及对策分析》,《福建农业科技》2012 年第 2 期。

吴娜:《我国农村公共物品供给中的公众参与》,硕士学位论文,厦门大学,2008。

吴思:《潜规则:中国历史中的真实游戏》（修订版）,复旦大学出版社,2009。

吴毅:《村治变迁中的权威与秩序——20 世纪川东双村的表达》,中国社会科学出版社,2002。

伍业兵:《农村公共品供给:困境、原因与出路》,《农业经济》2011 年第 2 期。

武力、郑有贵主编《中国共产党"三农"思想政策史（1921—2013 年)》,中国时代经济出版社,2013。

西奥多·W. 舒尔茨:《改造传统农业》,梁小民译,商务印书馆,1987。

项继权、李晓鹏:《"一事一议财政奖补":我国农村公共物品供给的新机制》,《江苏行政学院学报》2014 年第 2 期。

肖爱树:《农村医疗卫生事业的发展》,江苏大学出版社,2010。

肖唐镖等:《中国乡村报告——政府行为与乡村建设研究》,学林出版社,2005。

谢婷:《中国工业文明中的社会问题思考》,《中外企业家》2014 年第 15 期。

谢洲:《农村公共品供给一事一议财政奖补制度研究——以重庆市为例》,

博士学位论文，西南大学，2012。

信惠雯：《农村公益事业的现状及发展》，《价值工程》2011年第3期。

邢建国、汪青松、吴鹏森：《秩序论》，人民出版社，1993。

徐容雅、廖亚辉：《关于地方政府职能转变的几点探讨》，《哈尔滨学院学报》2004年第10期。

徐琰超、杨龙见、尹恒：《农村税费改革与村庄公共物品供给》，《中国农村经济》2015年第1期。

徐勇：《非均衡的中国政治：城市与乡村的比较》，中国广播电视出版社，1992。

徐勇：《乡村治理与中国政治》，中国社会科学出版社，2003。

许庞：《一事一议财政奖补政策投入困境：生成机理与调整策略——以皖南Z镇为例》，《陕西农业科学》2014年第12期。

许青春：《论和谐社会构建中的地方政府职能转型》，《山东行政学院山东省经济管理干部学院学报》2006年第4期。

鄢奋：《日本农村公共产品供给制度分析》，《亚太经济》2009年第1期。

杨弘、郭雨佳：《农村基层协商民主制度化发展的困境与对策——以农村一事一议制度完善为视角》，《政治学研究》2015年第6期。

杨瑞梅：《德国地方政府供给乡村公共物品的经验和启示》，《海南大学学报》（人文社会科学版）2006年第3期。

杨卫军、王永莲：《农村公共产品提供的"一事一议"制度》，《财经科技》2005年第1期。

杨文生、龚祖文：《新世纪要求农民具有哪些心理素质》，《中国农业教育》2002年第6期。

杨雪冬：《市场发育、社会生长和公共权力构建——以县为微观分析单位》，河南人民出版社，2002。

杨勋、刘家瑞：《中国农村的改革之路——总体述评与区域实证》，北京大学出版社，1987。

杨以谦：《积极进行农村税费改革 规范我国农村分配关系》，《经济社会体制比较》1999年第5期。

杨亦民、刘馨怡：《村级公益事业建设投入现状与机制创新研究——以湖南省为例》，《经济研究参考》2013年第35期。

杨勇、黎振强、罗能生：《发达国家农村公共产品供给中政府的作用及启示》，《经济纵横》2008 年第 2 期。

叶敬忠：《农民视角的新农村建设》，社会科学文献出版社，2006。

叶敬忠、安苗：《新农村建设的农民投入意愿分析》，《农业技术经济》2007 年第 1 期。

叶子荣、刘鸿渊：《农村公共产品供给制度：历史、现状与重构》，《学术研究》2005 年第 1 期。

尹红平、许建全：《浙江省村级公益事业建设一事一议财政奖补试点工作的实践与思考》，《农村财政与财务》2011 年第 3 期。

于建嵘：《集体行动的原动力机制研究——基于 H 县农民维权抗争的考察》，《学海》2006 年第 2 期。

于建嵘：《岳村政治——转型期中国乡村政治结构的变迁》，商务印书馆，2001。

俞可平主编《治理与善治》，社会科学文献出版社，2000。

袁曙宏：《服务型政府呼唤公法转型——论通过公法变革优化公共服务》，《中国法学》2006 年第 3 期。

袁伟：《构建以地方政府为主体的农村公共产品有效供给机制》，《法治与社会》2007 年第 9 期。

詹国辉、张新文：《名声效应、重复博弈与农村集体行动》，《中国农业大学学报》2018 年第 6 期。

詹姆斯·N. 罗西瑙主编《没有政府的治理——世界政治中的秩序与变革》，江西人民出版社，2001。

占家礼：《论社会主义新农村建设中的农村公共产品供给》，《中共合肥市委党校学报》2006 年第 3 期。

张兵、周彬：《欠发达地区农户农业科技投入的支付意愿及影响因素分析——基于江苏省灌南县农户的实证研究》，《农业经济问题》2006 年第 1 期。

张冬平、郭震、边英涛：《农户对良种补贴政策满意度影响因素分析——基于河南省 439 个农户调查》，《农业技术经济》2011 年第 3 期。

张厚安等：《中国农村村级治理——22 个村的调查与比较》，华中师范大学出版社，2000。

张季、任东梅：《取消农业税后农村公共产品供给问题探析》，《地方财政研究》2009 年第 5 期。

张建云、毛文龙：《"经济人"与"社会人"的逻辑关系及当代意义》，《经济研究导刊》2009 年第 6 期。

张静：《基层政权——乡村制度诸问题》，浙江人民出版社，2000。

张静：《现代公共规则与乡村社会》，上海书店出版社，2006。

张乐天：《告别理想——人民公社制度研究》，东方出版中心，1998。

张莉莉：《农村一事一议财政奖补资金使用情况的调查分析》，《中国农业会计》2011 年第 10 期。

张松业：《浅论行政管理中的激励》，《地方政府管理》1998 年第 10 期。

张以坤等：《乡镇统筹资金制度改革研究》，《财政研究》1997 年第 10 期。

张颖举：《村级公益事业建设一事一议财政奖补可行性分析与构建》，《江西农业学报》2010 年第 4 期。

张颖举：《村级公益事业投资中的政府角色与农民行为》，《改革》2010 年第 2 期。

张颖举：《一事一议财政奖补政策效应分析与建议——以黑龙江省为例》，《行政与法》2010 年第 3 期。

张仲礼：《中国绅士：关于其在十九世纪中国社会中作用的研究》，李荣昌译，上海社会科学出版社，1991。

赵平、谢赞、杜晖：《关于构建中国用户满意度指数体系若干问题的探讨》，《中国质量》1998 年第 3 期。

赵秀玲：《中国乡里制度》，社会科学文献出版社，2002。

折晓叶、陈婴婴：《社区的实践——"超级村庄"的发展历程》，浙江人民出版社，2000。

折晓叶、陈婴婴：《项目制的分级运作机制和治理逻辑——对"项目进村"案例的社会学分析》，《中国社会科学》2011 年第 4 期。

郑家喜、王姣、聂磊：《政府农田水利建设项目风险管理研究》，《农业经济问题》2012 年第 8 期。

郑永年、王旭：《论中央地方关系中的集权和民主问题》，《战略与管理》2001 年第 3 期。

中共湖北省委政研室课题组：《税改后如何发展农村公益事业》，《四川行政学院学报》2005 年第 1 期。

《中共中央、国务院关于加大统筹城乡发展力度进一步夯实农业农村发展
　　基础的若干意见》，载《十七大以来重要文献选编》（上），中央文献
　　出版社，2011。

《中共中央、国务院关于进行农村税费改革试点工作的通知》，载《十五大
　　以来重要文献选编》，人民出版社，2000。

《中共中央、国务院关于进一步加强农村卫生工作的决定》，载《十五大以
　　来重要文献选编》（下），人民出版社，2000。

《中共中央、国务院关于做好农业和农村工作的意见》，载《十六大以来重
　　要文献选编》，中央文献出版社，2006。

《中共中央批转卫生部党委〈关于把卫生工作的重点放到农村的报告〉》，载
　　《建国以来重要文献的选编》（第二十册），中央文献出版社，1998。

《中国共产党第十一届中央委员会第三次全体会议公报》，载《三中全会以
　　来重要文献选编》，人民出版社，1982。

周常青、刘建河：《农村公益事业建设的困境与破解》，《黄冈职业技术学
　　院学报》2015 年第 1 期。

周飞舟：《财政资金的专项化及其问题——兼论"项目治国"》，《社会》
　　2012 年第 1 期。

周飞舟、赵阳：《剖析农村公共财政：乡镇财政的困境和成因——对中西
　　部地区乡镇财政的案例研究》，《中国农村观察》2003 年第 4 期。

周黎安、陈祎：《县级财政负担与地方公共服务：农村税费改革的影响》，
　　《经济学》（季刊）2015 年第 2 期。

周密、张广胜：《"一事一议"制度的运行机制与适用性研究》，《农业经
　　济问题》2010 年第 2 期。

周青：《取消农业税后农村公共产品供给现状与制度创新——基于对福建
　　省部分地区的调查》，《中国行政管理》2007 年第 10 期。

周晓虹：《传统与变迁——江浙农民的社会心理及其近代以来的嬗变》，三
　　联书店，1998。

朱红根、陈昭玖、张月水：《农民工返乡创业政策满意度影响因素分析》，
　　《商业研究》2011 年第 2 期。

朱显灵、丁兆君、胡化凯：《"大跃进"时期的深耕土地运动》，《当代中

国史研究》2011 年第 2 期。

朱永生：《村级公益事业 "一事一议" 制度面临的问题及对策》,《天津经济》2012 年第 3 期。

朱玉春、乔文、王芳：《农民对农村公共品供给满意度实证分析——基于陕西省 32 个乡镇的调查数据》,《农业经济问题》2010 年第 1 期。

朱玉春、唐娟莉：《农村公共品投资满意度影响因素分析——基于西北五省农户的调查》,《公共管理学报》2010 年第 3 期。

邹小华：《和谐社会建设与地方政府转型》,《南昌大学学报》（人文社会科学版）2007 年第 3 期。

Agrawal, Kl, Miya, I 1, "A Longitudinal Study of Organizational Climate in An Industrial Organization," *Indian Psychological Review*, 2000 (54).

Anderoni J., "Impureal Truism and Donations to Public Good: A Theory of Warm-glow Giving," *Economic Journal*, 1990 (100).

Anderson, R. E., "Consumer Dissatisfaction: The Effects of Disconfirmed Expectancy on Perceived Product Performance," *Journal of Marketing Research*, 1973 (10).

Bergstrom T, Blume L, Varian H. R., "On the Privision of Public Goods," *Journal of Public Economics*, 1986 (29).

Buchanan, J. M., "An Economic Theory of Clubs," *Economica*, 1965 (32).

Cardozo, Richard N., "An Experimental Study of Consumer Effort, Expectation and Satisfaction," *Journal of Marketing Reasearch*, 1965, 2 (8).

Charles M. Tiebout., "A Pure Theory of Local Expenditures," *The Journal of Political Economy*, 1956 (64).

Da Vanzo, Julie and Angelique Chan, "Living Arrangements of Older Malaysians: Who Coresides with their Adult Children?" *Demography*, 1994, 31 (1).

Dawes R. M., Thaler R. H., "Anomalies: Cooperation," *Journal of Economic Perspectives*, 1998 (2).

Derek R. Allen, Tanniru R. Rao., *Analysis of Customer Satisfaction Data*, Milwaukee: American Society for Quality Press, 2000.

Fornell, C. and M. D. Johnson, "Differentiation as a Basis for Explaining Customer Satisfaction Across Industries," *Journal of Economic Psychology*, 1993 (14).

Giddens, *The Consequences of Modernity*, Cambridge : Polity Press, 1990.

Hardin, G., "The Tragedy of the Commons," *Science*, 1968 (162).

James Buchanan, "An Economic Theory of Clubs," *Economica*, New Series, 1965 (32).

K. Abdul Ghani, V. Jayabalan, M. Sugumar, "Impact of Advanced Manufacturing Technology on Organizational Structure," *Journal of High Technology Management Research*, 2002, 13 (2).

Lam T-P, Chi I, PitermanL. et al. , "Cofnmunity Attitudes toward Living Arrangements between the Elderly and their Adult Children in Hong Kong," *Journal of Cross-Cutural Gerontology*, 1998 (13).

Lily L. Tsai, "Solidary Groups, Informal Accountability, and Local Public Goods Provision in Rural China," *American Political Science Review*, 2007 (2).

M. Kalim Qamar, *Demand for Services Planning by Villagers : A Case Study from Pakistan*, 2004.

Nee Victor, Frank W. Young, "Peasant Entrepreneurs in China's Second Economy: An Institutional Analysis," *Economic Development and Cultural Change*, 1990 (39).

Oates, W. E. , *Fiscal Federalism*, New York: Harcourt Brace Jovanovich, 1972.

Oi, Jean C. , *Rural China Takes off : Institutional Foundations of Economic Reform*, Berkeley: University of California Press, 1999.

Ostrom E . Walker J M. Gardner R. , "Covenants with ans without a Sword: Self-governance is Possible," *American Political Science Review*, 1992 (86).

Paul A. Samuelson, "The Pure Theory of Public Expenditure," *Review of Economics and Statistics*, 1954 (36).

Shi, S J. , "Left to Market and Family-Again? Ideas and the Development of the Rural Pension Policy in China," *Social Policy Administration*, 2006,

40 (7).

Shi, Tianjian, *Rural Democracy in China*, World Scientific Publishing Co. , 2000.

Teas P. K. , "Expectations, Performance Evaluation and Consumers' Perceptions of Quality," *Journal of Marketing*, 1993 (57).

Tiebout, C. M. , "A Pure Theory of Local Expenditures," *Journal of Political Economy*, 1956.

Wibowo, Ignatius, *The Current State of the Chinese Communist Party in the Countryside*, World Scientific Publishing Co. , 2000.

Yang, Dali L. , *Calamity and Reform in China: State, Rural Society, and Institutional Change Since the Great Leap Famine*, Stanford University Press, 1996.

Zhang, Y. , "Economics of Transaction Costs Saving Forestry," *Ecological Economics*, 2001, 36 (2).

附　录

河海大学暑期社会实践
"村级公益事业建设情况"调查问卷

问卷编号：_____；调查时间：_____

您好！

我们是河海大学暑期社会实践小组，目前正在进行"村级公益事业建设情况"社会调查，向您了解一些情况和看法。请您客观陈述事实和发表您的观点，您所提供的信息资料仅用于学术探讨，敬请放心。非常感谢您的支持！

提示：村级公益事业，又称村里的公益项目或公益活动，如村里的修路建桥、小型农田水利、环卫设施、植树造林等村民共同参与、直接受益的公共活动或公共服务等。

被访者基本信息

【1】性别：1. 男　　2. 女

【2】年龄：_____岁

【3】受教育程度

1. 没上过学　　2. 小学　　3. 初中　　4. 高中　　5. 大专及以上

【4】身份：1. 干部　2. 村民代表　3. 普通村民

【5】地址：_____市/县_____乡镇/街道_____村/社区

1. 近年来，你们村建成了哪些村民共同参与、共同受益的项目？（可多选）

1. 修路建桥　　　2. 小型农田水利　　3. 村民活动中心

4. 环卫设施　　　　5. 植树造林　　　　6. 其他

2. 村里已建成的修路建桥等公益项目能不能满足村民需要？

1. 完全能满足　　　2. 基本能满足　　　3. 说不清

4. 不太能满足　　　5. 不能满足

3. 您对你们村的下列事项或情况是否了解？（请在相应的格子里打勾）

	非常了解	比较了解	一般	不太了解	很不了解
修路建桥等公益活动的政策					
政府对修路建桥等的奖励和补助办法					
修路建桥等活动的资金使用情况					
每户出钱出劳力的标准					
村里公益项目建设的困难					
村民迫切需要哪些公益项目					
修路建桥等活动中村民之间的矛盾					
村民参与修路建桥等活动的奖励办法					

4. 您通过什么途径了解当前农村政策？

1. 村委会宣传　　　　　　　　　2. 广播、电视等

3. 村民口口相传　　　　　　　　4. 其他

5. 村务公开的最好办法是：

1. 召开村民大会　　　　　　　　2. 召开村民代表会议

3. 广播宣传　　　　　　　　　　4. 公布上墙

6. 村里修路建桥等公益活动的投入主要靠谁？（可多选）

1. 政府　　　　　2. 村集体　　　　3. 村民

4. 专业大户　　　5. 社会捐赠

7、你们村当前最急需的公益项目有哪些？（可多选）

1. 村内道路　　　2. 小型农田水利　　3. 村民活动中心

4. 村容村貌　　　5. 环卫设施　　　　6. 饮水安全

7. 治安联防　　　8. 其他

8. 您对你们村的下列事项是否满意？（请在相应的格子里打勾）

	非常满意	比较满意	一般	不太满意	很不满意
修路建桥					
农田水利建设					
环境卫生设施建设					
植树绿化					
村民公共活动场所建设					
村干部对公益活动的宣传动员					
村民大会、村民代表会议召开情况					
公益项目资金使用情况					
村民参与修路建桥等活动的情况					
政府对修路建桥等的奖励和补助情况					

9. 与过去相比，村里修路建桥等公益活动是增加了还是减少了？

1. 有明显增加 　　 2. 有一点增加 　　 3. 基本没增加

4. 减少许多

10. 您认为村里修路建桥等公益活动能正常开展的关键在于：

1. 要有钱 　　 2. 要有劳力 　　 3. 政府重视

4. 村民积极参与

11. 当前村里修路建桥等公益活动建设存在的突出问题是什么？

1. 管理松散 　　 2. 缺少资金投入 　　 3. 没有劳动力

4. 村民不感兴趣

12. 村里修路建桥等项目是否存在"只顾建设，不顾管理"的现象？

1. 非常明显 　　 2. 比较明显 　　 3. 一般

4. 不太明显 　　 5. 很不明显

13. 村民主要通过什么途径反映对修路建桥等公益项目的想法和需求？

1. 村民大会 　　 2. 村民代表会议 　　 3. 直接找乡镇政府

4. 直接找村组干部 5. 借助媒体呼吁

14. 村民外出打工是不是还关心修路建桥等公益活动？

1. 非常关心 　　 2. 比较关心 　　 3. 一般

4. 不太关心 　　 5. 很不关心

15. 为了修路建桥等活动，下列事项您愿意参加吗？（请在相应的格子里打勾）

	非常愿意	比较愿意	一般	不太愿意	很不愿意
参加村民会议，共同协商					
主动反映问题、想办法					
多承担一点资金和劳力					
监督资金使用					
动员说服其他村民					

16. 修路建桥等活动中，村民之间容易产生矛盾的主要原因是：

1. 资金与劳务投入谁多谁少　　　　　2. 得好处谁多谁少

3. 奖励谁多谁少

17. 村民参与修路建桥等活动是自愿的吗？

1. 完全自愿　　　　2. 村委会动员　　　　3. 村委会强制

4. 随大流

18. 有些村民不参加修路建桥等活动会不会影响你的积极性？

1. 经常会　　　　　2. 偶尔会　　　　　3. 根本不会

19. 村里要修路建桥等，您认为下列做法是否必要？（请在相应的格子里打勾）

	非常必要	比较必要	一般	不太必要	很不必要
对村民进行宣传动员					
制定规章制度					
村民参加监督管理					
乡镇、村出台奖励办法					

20. 您认为少部分村民不愿意出钱出力的主要原因是：（可多选）

1. 没有公益心　　2. 缺乏资金　　　3. 没有劳力

4. 自己获益少　　5. 有人搭便车　　6. 文化程度不高

7. 小农意识　　　8. 外出打工了　　9. 其他

21. 您认为怎样才能提高村民的积极性？

1. 说服教育　　　2. 政府监督　　　3. 奖惩分明

4. 受益均等　　　5. 其他

22. 修路建桥等活动您最担心的是什么？

1. 资金被挪用　　　2. 自家不能受益　　　3. 其他村民没投入

4. 建成后没人管

23. 当前,您最希望地方政府在修路建桥等活动中提供什么?(可多选)

1. 资金支持　　　　2. 技术培训　　　　3. 优惠政策

4. 组织领导　　　　5. 宣传动员　　　　6. 监督管理

24. 您认为政府对修路建桥等项目进行奖励和补助的作用大吗?

1. 很大　　　　　　2. 一般　　　　　　3. 很小

25. 您认为对村民的奖励应该侧重于:

1. 表扬　　　　　　2. 给钱给物　　　　3. 表扬与给钱物都要有

26. 制定并严格执行规章制度,村民会积极参加吗?

1. 肯定能　　　　　2. 可能会　　　　　3. 肯定不能

27. 你们村公益活动中哪一项制度最需要加强?

1. 筹资筹劳制度　　2. 督促检查制度　　3. 信息公开制度

4. 管理养护制度

28. 有资金支持一定能让村民参与修路建桥等活动吗?

1. 肯定能　　　　　2. 肯定不能　　　　3. 不一定

4. 说不清

29. 有什么好办法可以让村民心往一处想、劲往一处使?

1. 经常开展村民互助互帮活动　　　　2. 实行奖罚分明制度

3. 保证村民反映问题的渠道畅通　　　4. 发展壮大农村集体经济

5. 其他

30. 您对下列事项有信心吗?(请在相应的格子里打勾)

	非常 有信心	比较 有信心	一般	不太 有信心	非常 没信心
乡镇政府出台更多奖励政策					
村委会宣传动员更有效					
村民参与积极性明显提高					
规章制度更加健全					
政府投入越来越多					

我们的调查结束了,再次向您表示衷心感谢!

后　记

2013 年 9 月，笔者开始承担国家社会科学基金一般项目 "'后农业税时代'村级公益事业建设村民投入意愿及激励机制研究"（项目批准号 13BSH021）的研究工作，呈现在读者面前的拙作《村级公益事业建设集体行动的逻辑》就是在课题结项报告基础上修改而成的。

课题研究的主题聚焦在村级公益事业建设中的村民集体行动，缘于乡村转型期村民投入意愿趋于萎缩低迷这一特定社会事实。如何激活村民投入意愿进而开展村级公益事业建设的集体行动，便成为贯穿课题研究的一根主线。转型期村级公益事业建设集体行动的开展面临着组织主体虚化乏力、村社"空心化"致使劳动力严重流失、财政支持政策的实施出现梗阻变形、经费保障机制尚未健全等现实困境。事实表明，村级公益事业受益面广，具有较强的公益性，离不开全体村民的积极参与。惟有释放制度活力，才能真正激发村民参与村级公益事业建设的热情，才能真正突破村级公益事业建设面临的诸多困境。鉴于此，课题研究提出强化村级各类组织发动村级公益事业投入的引擎职能、创新激励村民参与村级公益事业投入的议事机制、凸显公共财政投入村级公益事业建设的激励联动优势、构造村级公益事业建设多渠道立体型投入体系、培育乡村共同体精神催生村级公益事业建设集体行动等一系列策略思考。

每一次农村基层社会调查都离不开多方面的支持，非常感谢苏皖六镇的领导以及很多村民给予调查提供的方便与帮助。我的研究生许庞、陈琳、陶然、王丽雯、余晴、周洪亮、程晓倩、黄萍、赵龙龙、任贵州、张愉悦、黄征、俞辉、周旅梅、葛丽婷、李浩然、汪启宁等分别在实地调查、资料整理等方面参与了课题研究。特别感谢社会科学文献出版社谢蕊芬老师为审读文稿付出的辛勤劳动。

　　课题研究成果虽已编辑成书，但书中存在的不足以及该主题研究有待深化探讨的问题依然较多，敬请学界专家和乡村基层社会工作者予以包容并批评指正。笔者也将继续对我国乡村基层社会治理现代化诸问题进行观察与思考。

曹海林

2021 年 1 月 13 日于金陵将军山麓

图书在版编目（CIP）数据

村级公益事业建设集体行动的逻辑 / 曹海林著. --
北京：社会科学文献出版社，2021.3
　ISBN 978 - 7 - 5201 - 7987 - 4

　Ⅰ.①村…　Ⅱ.①曹…　Ⅲ.①农村 - 公用事业 - 研究
- 中国　Ⅳ.①F299.241

　中国版本图书馆 CIP 数据核字（2021）第 032138 号

村级公益事业建设集体行动的逻辑

著　　者 / 曹海林

出 版 人 / 王利民
责任编辑 / 谢蕊芬
文稿编辑 / 谭紫倩

出　　版 / 社会科学文献出版社·群学出版分社　（010）59366453
　　　　　　地址：北京市北三环中路甲 29 号院华龙大厦　邮编：100029
　　　　　　网址：www.ssap.com.cn
发　　行 / 市场营销中心（010）59367081　59367083
印　　装 / 三河市尚艺印装有限公司

规　　格 / 开　本：787mm × 1092mm　1/16
　　　　　　印　张：17.25　字　数：281 千字
版　　次 / 2021 年 3 月第 1 版　2021 年 3 月第 1 次印刷
书　　号 / ISBN 978 - 7 - 5201 - 7987 - 4
定　　价 / 108.00 元